Professor Dr. Ferdinand Tönnies (1915)
(Bildarchiv Nissenhaus, Nordfriesisches Museum, Husum)

Tönnies im Gespräch 2

**Ferdinand Tönnies — Werkverzeichnis**

# Tönnies im Gespräch

## Studien und Entwürfe

Herausgegeben von

Prof. Dr. Alexander Deichsel
Institut für Soziologie, Universität Hamburg
Ferdinand-Tönnies-Arbeitsstelle

und

Prof. Dr. Lars Clausen
Institut für Soziologie, Christian-Albrechts-Universität zu Kiel
Tönnies Gesellschaft, Kiel

Im Verlag de Gruyter erscheint im Verlauf der nächsten Jahre die erste Gesamtausgabe der Werke Ferdinand Tönnies'.

„Tönnies im Gespräch" soll diese Werkedition mit Studienbänden und deutenden Entwürfen begleiten.

Am Klassiker Tönnies bilden sich auch heute diagnostische Köpfe und sozialwissenschaftliche Ratgeber. Ihre Beiträge sollen als Studien in die Entstehungszusammenhänge von Einzelwerken einführen; wie verwendbar die Ideen des Begründers der Soziologie in Deutschland sind, werden neue Entwürfe zeigen.

Rolf Fechner

# Ferdinand Tönnies

## Werkverzeichnis

Walter de Gruyter · Berlin · New York 1992

*Quis leget haec?*

*Dr. Rolf Fechner* ist Wissenschaftlicher Referent der Ferdinand-Tönnies-Gesellschaft e. V. zu Kiel, Herausgeber der Materialien der Ferdinand-Tönnies-Arbeitsstelle am Institut für Soziologie der Universität Hamburg sowie Mitherausgeber der Ferdinand-Tönnies-Gesamtausgabe.

♾ Gedruckt auf säurefreiem Papier, das die US-ANSI-Norm über Haltbarkeit erfüllt.

*Die Deutsche Bibliothek — CIP-Einheitsaufnahme*

**Fechner, Rolf:**
Ferdinand Tönnies : Werkverzeichnis / Rolf Fechner. — Berlin ;
New York : de Gruyter, 1992
(Tönnies im Gespräch ; 2)
ISBN 3-11-013519-1
NE: HST; GT


Druck: WB-Druck GmbH, Rieden am Forggensee. — Bindearbeiten: Dieter Mikolai, Berlin. — Umschlagentwurf: Johannes Rother, Berlin. — Printed in Germany.

## Geleitwort

Ein besonderer Archäologe des Geistes ist der Bibliograph. Sein Spürsinn ermöglicht im Glücksfall die Freilegung eines kompletten Werkes und sein Fleiß gibt die Markierungen vor fürs weitere Graben. Fast 1000 Fundstellen sind es bei Ferdinand Tönnies geworden; was sie eröffnen, wird die Finder verändern und auch die Quelle. Neuartige Bilder des Vergangenen werden wir denken und alte Einsichten für unsere Probleme erneuern können. Somit zeigt die Ferdinand Tönnies-Arbeitsstelle der Universität Hamburg einer wissenschaftlich interessierten Welt mit dem Tönnies Werkverzeichnis ein Fürstengrab aus Deutschland an.

Alexander Deichsel

# Inhalt

# Vorbemerkung

Vor einigen Jahren habe ich während meiner Tätigkeit in der Ferdinand-Tönnies-Arbeitsstelle am Institut für Soziologie der Universität Hamburg begonnen, eine Bibliographie von Ferdinand Tönnies zu erstellen, die universitätsintern veröffentlicht wurde und als sogenannte »Graue Literatur« dem einen oder anderen »Tönnies-Forscher« vielleicht manche gute Dienste geleistet hat. Durch die Absicht der Ferdinand-Tönnies-Gesellschaft e.V. in Kiel, eine Ferdinand-Tönnies-Gesamtausgabe (TG) herauszugeben, wurde es dann notwendig, diese Bibliographie zu überprüfen und zu präzisieren, um aufgrund dieser hier nun vorgelegten bibliographischen Informationen die Planung einer Tönnies-Edition vornehmen zu können.

Das folgende Werk-Verzeichnis (TWV) führt alle Titel von Ferdinand Tönnies auf, die nach dem jetzigen Stand der Kenntnis von Ferdinand Tönnies selbst unter eigenem Namen oder anonym bzw. pseudonym zur Veröffentlichung gebracht und gedruckt worden sind; zusätzlich werden posthum erschienene Titel genannt.

Problematische Titel, also Titel, die nicht einer Autopsie unterzogen werden konnten, sind in dieser Bibliographie mit einem x vor der laufenden Nummer versehen und zudem kursiv gesetzt; letzteres gilt auch für Titel, die anonym oder pseudonym publiziert worden sind. Auch Titel, auf die durch Hinweise Dritter (z. B. der ehemaligen Mitarbeiterin von Tönnies, Else Brenke), aufmerksam gemacht worden ist, die jedoch aufgrund ungenügender Angaben bzw. anderen Gründen nicht ermittelt werden konnten, sind entsprechend hervorgehoben.

Diese Bibliographie enthält 890 zu Tönnies' Lebzeiten veröffentlichte Titel (einschließlich möglicher Wiederveröffentlichungen). Fortsetzungen, die über mehrere Jahre hinweg erschienen sind, wurden unter genauer Quellenangabe zusammengefaßt; im Zweifelsfall sind diese Titel jedoch separiert, um größere Transparenz zu gewährleisten. Von den 890 Titeln sind 41 nicht mit dem Namen *Ferdinand Tönnies* veröffentlicht (siehe dazu das Verzeichnis der anoymen und pseudonymen Publikationen). Bei 68 Publikationen konnte keine Autopsie vorgenommen werden, da das jeweilige Publikationsorgan innerhalb der ehemaligen Bundesrepublik Deutschland nicht nachgewiesen bzw. die Titel- oder Quellenangaben nicht korrekt sind oder über die Publikationen aus sonstigen Gründen nicht verfügt werden konnte.

Insgesamt konnten bisher 822 der hier notierten 890 Publikationen eingesehen werden. Die Bestimmung des Umfanges brachte das Ergebnis von ca. 27 Millionen Zeichen. Die bisherigen Informationen können damit als ausreichend für die Planung einer Ferdinand-Tönnies-Edition angesehen werden, die nun auf 24 Bände angelegt ist.[1]

Da diese Bibliographie auf Vorarbeiten zurückgegriffen hat, die mit anderen Intentionen erfolgten, ist die Struktur der bibliographischen Notiz in gewisser Weise vorgegeben. Jede bibliographische Notiz hat eine *laufende Nummer*, mit der sie in den Vorarbeiten gekennzeichnet wurde und die den Kopien, welche der Schleswig-Holsteinischen Landesbibliothek zwecks Bestandserweiterung ihrer 'Tönnies-Schriften' zur Verfügung gestellt worden, als Signatur dienen. Diese laufende Nummer wurde ggf. um den vorangestellten Buchstaben *x* ergänzt. Das *x* kennzeichnet, wie oben erwähnt, einen Titel, der entweder mit großer Wahrscheinlichkeit nicht von Tönnies stammt, dessen Quellenangabe falsch ist oder dessen Existenz fraglich erscheint oder der aus mancherlei Gründen nicht in Augenschein genommen werden konnte.

---

[1] Siehe zur Editionvorbereitung einer TG bei Rolf Fechner, Das Projekt einer sozialwissenschaftlichen Edition. Konzeptionelle, editionsmethodische und -technische Überlegungen zu einer Ferdinand-Tönnies-Gesamtausgabe. Materialien der Ferdinand-Tönnies-Arbeitsstelle, Bd. 6, Hamburg 1992 (i. Dr.)

Desweiteren hat jeder Titel eine *Datensatznummer*, die zur Identifizierung des Titels dient und die in aufsteigender Folge von 1 bis 890 alle Titel in chronologischer Folge verzeichnet.
Der Datensatznummer folgt ggf. der Name bzw. die Verfasserangabe, mit dem die Publikation veröffentlicht wurde, wenn Tönnies nicht seinen eigenen Namen wählte. Diese Verfasserangabe ist der Übersichtlichkeit halber in Versalien gesetzt.
Anschließend folgt eine neue Zeile, die den Titel nennt. Das folgende Muster dient der besseren Übersicht:

**0275**
Datensatznummer: 175
[ggf. hier Verfasserangabe]
Volkswirtschaft und Privatwirtschaft. In:
Schmollers Jahrbuch für Gesetzgebung, Verwaltung und Volkswirtschaft, (Schmoller, G. [Hg.]) 1903, 27. Jg., S. 1425 - 1442
Leipzig (Duncker & Humblot) 1903
(Rez. von A. Landry: L'utilité de la propriété individuelle, Paris 1901)
Rezension
Thema: A, B
Publikation: Bw
Umfang: 44800 Anschläge
NACHWEISE:
SHL: (xt 177: Nr 1a)
Nachweis in Hamburg: 18(x1161),H261
Sonstiger Nachweis: 46,206,H3

Dem Titel folgt anschließend, so gegeben, in der nächsten Zeile der Name des *Publikationsorganes* - möglichst mit Angabe des Herausgebers oder Gründers, dann die genaue Angabe des Jahres, des Bandes, Heftes etc. und die Seitenzahl/en.
Die nächste Zeile nennt, soweit bekannt, den *Erscheinungsort*, den *Verlag* und das *Erscheinungsjahr* der Veröffentlichung.
Die folgende Zeile enthält ggf. *Notizen* bzw. Informationen über die *Art der Veröffentlichung* und die *Sprache*, in der sie erschien. Wenn die Sprache nicht angegeben ist, erschien der Titel in deutsch.
Unter *Thema* sind weiterhin codierte Hinweise gegeben, die den Inhalt der Veröffentlichung grob klassifizieren:

A-------Rezension
B-------Soziologie
C-------Streik
D-------Kriminologie
E-------Religion
F-------Philosophie
H-------Rechtsphilosophie
I-------Politik
M-------Kulturpolitik
L-------Wirtschaftspolitik
K-------Krieg

N-------Gewerkschaft
O-------England
P-------Schleswig-Holstein
R-------Würdigungen
S-------Diskussionsbeiträge
T-------Herausgabe
W-------Vorwort, Nachwort
U-------Sonstiges
x-------nicht identifiziert

*Publikation* nennt die Publikationsart (A = Zeitung; B = Zeitschrift, w verweist dabei auf Zeitschriften für ein eher wissenschaftlich interessiertes Publikum; C = Monographie; M = Beitrag in einer Monographie, S = Sonstiges).
Die nächste Zeile gibt Auskunft über den *Umfang*. Der Umfang wurde geschätzt aufgrund der Anzahl der Seiten, der Anzahl der Zeilen pro Seite und der durchschnittlichen Anzahl der Anschläge pro Zeile. Das auf volle hundert Anschläge abgerundete Ergebnis ist hier verzeichnet.
Anschließend folgen *Nachweise zum bibliothekarischen Standort* des Titels. Dabei wurde besonderer Wert darauf gelegt, den Standort in Norddeutschland, vor allem in Hamburg und in der Schleswig-Holsteinischen Landesbibliothek zu ermitteln. Wenn möglich, wurde auch die Signatur der jeweiligen Bibliothek angegeben; bei der Schleswig-Holsteinischen Landesbibliothek wurde zudem vermerkt, ob es sich um eine von mir hergestellte Kopie handelt, die zur Zeit noch nicht mit einer Signatur versehen ist. Bemühungen, weitere Standorte in der Bundesrepublik Deutschland nachzuweisen, sind fragmentarisch geblieben.
Die Bibliotheken sind in dieser Bibliographie durch ihre Sigel entsprechend dem Sigelverzeichnis für die Bibliotheken der Bundesrepublik Deutschland einschließlich Berlin (West) gekennzeichnet.[2] Für einige häufige Standorte ist das Sigel hier aufgelöst: 18 ist das Sigel der Hamburger Staats- und Universitätsbibliothek[3], die Schleswig-Holsteinische Landesbibliothek hat das Sigel 68 (wird hier aber der Übersichtlichkeit halber abweichend mit SHL abgekürzt), die Kieler Universitätsbibliothek (Zentralbibliothek) hat das Sigel 8, das Institut für Weltwirtschaft an der Universität Kiel, Zentralbibliothek der Wirtschaftswissenschaften in der Bundesrepublik Deutschland das Sigel 206; 1a kennzeichnet die Staatsbibliothek Preußischer Kulturbesitz in Berlin, 188 verweist auf die Universitätsbibliothek der Freien Universität Berlin und 46 auf die Bremer Staats- und Universitätsbibliothek.
Die Bibliographie ist chronologisch geordnet und in der Regel innerhalb des Jahres alphabetisch sortiert nach dem Namen des Publikationsorgans; Monographien stehen vorab.
Das TWV rubriziert Titel auch dann, wenn die Möglichkeit besteht, daß der Inhalt identisch oder ähnlich mit anderen Veröffentlichungen Tönnies' ist. Auch Titel, die zuerst in einer fremden Sprache veröffentlicht worden sind, oder bei denen es Anlaß gab zu vermuten, daß die Übersetzungen einen eigenständigen Charakter haben (z. B. die englischsprachigen Titel, die Tönnies aufgrund seiner Sprachkompetenz selbst hätte übersetzen können) sind hier mit Blick auf die TG aufgeführt. Es sind Hinweise gegeben, um diese Titel als Varianten identifizieren zu können.
Erneute Veröffentlichungen in den drei Bänden der *Soziologischen Studien und Kritiken*, deren Veröffentlichung Ferdinand Tönnies selbst vorgenommen hat, sind jeweils gekennzeichnet; die Anzahl der

---

2 Staatsbibliothek Preußischer Kulturbesitz, Deutsches Bibliotheksinstitut (Hrsg.), Sigelverzeichnis für die Bibliotheken der Bundesrepublik Deutschland einschließlich Berlin (West). Stand: 1988, Berlin 1989

3 Beachte bei der Recherche in Hamburger Bibliotheken: Führer durch die Hamburger Bibliotheken, bearbeitet von Klaus Gottsleben, Hamburg 1990, 6. Aufl.

Asterisken (* bis ***) verweist dabei auf den entsprechenden Band. Asterisken, die die Datensatznummer erweitern, sind nur für interne Zwecke gedruckt und für den Benutzer der Bibliographie nicht von Belang.
Die Publikationsliste wird durch weitere Extrakte ergänzt. Eine Titelliste, die mit der laufenden Nummer und der Datensatznummer verbunden ist, dient ebenso zur besseren Orientierung wie die Publikationsliste, die alle Publikationsorgane, in denen Tönnies veröffentlichte, mit der Datensatznummer verbindet. Weitere Verzeichnisse separieren die Monographien sowie die anoymen und pseudonymen Schriften. Das Namensregister verzeichnet alle Namen, die im Titel der Veröffentlichung erscheinen (also z. B. alle rezensierten Autoren), desweiteren alle Namen, die als Kommentar von mir hinzugefügt worden sind sowie die Namen der Herausgeber der einzelnen Publikationsorgane; nicht verzeichnet sind jedoch die Verlagsnamen. Die posthum erschienenen Veröffentlichungen sind bei diesen Registerarbeiten und bei statistischen Auswertungen unberücksichtigt geblieben.
Abschließend soll eine Konkordanz der laufenden Nummer mit der Datensatznummer bei unvollständiger Informationslage das Auffinden des Titels in der Publikationsliste erleichtern helfen. Einmal ist die laufende Nummer in aufsteigender Folge mit der übereinstimmenden Datensatznummer genannt, zweitens wird die Datensatznummer in aufsteigender Folge verzeichnet mit der jeweils entsprechenden laufenden Nummer.
Die in der Bibliographie genutzten Abkürzungen sind üblich (z. B. Jg. ist Jahrgang, Bd. ist Band usw.), so daß auf ein Abkürzungsverzeichnis verzichtet wurde.
Vielen Personen und Institutionen bin ich bei der Erstellung dieser Bibliographie zum Dank verpflichtet; nicht alle kann ich hier namentlich nennen. Ein besonderes Bedürfnis ist es mir jedoch, den Mitarbeitern der Schleswig-Holsteinischen Landesbibliothek und insbesondere dem Tönnies-Nachlaßverwalter Dr. Jürgen Zander, den Mitarbeitern der Hamburgischen Staats- und Universitätsbibliothek »Carl von Ossietzky«, dem Kollegen Dr. Carsten Schlüter, der Ferdinand-Tönnies-Gesellschaft e.V. und ihrem Präsidenten Prof. Dr. Lars Clausen, der Deutschen Forschungsgemeinschaft, der Fritz Thyssen Stiftung sowie nachdrücklich Prof. Dr. Alexander Deichsel vom Institut für Soziologie der Universität Hamburg zu danken. Sie haben wesentlich dazu beigetragen, daß dieses Werk-Verzeichnis erstellt bzw. in der vorliegenden Form veröffentlicht wurde. Hoffentlich werden die Erwartungen, die sie alle an diese Bibliographie gestellt haben - und die künftige Nutzer stellen werden -, trotz eventueller Fehler, Ungenauigkeiten und Mängel in der Darstellung, erfüllt.

Hamburg, im März 1992

# Chronologisches Verzeichnis der Schriften

## 1875

0001
*Datensatznummer: 1**
*JULIUS TÖNNIES*
Eine höchst nötige Antwort auf die höchst unnötige Frage: "Was ist studentische Reform?", 50 Seiten
Jena (Carl Döbereiner) 1875
(Unter 'Julius Tönnies' veröffentlicht)
Monographie
Thema: M, Burschenschaft
Publikation: C
Umfang: 66900 Anschläge
NACHWEISE:
SHL: (87A853: Nr 1-7)
Sonstiger Nachweis: 204

## 1877

0002
*Datensatznummer: 2*
De Jove Ammone Quaestinonum Specimen scripsit Ferdinandus Julius Tönnies
Tübingen (Fuesi) 1877
Dissertation, lat.
Thema: F
Publikation: C
Umfang: 85500 Anschläge
NACHWEISE:
SHL: (xt 1)
Sonstiger Nachweis:

## 1879-1881

0003
*Datensatznummer: 3*
Anmerkungen über die Philosophie des Hobbes. 4 Artikel. In:
Vierteljahrsschrift für wissenschaftliche Philosophie (Avenarius, R. [Hg.]) 1879 ff., 3.-5. Jg., S. 453-466; S. 55-74; S. 428-453; S. 186-200
Leipzig (Reisland) 1879-81
Thema: F, G
Publikation: Bw
Umfang: 151200 Anschläge
NACHWEISE:
SHL: (xt 63: Nr 3-6)
Nachweis in Hamburg: 18 (x6017)
Sonstiger Nachweis: 1a; 30; 5; 21; 25; 38

## 1882

0007
*Datensatznummer: 4*
Nohle, C.: Die Staatslehre Platon's in ihrer geschichtlichen Entwicklung, Jena 1880. In:
Philosophische Monatshefte (Natorp, P. + Schaarschmidt, C. [Hg.]) 1882, Bd. 18, S. 76-85
Heidelberg (Weiss) 1882
(Zugleich Thema der Antrittsvorlesung in Kiel 1892)
Rezension
Thema: A, F, Platon
Publikation: Bw
Umfang: 23200 Anschläge
NACHWEISE:
Nachweis in Hamburg: H45 (z2)
Sonstiger Nachweis: 1a; 4; 6; 61

0008
*Datensatznummer: 5*
Glogau, Gustav: Abriß der philosophischen Grundwissenschaften, Breslau, 1880. In:
Vierteljahrsschrift für wissenschaftliche Philosophie (Avenarius, R. [Hg.]) 1882, 6. Jg., Heft 2, S. 238-245
Leipzig (Reisland) 1882
Rezension
Thema: A, F
Publikation: Bw
Umfang: 18300 Anschläge
NACHWEISE:
SHL: (xt 63: Nr 7 + xt 191)
Nachweis in Hamburg: 18 (x6017)
Sonstiger Nachweis: 1a; 30; 5; 21; 25; 38

## 1883

0009
*Datensatznummer: 6*
Studie zur Kritik des Spinoza. In:
Vierteljahrsschrift für wissenschaftliche Philosophie (Avenarius, R. [Hg.]) 1883, 7. Jg.,
S. 158-183 + S. 334-364
Leipzig (Reisland) 1883
(Basierend auf der Vorlesung im Wintersemester 1882/83 über die Ethica)
Thema: F
Publikation: Bw
Umfang: 111800 Anschläge
NACHWEISE:
SHL: (xt 63: Nr 1.2, siehe auch Cb 54. 39:15)
Nachweis in Hamburg: 18 (x6017)
Sonstiger Nachweis: 1a; 30; 5; 21; 25; 38

## 1887

0013
*Datensatznummer: 7**
Gemeinschaft und Gesellschaft. Abhandlung des Communismus und des Sozialismus als empirischer Kulturformen (Die folgenden Auflagen erschienen mit dem Untertitel: Grundbegriffe der reinen Soziologie; 2. erweiterte Aufl. 1912, 3. Aufl. 1920, 4. + 5. Aufl. 1922, 6. + 7. Aufl. 1926, 8. Aufl. 1936; die 1. Aufl. hatte 294 Seiten)
Leipzig (Reisland) 1887
(Die 8. Auflage erneut 1963, 1970, 1972, 1979, 1988)
Monographie
Thema: B, H, E
Publikation: C
Umfang: 800800 Anschläge, Umfangsbestimmung nach der 8. Auflage
NACHWEISE:
SHL: (xt 2-xt 4)
Sonstiger Nachweis:

0011
*Datensatznummer: 8*
Robertson, G. C.: Hobbes, Edinburgh/London 1886. In:
Philosophische Monatshefte (Natorp, P. + Schaarschmidt, C. [Hg.]) 1887, Bd. 23,
S. 287-306
Berlin (Weiss) 1887
Rezension
Thema: A, G, Hobbes
Publikation: Bw
Umfang: 49400 Anschläge
NACHWEISE:
SHL: (xt 63: Nr 8 + xt 191)
Nachweis in Hamburg: H45 (z2)
Sonstiger Nachweis: 1a; 4; 6; 61

0012
*Datensatznummer: 9*
Leibniz und Hobbes. 1. Brief des Leibniz an Hobbes. In:
Philosophische Monatshefte (Natorp, P. + Schaarschmidt, C. [Hg.]) 1887, Bd. 23,
S. 557-560 + S. 561-573
Berlin (Weiss) 1887
(Zum ersten Mal im richtigen Text, 2. Teil: Erläuterungen)
Herausgabe
Thema: F, G
Publikation: Bw
Umfang: 32100 Anschläge
NACHWEISE:
SHL: (xt 63: Nr 9)
Nachweis in Hamburg: H45 (z2)
Sonstiger Nachweis: 1a; 4; 6; 61

## 1888

0014
*Datensatznummer: 10**
*F. T.*
Theodor Storm. Ein Gedenkblatt. In:
Nord und Süd. Eine deutsche Monatsschrift (Lindau, P. [Hg.]) 1888, Bd. 47, S. 197-210
Breslau (Schottländer) 1888
(Siehe auch: 0630/448, Theodor Storm. Zum 14. 9. 1917. Gedenkblätter, 1917. Unter 'F. T.' publiziert.)
Thema: R
Publikation: B
Umfang: 43500 Anschläge
NACHWEISE:
SHL: Kopie
Sonstiger Nachweis: 1a (Ad506a); 18; 206; 4

*0016*
*Datensatznummer: 11*
Diffret, Armand de: Gedanken über National-ökonomie, Politik und Philosophie, Heidelberg 1887. In:
Zeitschrift für Philosophie und philosophische Kritik (Fichte, J. H. + Ulrici, H. [Begründer]) 1888, 93. Bd. S. 316-317
Halle-Saale (Pfeffer) 1888
Rezension
Thema: A, F, B
Publikation: Bw
Umfang: 2300 Anschläge
NACHWEISE:
Nachweis in Hamburg: H45 (z10)
Sonstiger Nachweis: 1a; 21; 30; 61

*0015*
*Datensatznummer: 12*
Kühnast, L.: Kritik moderner Rechtsphilosophie, Berlin 1887. In:
Zeitschrift für Philosophie und philosophische Kritik (Fichte, J. H. + Ulrici, H. [Begründer]) 1888, Bd. 94, S. 295-299
Halle-Saale (Pfeffer) 1888
Rezension
Thema: A, H
Publikation: Bw
Umfang: 8200 Anschläge
NACHWEISE:
SHL: (xt 191: Nr 3)
Nachweis in Hamburg: H45 (z10)
Sonstiger Nachweis: 1a; 21; 30; 61

## 1889

*0023*
*Datensatznummer: 13*
Thomas Hobbes: Behemoth or the Long Parliament (Ed. for the first time from the original ms.), 204 Seiten
London (Simpkin, Marshall +Cie) 1889
(Vorwort)
Herausgabe, engl.
Thema: G, T, Hobbes
Publikation: C
Umfang: 8700 Anschläge
NACHWEISE:
SHL: (xt 38)
Sonstiger Nachweis:

*0022*
*Datensatznummer: 14*
Thomas Hobbes: The Elements of Law and Politic (Ed. with a preface and critical notes), 226 Seiten
London 1889
(Vorworte von 1889 + 1927; erneut: Cambridge 1928; dt. Berlin 1926)
Herausgabe, engl.
Thema: G, T, Hobbes
Publikation: C
Umfang: 20300 Anschläge
(Umfangsbestimmung nach der engl. Ausgabe von 1928)
NACHWEISE:
SHL: (xt 39)
Nachweis in Hamburg: 18 (A121473)
Sonstiger Nachweis:

*0017*
*Datensatznummer: 15*
17 Briefe des Thomas Hobbes an Samuel Sorbiéres nebst Briefen Sorbiéres, Mersennne's u.a. In:
Archiv für Geschichte der Philosophie (Stein, L. u.a. [Hg.]) 1889, 3. Bd., Heft 1, S. 58-71 + Heft 2, S. 192-232
Berlin (Reimer) 1889
(Herausgabe und Kommentierung)
Herausgabe, dt./lat.
Thema: F, G, T
Publikation: Bw
Umfang: 120500 Anschläge
NACHWEISE:
SHL: (xt 63: Nr 10-11)
Nachweis in Hamburg: 18 (x6647)
Sonstiger Nachweis:

*0021*
*Datensatznummer: 16**
Thomas Hobbes. Zum dritten Säculargedächtnis seines Geburtstages 1588. In:
Deutsche Rundschau (Rodenberg, J. [Hg.]) 1889, 15. Jg., Bd. 59, S. 94-125
Berlin (Paetel) 1889
Thema: F, G, Hobbes
Publikation: B
Umfang: 110100 Anschläge
NACHWEISE:
SHL: (Kopie + Cb 54. 39:31, fragm.)
Nachweis in Hamburg: 18 (x2221)
Sonstiger Nachweis: 1a; 188/211; 46; 30; 5

0018
*Datensatznummer: 17*
Herbert Spencers sociologisches Werk. In:
Philosophische Monatshefte (Natorp, P. [Hg.])
1889, Bd. 25, S. 50-85
Berlin (Weiss) 1889
Thema: B
Publikation: Bw
Umfang: 85800 Anschläge
NACHWEISE:
SHL: (xt 60: Nr 1)
Nachweis in Hamburg: H45 (z2)
Sonstiger Nachweis: 1a; 4; 6; 61
Erneut in Soziologische Studien und Kritiken: *, S. 75-104

0019
*Datensatznummer: 18*
Weisengrün, Paul: Die Entwicklungsgesetze der Menschheit, Leipzig 1888. In:
Philosophische Monatshefte (Natorp, P. [Hg.])
1889, Bd. 25, S. 226-227
Berlin (Weiss) 1889
Rezension
Thema: A, B
Publikation: Bw
Umfang: 4900 Anschläge
NACHWEISE:
SHL: (xt 191: Nr 5)
Nachweis in Hamburg: H45
Sonstiger Nachweis: 1a; 4; 6; 61

0020
*Datensatznummer: 19*
Starcke, C. N.: Die primitive Familie in ihrer Entstehung und Entwicklung dargestellt, Leipzig 1888.
Philosophische Monatshefte (Natorp, P. [Hg.])
1889, Bd. 25, S. 366-369
Berlin (Weiss) 1889
Rezension
Thema: A, B
Publikation: Bw
Umfang: 9900 Anschläge
NACHWEISE:
SHL: (xt 191: Nr 4)
Nachweis in Hamburg: H45 (z2)
Sonstiger Nachweis: 1a; 4; 6; 61

## 1890

0027
*Datensatznummer: 20**
*F. T.*
Asmussen=Woldsen=Denkmal. In:
Husumer Königlich privilegiertes Wochenblatt
vom 12. 7. 1890
Husum 1890
(Publiziert unter 'F. T.')
Thema: R
Publikation: A
Umfang: 6000 Anschläge
NACHWEISE:
SHL: Kopie
Sonstiger Nachweis: Nissenhaus Husum

0027a
*Datensatznummer: 21**
Asmussen=Woldsen=Volkshaus. In:
Husumer Königlich privilegiertes Wochenblatt
vom 2. 8. 1890
Husum 1890
Thema: R
Publikation: A
Umfang: 4500 Anschläge
NACHWEISE:
SHL: Kopie
Sonstiger Nachweis: Nissenhaus Husum

x0026
*Datensatznummer: 22*
*Baltzer, A.: Spinozas Entwicklungsgang. In:*
*Philosophische Monatshefte (Natorp, P. [Hg.])*
*1890, Bd. 26, S. 76-91*
*Heidelberg (Weiss) 1890*
*(Hinweis von J. Zander, Rezension dort jedoch von J. P. N.)*
*fraglich*
NACHWEISE:
*Sonstiger Nachweis: 1a (Nh11432); 4; 6; 61*

0024
*Datensatznummer: 23*
Beaussire, Emile: Les principes du droit, Paris 1888. In:
Philosophische Monatshefte (Natorp, P. [Hg.])
1890, Bd. 26, S. 370-371
Berlin 1890
Rezension
Thema: A, H
Publikation: Bw
Umfang: 3100 Anschläge

NACHWEISE:
SHL: (xt 191: Nr 6)
Sonstiger Nachweis: 1a; 4; 6; 61

0025
*Datensatznummer: 24*
Garofalo, R.: La criminologie, Paris 1888. In:
Philosophische Monatshefte (Natorp, P. [Hg.])
1890, Bd. 26, S. 372-375
Berlin 1890
Rezension
Thema: A, D
Publikation: Bw
Umfang: 10800 Anschläge
NACHWEISE:
SHL: (xt 191: Nr 7)
Sonstiger Nachweis: 1a; 4; 6; 61

## 1891

0030
*Datensatznummer: 25**
Die Verhütung des Verbrechens. In:
Deutsche Worte. Monatshefte (Pernerstorfer, E. [Hg.]) 1891, 11. Jg., Heft 7, Juli, S. 217-237
Wien 1891
(Engl.: 0029/29, The prevention of crime, in: International Journal of Ethics, 1891, 2; Übersetzung aus dem Engl.
Thema: D
Publikation: B
Umfang: 64900 Anschläge
NACHWEISE:
SHL: (xt 94: Nr 1)
Sonstiger Nachweis: 1a

0028
*Datensatznummer: 26*
Simmel, G.: Über soziale Differenzierung. In:
Jahrbücher für Nationalökonomie und Statistik (Hildebrandt, B. [Begründer]) 1891, Bd. 56, S. 269-277
Jena/Stuttgart (Fischer) 1891
Rezension
Thema: A, B
Publikation: Bw
Umfang: 26700 Anschläge
NACHWEISE:
Nachweis in Hamburg: 18 (1311)
Sonstiger Nachweis: 1a; 188; 206; 17
Erneut in Soziologische Studien und Kritiken: ***, S. 413-423

0031
*Datensatznummer: 27*
Kriminal-Anthropologie. In:
Zeitschrift für Psychologie und Physiologie der Sinnesorgane (Ebbinghaus, H. + König, A. [Hg.]) 1891, 2. Bd., S. 321-334
Hamburg/Leipzig (Voss) 1891
(6 Rezensionen: C. Lombroso, G. Tarde; E. Havelock; E. Laurent, J. Thompson)
Rezension
Thema: A, D
Publikation: Bw
Umfang: 42400 Anschläge
NACHWEISE:
SHL: (xt 190: Nr 5 <Korrekturex.>)
Nachweis in Hamburg: 18 (x1307)
Sonstiger Nachweis: 1a; 188; 46; 17; 77; 5; 6; 38; 61; 294

## 1892

0038
*Datensatznummer: 28*
Nietzsche, Friedrich: Also sprach Zarathustra, Leipzig 1891. In:
Deutsche Literaturzeitung für Kritik der Internationalen Wissenschaft (Hinneberg, P. [Hg.]) 1892, 13. Jg., S. 1612-1613
Berlin (Walther) 1892
(Name zuerst: Deutsche Litteraturzeitung, später modernisiert)
Rezension
Thema: A, F, M
Publikation: Bw
Umfang: 1200 Anschläge
NACHWEISE:
SHL: (xt 208: Nr 1)
Nachweis in Hamburg: 18 (y434)
Sonstiger Nachweis: 1a; 188; 8; 46; 206; B212

0029
*Datensatznummer: 29**
The Prevention of Crime. First Article. In:
International Journal of Ethics, 1892, vol. 2, No. 1, October 1892, S. 51-77
Philadelphia u.a. 1892
(Siehe auch: 0030/25; 2. Artikel nicht ermittelt)

Übersetzung, engl.
Thema: D, Verbrechen
Publikation: Bw
Umfang: 60400 Anschläge
NACHWEISE:
SHL: Kopie
Sonstiger Nachweis: 385; 1a (Np70); 188

0039
*Datensatznummer: 30*
Werke zur Philosophie der Geschichte und des sozialen Lebens. 3 Artikel. In:
Philosophische Monatshefte (Natorp, P. [Hg.]) 1892, Bd. 28, S. 37-66, S. 444-461, S. 592-602
(Rezension: H. Spencer, G. de Greef)
Berlin (Weiss) 1892
Rezension
Thema: A, B
Publikation: Bw
Umfang: 141600 Anschläge
NACHWEISE:
SHL: (xt 191: Nr 8-10)
Sonstiger Nachweis: 1a; 4; 6; 61
Erneut in Soziologische Studien und Kritiken: ***, S. 132-196

0039a
*Datensatznummer: 30a**
*OHNE VERFASSERANGABE*
Empfohlene Bücher und Zeitschriften. In:
Mitteilungen der Deutschen Gesellschaft für ethische Kultur (Gizycki, G. v. [Hg.]) 1892, Heft 1, November, S. 40
Berlin (Ferd. Dümmler) 1892
(Ohne Titel und Verfasserangabe)
Thema: U
Publikation: B
Umfang: 2000 Anschläge
NACHWEISE:
SHL: (Kopie)
Sonstiger Nachweis: 1a

0045
*Datensatznummer: 31**
G. C. Robertson. Ein Nekrolog. In:
Zeitschrift für Philosophie und philosophische Kritik (Fichte, J. H. + Ulrici, H. [Begründer]) 1892, Bd. 101, S. 321-324
Leipzig (Pfeffer) 1892
Nachruf
Thema: L
Publikation: Bw
Umfang: 8500 Anschläge
NACHWEISE:
SHL: Kopie
Sonstiger Nachweis: 1a; 21; 30; 61

0046
*Datensatznummer: 32*
Manacéine, M.: Les surmenage mental dans la civilisation moderne, Paris 1890, 3. Aufl. In:
Zeitschrift für Psychologie und Physiologie der Sinnesorgane (Ebbinghaus, H. + König, A. [Hg.]) 1892, 3. Bd., S. 347-348
Hamburg/Leipzig (Voss) 1892
Rezension
Thema: A, B
Publikation: Bw
Umfang: 4600 Anschläge
NACHWEISE:
Nachweis in Hamburg: 18 (x1307)
Sonstiger Nachweis: 1a; 188; 46; 17; 77; 5; 6; 38; 61; 294

0047
*Datensatznummer: 33*
Status und contractus. Eine sozialpolitische Betrachtung. In:
Die Zukunft (Harden, M. [Hg.]) 1892, 1. Bd., Heft 6, S. 250-257
Berlin (Stilke) 1892
Thema: L, M
Publikation: B
Umfang: 21000 Anschläge
NACHWEISE:
Nachweis in Hamburg: 18 (x1877)
Sonstiger Nachweis: 1a; 46; 206; 30; 7

## 1893

0068
*Datensatznummer: 34**
"Ethische Cultur" und ihr Geleite.
1. Nietzsche-Narren [in der "Zukunft" und in der "Gegenwart"]; 2. Wölfe in Fuchspelzen [2 Kirchenzeitungen], 31 Seiten
(erneut: 1990)
Berlin (Ferd. Dümmler) 1893
Thema: E, M, Friedrich Nietzsche
Publikation: C
Umfang: 63600 Anschläge
NACHWEISE:
SHL: (Cb 54. 39:12 + Kopie)
Sonstiger Nachweis:

_0094_
*Datensatznummer: 35*
Philippovich, Eugen v.: Grundriß der politischen Ökonomie, Bd. 1, Freiburg-Br./Leipzig 1893. In:
Archiv für öffentliches Recht (Laband, P. + Storeck, E. [Hg.]) 1893, 8. Bd., S. 622-624
Tübingen/Leipzig (Mohr) 1893
Rezension
Thema: A, B
Publikation: Bw
Umfang: 6200 Anschläge
NACHWEISE:
SHL: (xt 192: Nr 2)
Nachweis in Hamburg: 18 (x4203); H76 (J26)
Sonstiger Nachweis:

_0048_
*Datensatznummer: 36**
In Sachen der "Ethischen Cultur". In:
Burschenschaftliche Blätter. Monatsschrift für den deutschen Burschenschaftler, 1893, Bd. 7, S. 126-127
Berlin (Heymann) 1893
(Berichtigung von F. Tönnies; betr. 0068/34)
Thema: L, M
Publikation: B
Umfang: 4700 Anschläge
NACHWEISE:
SHL: Kopie
Sonstiger Nachweis: 51 (Fe6649-7);
1a (4Ay288); 83; 46; 7; 35

_0056_
*Datensatznummer: 37*
Wilhelm, Rudolf: Der sittliche Mensch aus seinem psychologischen Gesetz entwickelt, Leipzig 1891. In:
Deutsche Literaturzeitung für Kritik der Internationalen Wissenschaft (Hinneberg, P. [Hg.]) 1893, 14. Jg., April, S. 487
Berlin (Walther) 1893
Rezension
Thema: A, B, F, Sittenlehre
Publikation: Bw
Umfang: 1700 Anschläge
NACHWEISE:
Nachweis in Hamburg: 18 (y434)
Sonstiger Nachweis: 1a; 188; 8; 46; 206; B212

_0053_
*Datensatznummer: 38*
Kurt, N.: Das Freiheitsdogma in seinen neuesten Gestaltungen, Leipzig 1892. In:
Deutsche Literaturzeitung für Kritik der Internationalen Wissenschaft (Hinneberg, P. [Hg.]) 1893, 14. Jg., Januar, S. 104-105
Berlin (Walther) 1893
(auch Rezension; gegen Friedrich Paulsens Determinismus)
Thema: A, B
Publikation: Bw
Umfang: 1300 Anschläge
NACHWEISE:
SHL: (xt 208: Nr 2)
Nachweis in Hamburg: 18 (y434)
Sonstiger Nachweis: 1a; 188; 8; 46; 206; B212

_0058_
*Datensatznummer: 39*
Wimpffen, M. Frhr. v.: Kampf ums Dasein und Association, Wien 1892. In:
Deutsche Literaturzeitung für Kritik der Internationalen Wissenschaft (Hinneberg, P. [Hg.]) 1893, 14. Jg., Juli, S. 803-804
Berlin (Walther) 1893
Rezension
Thema: A, B
Publikation: Bw
Umfang: 1000 Anschläge
NACHWEISE:
SHL: (xt 208: Nr 4)
Nachweis in Hamburg: 18 (y434)
Sonstiger Nachweis: 1a; 188; 8; 46; 206; B212

_0057_
*Datensatznummer: 40*
Saitschik, R. M.: Zur Psychologie unserer Zeit, Bern 1892. In:
Deutsche Literaturzeitung für Kritik der Internationalen Wissenschaft (Hinneberg, P. [Hg.]) 1893, 14. Jg., Juni, S. 675-676
Berlin (Walther) 1893
Rezension
Thema: A, B
Publikation: Bw
Umfang: 1000 Anschläge
NACHWEISE:
SHL: (xt 208: Nr 3)
Nachweis in Hamburg: 18 (y434)
Sonstiger Nachweis: 1a; 188; 8; 46; 206; B212

_0054_
*Datensatznummer: 41*
Strauss und Torney, V. von: Die Freiheit der Menschen, Leipzig 1892. In:

Deutsche Literaturzeitung für Kritik der Internationalen Wissenschaft (Hinneberg, P. [Hg.]) 1893, 14. Jg., März, S. 262
Berlin (Walther) 1893
Rezension
Thema: A, B, Theologie
Publikation: Bw
Umfang: 850 Anschläge
NACHWEISE:
Nachweis in Hamburg: 18 (y434)
Sonstiger Nachweis: 1a; 188; 8; 46; 206; B212

0060
*Datensatznummer: 42*
Wolf, Julius: Socialismus und capitalistische Gesellschaftsordnung, Stuttgart 1892. In:
Deutsche Rundschau (Rodenberg, J. [Hg.]) 1893, 20. Jg., Bd. 77, S. 314-315
Berlin (Paetel) 1893
Rezension
Thema: A, B
Publikation: B
Umfang: 8700 Anschläge
NACHWEISE:
SHL: (xt 192: Nr 5)
Nachweis in Hamburg: 18 (x2221)
Sonstiger Nachweis: 1a; 188/211; 46; 30; 5

0061
*Datensatznummer: 43**
Ethisches Scharmützel. Offener Brief an Dr. Franz Mehring in Berlin. In:
Deutsche Worte. Monatshefte (Pernerstorfer, E. [Hg.]) 1893, 13. Jg., Dezember, S. 47-57
Wien 1893
(Betr.: Deutsche Gesellschaft für Ethische Kultur, siehe dazu: Neue Zeit vom 16. 11. 1893)
Thema: L, M
Publikation: B
Umfang: 34200 Anschläge
NACHWEISE:
SHL: Kopie
Sonstiger Nachweis: 30 (Z946/80); 1a (Ad1067); 61

0062
*Datensatznummer: 44**
Gegen F. v. Feldegg's Auffassung der ethischen Bewegung. I. In:
Deutsche Worte. Monatshefte (Pernerstorfer, E.) 1893, 13. Jg., Heft 10, S. 643-649
Wien 1893
(Siehe: F. v. Feldegg, in ebd., S. 538-546; II. ist ein Artikel von I. Himmelbauer)
Thema: L, M, Ethische Bewegung
Publikation: B
Umfang: 20400 Anschläge
NACHWEISE:
SHL: (xt 70: Nr 1)
Sonstiger Nachweis: 30 (Z946/80); 1a; 61

0049
*Datensatznummer: 45**
Fernere Antwort auf "eine brennende Zeit- und Streitfrage". In:
Ethische Kultur. Wochenschrift zur Verbreitung ethischer Bestrebungen (Gizycki, G. v. [Begründer]) 1893, 1. Jg., 28. 1. 1893, S. 36-38
Berlin (Ferd. Dümmler) 1893
(Siehe dazu: Freireligiöses Familienblatt, Nr. 25)
Thema: L, M
Publikation: B
Umfang: 11700 Anschläge
NACHWEISE:
SHL: Kopie
Sonstiger Nachweis: 46 (Fb0167-1); 1a (8u4Np17400)

0052
*Datensatznummer: 46**
Lesefrüchte. In:
Ethische Kultur. Wochenschrift zur Verbreitung ethischer Bestrebungen (Gizycki, G. v. [Begründer]) 1893, 1. Jg., 15. 4. 1893, S. 127
Berlin (Ferd. Dümmler) 1893
(Rezension: B. W. Leist, Graeco-Italische Rechtsgeschichte, Jena 1884-92)
Rezension
Thema: A, H
Publikation: B
Umfang: 4200 Anschläge
NACHWEISE:
SHL: Kopie
Sonstiger Nachweis: 46 (Fb0167-2); 1a (8u4Np17400)

0052a
*Datensatznummer: 46a**
Lesefrüchte II. In:
Ethische Kultur. Wochenschrift zur Verbreitung ethischer Bestrebungen (Gizycki, G. v. [Begründer]) 1893, 1. Jg., 1. 7. 1893, S. 217
Berlin (Ferd. Dümmler) 1893
(Siehe dazu »Ethische Kultur und ihr Geleite«, 0068/34)

Thema: M
Umfang: 23000 Anschläge
NACHWEISE:
SHL: Kopie
Sonstiger Nachweis: 46 (Fb0167-1)

_0050_
*Datensatznummer: 47*
Fünfzehn Thesen über die Erneuerung des Familienlebens. In:
Ethische Kultur. Wochenschrift zur Verbreitung ethischer Bestrebungen (Gizycki, G. v. [Begründer]) 1893, 1. Jg., Nr. 38 + 39, 16. + 23. September, S. 302-304 + S. 310-312
Berlin (Ferd. Dümmler) 1893
(Vortrag bei der Ethiker-Versammlung in Eisenach, wohl identisch mit 0069a/55a)
Thema: M, L
Publikation: B
Umfang: 34500 Anschläge
NACHWEISE:
SHL: (xt 109: Nr 11-12)
Sonstiger Nachweis: 1a (8u4Np17400); 46

_0051_
*Datensatznummer: 48**
Die Verhandlung über Arbeitslosigkeit. In:
Ethische Kultur. Wochenschrift zur Verbreitung ethischer Bestrebungen (Gizycki, G. v. [Begründer]) 1893, 1. Jg., 28. 10. 1893, S. 351
Berlin (Ferd. Dümmler) 1893
(Tagungsbericht vom Freien Deutschen Hochstift vom 8. 10. 1893)
Thema: L
Publikation: B
Umfang: 8400 Anschläge
NACHWEISE:
SHL: Kopie
Sonstiger Nachweis: 46; 1a (8u4NP17400)

_0066_
*Datensatznummer: 49*
Lombroso, C.: Nouvelles recherches de psychatrie et d'anthropologie criminelle, Paris 1892. In:
Zeitschrift für Psychologie und Physiologie der Sinnesorgane (Ebbinghaus, H. + König, A. [Hg.]) 1893, 4. Bd., S. 156-157
Hamburg/Leipzig (Voss) 1893
Rezension
Thema: A, D
Publikation: Bw
Umfang: 4800 Anschläge
NACHWEISE:
Nachweis in Hamburg: 18 (x1307)
Sonstiger Nachweis: 1a; 188; 46; 17; 77; 5; 6; 38; 61; 294

_0065_
*Datensatznummer: 50*
Laurent, E.: L'anthropologie criminelle et les nouvelles theories du crime, Paris 1891. In:
Zeitschrift für Psychologie und Physiologie der Sinnesorgane (Ebbinghaus, H. + König, A. [Hg.]) 1893, 4. Bd., S. 158
Hamburg/Leipzig (Voss) 1893
(Vgl.: 0054/51)
Rezension
Thema: A, D
Publikation: Bw
Umfang: 1300 Anschläge
NACHWEISE:
Nachweis in Hamburg: 18 (x1307)
Sonstiger Nachweis: 1a; 188; 46; 17; 77; 5; 6; 38; 61; 294

_0064_
*Datensatznummer: 51**
Morrison, W. D.: Crime and its Causes, London 1891. In:
Zeitschrift für Psychologie und Physiologie der Sinnesorgane (Ebbinghaus, H. + König, A. [Hg.]) 1893, 4. Bd., S. 158-159
Hamburg/Leipzig (Voss) 1893
Rezension
Thema: A, D
Publikation: Bw
Umfang: 3600 Anschläge
NACHWEISE:
Nachweis in Hamburg: 18 (x1307)
Sonstiger Nachweis: 1a; 188; 46; 17; 77; 5; 6; 38; 61; 294

_0083_
*Datensatznummer: 52*
Ammon, Otto: Die natürliche Auslese beim Menschen, Jena 1893. In:
Zeitschrift für Psychologie und Physiologie der Sinnesorgane (Ebbinghaus, H. + König, A. [Hg.]) 1893, 4. Bd., S. 235-245
Hamburg/Leipzig (Voss) 1893
Rezension
Thema: A, B
Publikation: Bw
Umfang: 32900 Anschläge
NACHWEISE:
SHL: (xt 192: Nr 4)

Nachweis in Hamburg: 18 (x1307)
Sonstiger Nachweis: 1a; 188; 46; 17; 77; 5; 6; 38; 61; 294

0063
*Datensatznummer: 53**
Simmel, Georg: Einleitung in die Moralwissenschaft. Eine Kritik der ethischen Grundbegriffe, Bd. 1, Berlin 1892. In:
Zeitschrift für Psychologie und Physiologie der Sinnesorgane (Ebbinghaus, H. + König, A. [Hg.]) 1893, 4. Bd., S. 394-402
Hamburg/Leipzig (Voss) 1893
Rezension
Thema: A, B
Publikation: Bw
Umfang: 26900 Anschläge
NACHWEISE:
SHL: (xt 209: Nr 1a)
Nachweis in Hamburg: 18 (x1307)
Sonstiger Nachweis: 1a; 188; 46; 17; 77; 5; 6; 38; 61; 294

0067
*Datensatznummer: 54*
Jugendliche Kriminalität und Verwahrlosung in Groß-Britannien. In:
Zeitschrift für die gesamte Strafrechtswissenschaften (Liszt, F. u.a. [Hg.]) 1893, 13. Bd, S. 894-905
Berlin (Guttenberg) 1893
(Zahlen aus: 35th Report for the year 1891, Great Britain)
Thema: D, O, emprische Studie
Publikation: Bw
Umfang: 41700 Anschläge
NACHWEISE:
SHL: (Cb 54. 39:17)
Nachweis in Hamburg: 18 (x1296)
Sonstiger Nachweis: 1a; 188; 8; 4; 7; 5

## 1894

0069a
*Datensatznummer: 55a**
Fünfzehn Thesen über die Erneuerung des Familienlebens. In:
Die Eisenacher Zusammenkunft zur Förderung und Ausbreitung der ethischen Bewegung abgehalten vom 5. bis 15. August 1893. Abdruck der Vorträge und Besprechungen im Auftrage der Versammlung zusammengestellt und mit einem Vorwort versehen von Gustav Maier, 1894, S. 268 ff.
Berlin (Verlag der Deutschen Gesellschaft für Ethische Kultur) 1894
(Vortrag bei der Ethiker-Versammlung in Eisenach, gehalten am 14. August 1893; vgl. auch 0050/47)
Thema: M, L
Publikation: M
Umfang: 37000 Anschläge
NACHWEISE:
SHL: (Kopie)
Sonstiger Nachweis: 1a

0069
*Datensatznummer: 55**
Neuere Philosophie der Geschichte: Hegel, Marx, Comte. In:
Archiv für Geschichte der Philosophie (Stein, L. u.a. [Hg.]) 1894, Bd. 7, S. 486-515
Berlin (Reimer) 1894
Thema: F
Publikation: Bw
Umfang: 65100 Anschläge
NACHWEISE:
SHL: Kopie
Nachweis in Hamburg: 18 (x6647)
Sonstiger Nachweis:

0070
*Datensatznummer: 56*
Natorp, Paul: Pestalozzis Ideen über Arbeiterbildung und soziale Frage, Heilbronn 1894. In:
Archiv für soziale Gesetzgebung und Statistik (ab 1904: Namensänderung) (Braun, H. [Hg.]) 1894, Bd. 7, S. 715-720
Berlin (Heymann) 1894
Rezension
Thema: A, L, M
Publikation: Bw
Umfang: 14600 Anschläge
NACHWEISE:
SHL: (xt 194: Nr 1)
Nachweis in Hamburg: 18 (x479); H76 (Ic7)
Sonstiger Nachweis:

0071
*Datensatznummer: 57*
Historismus und Rationalismus I. In:
Archiv für systematische Philosophie (Natorp, P. [Hg.]) 1894, 1. Bd., S. 228-252
Berlin 1894

(nur 1 Artikel erschienen)
Thema: F, B
Publikation: Bw
Umfang: 60700 Anschläge
NACHWEISE:
SHL: (xt 160: Nr 1)
Nachweis in Hamburg: H45
Sonstiger Nachweis:
Erneut in Soziologische Studien und Kritiken: *, S. 105-132

*0072*
*Datensatznummer: 58**
Ein Handbuch der Kriminal-Anthropologie. In:
Deutsche Worte. Monatshefte (Pernerstorfer, E.) 1894, 14. Jg., S. 363-370
Wien 1894
(Rezension: Hans Kurella, Naturgeschichte des Verbrechens, Stuttgart 1893)
Rezension
Thema: A, D
Publikation: B
Umfang: 21200 Anschläge
NACHWEISE:
SHL: (xt 192: Nr 6)
Sonstiger Nachweis: 30 (Z946/80); 1a; 30

*0073*
*Datensatznummer: 59**
Bianchi, A. G.: Selbstbiografie des Gefangenen Antonio, Berlin/Leipzig 1894. In:
Ethische Kultur. Wochenschrift zur Verbreitung ethischer Bestrebungen (Gizykci, G. v. [Begründer]) 1894, 2. Jg., S. 94
Berlin (Ferd. Dümmler) 1894
Rezension
Thema: A, D
Publikation: B
Umfang: 2400 Anschläge
NACHWEISE:
SHL: (xt 209: Nr 2)
Sonstiger Nachweis: 1a (8u4Np17400); 46

*0074*
*Datensatznummer: 60**
Coit, Stanton: Nachbarschaftsgilden, Berlin 1893. In:
Ethische Kultur. Wochenschrift zur Verbreitung ethischer Bestrebungen (Gizycki, G. v. [Hg.]) 1894, 2. Jg., S. 150
Berlin (Ferd. Dümmler) 1894
Rezension
Thema: A, N
Publikation: B
Umfang: 2400 Anschläge
NACHWEISE:
SHL: (xt 209: Nr 3)
Sonstiger Nachweis: 1a (8u4NP17400); 46

*0076*
*Datensatznummer: 61**
*IGNOTUS*
Ausnahmegesetze! In:
Ethische Kultur. Wochenschrift zur Verbreitung ethischer Bestrebungen (Gizycki, G. v. [Begründer]) 1894, 2. Jg., 2. 9. 1894, S. 278-279
Berlin (Ferd. Dümmler) 1894
(Unter dem Pseudonym "Ignotus" veröffentlicht)
Thema: A, L, Anarchismus
Publikation: B
Umfang: 8800 Anschläge
NACHWEISE:
SHL: Kopie
Sonstiger Nachweis: 46; 1a (8u4NP17400)

*0077*
*Datensatznummer: 62**
Universitätsausdehnung in England. In:
Ethische Kultur. Wochenschrift zur Verbreitung ethischer Bestrebungen (Gizycki, G. v. [Begründer]) 1894, 2. Jg., 8. + 15. 9. 1894, S. 283-284 + S. 290-292
Berlin (Ferd. Dümmler) 1894
(Evetuell ebenfalls in: 0104/91, University Extension Journal vom 15. 1. 1895)
Thema: O, M
Publikation: B
Umfang: 9600 Anschläge
NACHWEISE:
SHL: Kopie
Sonstiger Nachweis: 46; 1a (8u4Np17400)

*0078*
*Datensatznummer: 63**
Der moderne Arbeitsvertrag und die Arbeitslosigkeit. Referat vom sozialen Kongreß des Freien Deutschen Hochstifts, 8. 9. 1893. In:
Schriften des Freien Deutschen Hochstifts, 1894, S. 12-31
Berlin 1894
Referat
Thema: L, B, Sozialpolitik
Publikation: B
Umfang: 51900 Anschläge
NACHWEISE:

SHL: (xt 52)
Sonstiger Nachweis: 7

0072
*Datensatznummer: 64*
Ethik und Sozialpolitik. In:
Schweizerische Blätter für Wirtschafts- und Sozialpolitik. Halbmonatsschrift (Wullschläger, O. [Red.]) 1894, 2. Jg., Nr. 7, S. 241-245
Basel (Müller) 1894
(Betr.: Deutsche Gesellschaft für Ethische Kultur, Jahresversammlung 12.-14. 10. 1894)
Thema: L, M, Ethische Kultur
Publikation: B
Umfang: 13600 Anschläge
NACHWEISE:
SHL: (xt 70: Nr 2)
Sonstiger Nachweis: 206 (x475),8; 1a; 4; 21; 25

0085
*Datensatznummer: 65**
Pestalozzi als Sozialpädagog. In:
Sozialpolitisches Centralblatt (Braun, H. [Hg.]) 1894, 4. Jg., Nr. 10, 3. Dezember, S. 114-115
Berlin 1894
(Rezension: P. Natorp, Pestalozzis Ideen über Arbeiterbildung und soziale Frage, 1894, siehe auch 0070/56)
Rezension
Thema: A, L
Publikation: B
Umfang: 8500 Anschläge
NACHWEISE:
SHL: Kopie
Nachweis in Hamburg: H76 (Ic82); H133; H52
Sonstiger Nachweis:

0080
*Datensatznummer: 66**
Der Sociologen-Congreß in Paris. In:
Die Zeit. Wiener Wochenschrift für Politik, Volkswirtschaft, Wissenschaft und Kunst, 1894, Bd. 1, Nr. 4, 27. Oktober, S. 52-53
Wien 1894
(Tagungsbericht)
Thema: B
Publikation: B
Umfang: 13200 Anschläge
NACHWEISE:
SHL: Kopie
Sonstiger Nachweis: 1a (4Ad1139); 188; 30
Erneut in Soziologische Studien und Kritiken: *

0081
*Datensatznummer: 67*
Simmel, Georg: Die Probleme der Geschichtsphilosophie, Leipzig 1892. In:
Zeitschrift für Psychologie und Physiologie der Sinnesorgane (Ebbinghaus, H. + König, A. [Hg.]) 1894, 6. Bd., S. 77-79
Hamburg/Leipzig (Voss) 1894
Rezension
Thema: A, F, B
Publikation: Bw
Umfang: 7800 Anschläge
NACHWEISE:
SHL: (xt 192: Nr 3)
Nachweis in Hamburg: 18 (x1307)
Sonstiger Nachweis: 1a; 188; 46; 17; 77; 5; 6; 38; 61; 294

0082
*Datensatznummer: 68*
Galton, Francis: Hereditary genius, London 1892. In:
Zeitschrift für Psychologie und Physiologie der Sinnesorgane (Ebbinghaus, H. + König, A. [Hg.]) 1894, 6. Bd., S. 246-247
Hamburg/Leipzig (Voss) 1894
Rezension
Thema: A, B
Publikation: Bw
Umfang: 2700 Anschläge
NACHWEISE:
SHL: (xt 209: Nr 1b)
Nachweis in Hamburg: 18 (x1307)
Sonstiger Nachweis: 1a; 188; 46; 17; 77; 5; 6; 38; 61; 294

0084
*Datensatznummer: 69*
Tarde, G.: Les transformation du droit, Paris 1893. In:
Zeitschrift für Psychologie und Physiologie der Sinnesorgane (Ebbinghaus, H. + König, A. [Hg.]) 1894, 6. Bd., S. 254-256
Hamburg/Leipzig (Voss) 1894
(Vgl.: 0117/99)
Rezension
Thema: A, H
Publikation: Bw
Umfang: 4500 Anschläge
NACHWEISE:
Nachweis in Hamburg: 18 (x1307)
Sonstiger Nachweis: 1a; 188; 46; 17; 77; 5; 6; 38; 61; 294

## 1895

*0114*
*Datensatznummer: 70*
*NORMANNUS*
Im Namen der Gerechtigkeit. Kritik der Umsturzvorlage
Berlin (Taendler) 1895
(Unter dem Pseudonym 'Normannus' veröffentlicht)
Thema: I
Publikation: C
Umfang: 80800 Anschläge
NACHWEISE:
SHL: (xt 160: Nr 3)
Sonstiger Nachweis: 7

*0086*
*Datensatznummer: 71*
Considérations sur l'Histoire Moderne. In:
Annales de l'Institut International de Sociologie (Worms, R. [direction]) 1895, tome 1, S. 245-252
Paris (Giard + Brière) 1895
(Travail dans séance jeudi 4. Oct. 1894)
franz.
Thema: B
Publikation: Bw
Umfang: 12400 Anschläge
NACHWEISE:
Nachweis in Hamburg: H76 (Ic2)
Sonstiger Nachweis:

*0093*
*Datensatznummer: 72*
Schriften des freien deutschen Hochstifts. Arbeitslosigkeit und Arbeitsvermittlung in Industrie und Handelsstätte, Berlin 1894. In:
Archiv für öffentliches Recht (Laband, P. + Storeck, E. [Hg.]) 1895, Bd. 10, S. 140
Freiburg (Br.)/Leipzig (Mohr) 1895
Rezension
Thema: A, L
Publikation: Bw
Umfang: 2500 Anschläge
NACHWEISE:
Nachweis in Hamburg: 18 (x4203)
Sonstiger Nachweis:

*0092*
*Datensatznummer: 73*
Schriften des deutschen Vereins für Armenpflege und Wohltätigkeit. 17 Heft, Leipzig 1893. In:
Archiv für öffentliches Recht (Laband, P. + Storeck, E. [Hg.]) 1895, 10. Bd., S. 138-139
Freiburg (Br.)/Leipzig (Mohr) 1895
Rezension
Thema: A, L
Publikation: Bw
Umfang: 3900 Anschläge
NACHWEISE:
Nachweis in Hamburg: 18 (x4203)
Sonstiger Nachweis:

*0090*
*Datensatznummer: 74*
Böninger, Alfred: Die Bestrafung des Arbeitsvertragsbruchs der Arbeiter insbesondere der gewerblichen Arbeiter, Tübingen 1891. In:
Archiv für öffentliches Recht (Laband, P. + Storeck, E. [Hg.]) 1895, Bd. 10, S. 133-137
Freiburg (Br.)/Leipzig (Mohr) 1895
Rezension
Thema: A, L
Publikation: Bw
Umfang: 10800 Anschläge
NACHWEISE:
SHL: (xt 192: Nr 1)
Nachweis in Hamburg: 18 (x4203)
Sonstiger Nachweis:

*0091*
*Datensatznummer: 75*
Wuttke, R.: Gesindeordungen und Gesindezwang in Sachsen bis zum Jahre 1835, Leipzig 1893. In:
Archiv für öffentliches Recht (Laband, P. + Stroeck, E. [Hg.]) 1895, Bd. 10, S. 137-139
Freiburg (Br.)/Leipzig (Mohr) 1895
Rezension
Thema: A, N
Publikation: Bw
Umfang: 4100 Anschläge
NACHWEISE:
Nachweis in Hamburg: 18 (x4203)
Sonstiger Nachweis:

*0087*
*Datensatznummer: 76*
Das Verbrechen als soziale Erscheinung. In:

Archiv für soziale Gesetzgebung und Statistik
(ab 1904: Namensänderung) (Braun, H. [Hg.])
1895, Bd. 8, S. 329-344
Berlin (Heymann) 1895
(Vgl. franz.: 0115/97)
Thema: D
Publikation: Bw
Umfang: 42900 Anschläge
NACHWEISE:
SHL: (xt 94: Nr 2)
Nachweis in Hamburg: 18 (x479)
Sonstiger Nachweis:

0088
*Datensatznummer: 77*
Gizycki, G. v.: Vorlesungen über soziale Ethik, Berlin 1895. In:
Archiv für soziale Gesetzgebung und Statistik
(ab 1904: Namensänderung) (Braun, H. [Hg.])
1895, Bd. 8, S. 705-707
Berlin (Heymann) 1895
Rezension
Thema: A, L
Publikation: Bw
Umfang: 5800 Anschläge
NACHWEISE:
Nachweis in Hamburg: 18 (x479)
Sonstiger Nachweis:

0089
*Datensatznummer: 78*
American Journal of Sociology, vol. 1, nos. 1 + 2, Chicago 1895. In:
Archiv für soziale Gesetzgebung und Statistik
(ab 1904: Namensänderung) (Braun, H. [Hg.])
1895, Bd. 8, S. 723-726
Berlin (Heymann) 1895
Rezension
Thema: A, B
Publikation: Bw
Umfang: 9300 Anschläge
NACHWEISE:
Nachweis in Hamburg: 18 (x479)
Sonstiger Nachweis:

x0105
*Datensatznummer: 79*
*Zum Umsturzgesetz. In:*
*Deutsche Warte. Belletristisches Wochenblatt (Studnitz, A. [Begründer]) vom 16. (17.) 3. 1895, 5. Jg.*
*Berlin 1895*
*(Hinweis von E. Brenke; nichts gefunden)*
*fraglich*
*Thema:*
*Publikation: B*
NACHWEISE:
*Sonstiger Nachweis: 1a (4Ad582)*

0095
*Datensatznummer: 80**
Die akademische Laufbahn und ihre ökonomische Regelung. Ein Wort an die Regierung und an die Volksvertretung von ***. In:
Ethische Kultur. Wochenschrift für sozial-ethische Reformen (Gizycki, G. v. [Begründer])
1895, 3. Jg., 13. 4. 1895, S. 119
Berlin (Ferd. Dümmler) 1895
Thema: A, L, M
Publikation: B
Umfang: 6700 Anschläge
NACHWEISE:
SHL: Kopie
Sonstiger Nachweis: 46 (Fb0167-3); 1a (8u4NP17400)

0098
*Datensatznummer: 81**
Ethische Betrachtungen. In:
Ethische Kultur. Wochenschrift für sozial-ethische Reformen (Gizycki, G. v. [Begründer])
1895, 3. Jg., 6. + 20. 7. 1895, S. 212-213, S. 218-221, S. 228-229
Berlin (Ferd. Dümmler) 1895
Thema: L
Publikation: B
Umfang: 48300 Anschläge
NACHWEISE:
SHL: Kopie
Sonstiger Nachweis: 46 (Fb0167); 1a (8u4Np17400)

0099
*Datensatznummer: 82*
*NORMANNUS*
Der ideale und der wirkliche Bismarck. In:
Ethische Kultur. Wochenschrift für sozial-ethische Reformen (Gizycki, G. v. [Begründer])
1895, 3. Jg., 7. 9. 1895, Nr. 36, S. 281-283
Berlin (Ferd. Dümmler) 1895
(Unter dem Pseudonym 'Normannus' veröffentlicht)
Thema: I
Publikation: B
Umfang: 15900 Anschläge
NACHWEISE:
SHL: (xt 155: Nr 6)
Sonstiger Nachweis: 1a; 46

0100
*Datensatznummer: 83**
*F. T.*
Noch einmal Herr Kautsky und die moderne Wissenschaft. In:
Ethische Kultur. Wochenschrift für sozial-ethische Reformen (Gizycki, G. v. [Begründer]) 1895, 3. Jg., 7. 9. 1895, S. 287
Berlin (Ferd. Dümmler) 1895
(Unter dem Kürzel 'F. T.' veröffentlicht, siehe dazu: ebd., S. 271)
Thema: M
Publikation: B
Umfang: 3800 Anschläge
NACHWEISE:
SHL: Kopie
Sonstiger Nachweis: 46 (Fb0167); 1a (8u4Np17400)

0097
*Datensatznummer: 84**
Die sittliche Bestimmung der Frau. Sechster Artikel. In:
Ethische Kultur. Wochenschrift für sozial-ethische Reformen (Gizycki, G. v. [Begründer]) 1895, 3. Jg., 9. 11. 1895, S. 25-27
Berlin (Ferd. Dümmler) 1895
(6. Artikel; die anderen: ebd., 1894, Nr. 12, 19, 27, 44, 47.)
Thema: M
Publikation: B
Umfang: 1600 Anschläge
NACHWEISE:
SHL: Kopie
Sonstiger Nachweis: 46 (Fb0167); 1a (8u4Np17400)

0096
*Datensatznummer: 85**
*OHNE VERFASSERANGABE*
Über wahren und falschen Patriotismus. In:
Ethische Kultur. Wochenschrift für sozial-ethische Reformen (Gizycki, G. v. [Begründer]) 1895, 3. Jg., 9. 11. 1895, S. 359
Berlin (Ferd. Dümmler) 1895
(Mitteilung der Redaktion, vielleicht nicht autorisiert; siehe dazu 0104a/91a)
Thema: M
Publikation: B
Umfang: 2300 Anschläge
NACHWEISE:
SHL: Kopie
Sonstiger Nachweis: 46 (Fb0167); 1a (8u4Np17400)

0101
*Datensatznummer: 86*
*JUSTUS*
Die Lehren von Mariaberg. In:
Neue Deutsche Rundschau (Freie Bühne; später: Die neue Rundschau), 1895, 6. Jg., S. 631-639
Berlin (Fischer) 1895
(Unter dem Pseudonym 'Justus' veröffentlicht)
Thema: M, I, Psychiatrie
Publikation: B
Umfang: 31500 Anschläge
NACHWEISE:
Nachweis in Hamburg: 18 (x1376)
Sonstiger Nachweis:

0102
*Datensatznummer: 87*
"In medio virtus". Kampf oder Kompromiß? Versuch einer Lösung der socialen Frage auf Grundlage des Kompromisses. In:
Schmollers Jahrbuch für Gesetzgebung, Verwaltung und Volkswirtschaft (Schmoller, G. [Hg.]) 1895, 19. Jg., 4. Heft, S. 1373-1374
Leipzig/Berlin 1895
(Rezension: Versuch einer Lösung der sozialen Frage ..., Dresden 1895)
Rezension
Thema: A, L, Frhr. v. Stumm
Publikation: Bw
Umfang: 3500 Anschläge
NACHWEISE:
SHL: (xt 195: Nr 2)
Nachweis in Hamburg: H261 (14AII2); H3
Sonstiger Nachweis: 46; 206

0103
*Datensatznummer: 88*
Offermann, Alfred: Über die Zukunft der Gesellschaft oder die Wirkung der großen Zahlen, Leipzig 1893. In:
Schmollers Jahrbuch für Gesetzgebung, Verwaltung und Volkswirtschaft (Schmoller, G. [Hg.]) 1895, 19. Jg., S. 1366-1367
Leipzig/Berlin (Duncker & Humblot) 1895
Rezension
Thema: A, B, Statistik
Publikation: Bw
Umfang: 4900 Anschläge
NACHWEISE:
SHL: (xt 195: Nr 1)
Nachweis in Hamburg: 18 (x1161); H261; H3
Sonstiger Nachweis: 46; 206

0113
*Datensatznummer: 89**
Der Rückgang des englischen Pauperismus. In:
Sozialpolitisches Zentralblatt (Braun, H. [Hg.])
1895, 4. Jg., Nr. 22, 25. Februar, S. 265
Berlin 1895
Thema: L, O
Publikation: B
Umfang: 5800 Anschläge
NACHWEISE:
SHL: (xt 117: Nr 1)
Nachweis in Hamburg: H76 (Ic82); H133; H52
Sonstiger Nachweis:

0112
*Datensatznummer: 90**
Ein Versuch mit dem Achtstundentag. In:
Sozialpolitisches Centralblatt (Braun, H. [Hg.])
1895, 4. Jg., Nr. 21, 18. Februar, S. 243-244
Berlin 1895
(Rezension: John F. Brunner, in: The Times vom
7. 2. 1895)
Rezension
Thema: A, L
Publikation: B
Umfang: 8400 Anschläge
NACHWEISE:
SHL: Kopie
Nachweis in Hamburg: H76 (Ic82); H60; H133
Sonstiger Nachweis:

*x0104*
*Datensatznummer: 91*
*Universitätsausdehnung in England. In:*
*University Extension Journal vom 15. 1. 1895*
*London 1895*
*(Vgl. 0077/62)*
*nicht ermittelt*
NACHWEISE: *Zeitschrift in der ehemaligen Bundesrepublik Deutschland nicht nachgewiesen*

0104a
*Datensatznummer: 91a**
Nationalgefühl. In:
Die Wahrheit. Halbmonatschrift zur Vertiefung in die Fragen und Aufgaben des Menschenlebens, 1925, Bd. 5, November, S. 65-72
Stuttgart 1895
Thema: I
Publikation: B
Umfang: 20700 Anschläge
NACHWEISE:
SHL: Kopie
Sonstiger Nachweis: 46; 384

0106
*Datensatznummer: 92*
Literatur über Hobbes. In:
Zeitschrift für Philosophie und philosophische Kritik (Falckenberg, R. [Hg.]) 1895, 106. Bd., S. 101-109
Leipzig (Pfeffer) 1895
(4 Rezensionen: Bernhard Gühne, Eduard Larsen, Georges Lyon, F. Pillon)
Thema: A, G
Publikation: Bw
Umfang: 23900 Anschläge
NACHWEISE:
SHL: (xt 190: Nr 1)
Nachweis in Hamburg: H45 (z10)
Sonstiger Nachweis: 1a; 21; 30; 61

0111
*Datensatznummer: 93*
Philosophical Remains of George Croom Robertson, ed. by Alexander Bain and T. Wittaker, London & Edinburgh 1894. In:
Zeitschrift für Philosophie und philosophische Kritik (Falckenberg, R. [Hg.]) 1895, 106. Bd., S. 109-110
Leipzig (Pfeffer) 1895
Rezension
Thema: A, F
Publikation: Bw
Umfang: 5000 Anschläge
NACHWEISE:
SHL: (xt 190: Nr 1a)
Nachweis in Hamburg: H45 (z10)
Sonstiger Nachweis: 1a; 21; 30; 61

## 1896

0141
*Datensatznummer: 94*
L'évolution sociale en Allemagne (Annales des L'Institut International de Soc.)
Paris (Giard & Brière) 1896
(Als Einzelband erschienen; übersetzt von C. de Krauz)
franz.
Thema: B
Publikation: C
Umfang: 108500 Anschläge

NACHWEISE:
SHL: (xt 106: Nr 1)
Sonstiger Nachweis: 206 (I4724,I4725)

0144
*Datensatznummer: 95**
Hobbes. Leben und Lehre, Stuttgart 1896, 232 S. (2. Aufl. 1912 mit dem Titel: Thomas Hobbes. Der Mann und der Denker, Osterwieck 1912 249 + 16 S.; 3. Aufl. Stuttgart 1925, 316 + 27 S., 1965 neu hrsg. von K.-H. Ilting; 4. Aufl. 1971)
Stuttgart (Frommann) 1896
(Zugeeignet: Friedrich Reuter + Kuno Francke)
Thema: G
Publikation: C
Umfang: 433300 Anschläge
NACHWEISE:
SHL: (xt 5, xt 6, xt 7)
Sonstiger Nachweis:

0142
*Datensatznummer: 96*
Sozialwissenschaften und Universitätsstudium. In:
Akademische Rundschau. Blätter für Reform des akademischen Lebens, 1896, 1. Jg., Nr. 5, 1. Juni, S. 65-69 + S. 85-88
Leipzig (Rossberg'schen Hof-Buchhandl.) 1896
(Erneut: Ethische Kultur, 1896:0138)
Thema: B, L, M
Publikation: Bw
Umfang: 7700 Anschläge (Umfangsbestimmung nur nach dem 1. Teil)
NACHWEISE:
SHL: (xt 90: Nr 1<1.Teil>)
Sonstiger Nachweis:

0115
*Datensatznummer: 97*
Le crime comme phénomène social. In:
Annales de l'Institut International de Sociologie (Worms, R. [direction]) 1896, tome 2, S. 387-409
Paris (Giard + Brière) 1896
(Travail résumé au congrès dans la séance du jeudi matin 3. oct. 1895
(franz.; vgl. 0087/76)
Thema: D
Publikation: Bw
Umfang: 37000 Anschläge
NACHWEISE:
Nachweis in Hamburg: H76 (Ic2)
Sonstiger Nachweis:

0116
*Datensatznummer: 98*
Meyer, Albert v. Fällanden: Die Verbrechen in ihrem Zusammenhang mit den wirtschaftlichen und sozialen Verhältnissen im Kanton Zürich, Jena 1895. In:
Archiv für soziale Gesetzgebung und Statistik (ab 1904: Namensänderung) (Braun, H. [Hg.]) 1896, Bd. 9, S. 304-308
Berlin (Heymann) 1896
Rezension
Thema: A, D
Publikation: Bw
Umfang: 10200 Anschläge
NACHWEISE:
SHL: (xt 194: Nr 2)
Nachweis in Hamburg: 18 (x479)
Sonstiger Nachweis:

0117
*Datensatznummer: 99*
Jahresbericht über Erscheinungen der Sociologie aus den Jahren 1893-1894, nebst Vorbericht. In:
Archiv für systematische Philosophie (Natorp, P. [Hg.]) 1896, 2. Bd., S. 419-441 + S. 497-517
Berlin (Reimer) 1896
(Insgesamt 19 Rezensionen: Herbert Spencer, S. Fragapane, Eduard Westermarck, Gabriel Tarde, Heinrich Cunow, Maxime Kovalewsky, Karl Bücher, Emile Durkheim, J. Novicow, Jean Izoulet, James McClelland, Louis Bridel, Karl Steffensen, R. Rocholl, Guillaume de Greef, Achille Loria, Kurt Busse, Sigmund Schilder)
Thema: A, B
Publikation: Bw
Umfang: 101.400 Anschläge (Umfangsbestimmung nach ***, S. 196-232)
NACHWEISE:
Nachweis in Hamburg: H45 (z5)
Sonstiger Nachweis: 8
Erneut in Soziologische Studien und Kritiken: ***, S. 196-232

x0138
*Datensatznummer: 100**
*REDAKTION*
*Sozialwissenschaften und Universitätsstudium. In:*
*Ethische Kultur. Wochenschrift für sozial-ethische Reformen (Gizycki, G. v. [Begründer]) 1896, 4. Jg., 4. 6. 1896, S. 213-214*
*Berlin (Ferd. Dümmler) 1896*
*(Redaktioneller Bericht, Auszug aus: 0142/96; nicht autorisiert)*

*Thema: B, L, M*
*Publikation: B*
*Umfang: 7500 Anschläge*
NACHWEISE:
*SHL: Kopie*
*Sonstiger Nachweis: 46 (Fb0167-4); 1a (8u4Np17400)*

*0138a*
*Datensatznummer: 100a**
*F. T.*
Frühling. In:
Ethische Kultur. Wochenschrift für sozial-ethische Reformen (Gizycki, G. v. [Begründer]) 1896, 4. Jg., S. 149
Berlin (Ferd. Dümmler) 1896
(Unter dem Pseudonym 'F. T.' veröffentlicht)
Thema: U, Gedicht
Publikation: B
Umfang: 750 Anschläge
NACHWEISE:
SHL: Kopie
Sonstiger Nachweis: 46 (fb0167)

*0139*
*Datensatznummer: 101**
*MAGUS*
Jago. In:
Ethische Kultur. Wochenschrift für sozial-ethische Reformen (Gizycki, G. v. [Begründer]) 1896, 4. Jg., S. 405
Berlin (Ferd. Dümmler) 1896
(Unter dem Pseudonym 'Magus' veröffentlicht)
Thema: I
Publikation: B
Umfang: 4200 Anschläge
NACHWEISE:
SHL: Kopie
Sonstiger Nachweis: 46 (0167); 1a (8u4Np17400)

*0140*
*Datensatznummer: 102**
Zum Hamburger Streik. Offener Brief an die Redaktion des Hamburger Korrespondenten. In:
Ethische Kultur. Wochenschrift für sozial-ethische Reformen (Gizycki, G. v. [Begründer]) 1896, 4. Jg., 26. 12. 1896, S. 409-411
Berlin (Ferd. Dümmler) 1896
(Im Hamburger Korrespondenten ist der Brief jedoch nicht abgedruckt)
Thema: C
Publikation: B
Umfang: 19300 Anschläge
NACHWEISE:
SHL: Kopie
Sonstiger Nachweis: 46 (Fb0167); 1a (8u4 Np17 400)

*0140a*
*Datensatznummer: 102a**
Simmel, Georg: Einleitung in die Moralwissenschaft. Eine Kritik der ethischen Grundbegriffe. In 2 Bänden. Zweiter Band, Berlin 1893. In:
Zeitschrift für Psychologie und Physiologie der Sinnesorgane (Ebbinghaus, H. + König, A. [Hg.]) 1893, 4. Bd., S. 394-402
Hamburg/Leipzig (Voss) 1896
(Siehe dazu auch Rezension des ersten Bandes: 0063/53)
Rezension
Thema: A, B
Publikation: Bw
Umfang: 26700 Anschläge
NACHWEISE:
SHL: Kopie
Nachweis in Hamburg: 18 (x1307)
Sonstiger Nachweis: 1a; 188; 46; 17; 77; 5; 6; 38; 61; 294

## 1897

*0158*
*Datensatznummer: 103**
Der Nietzsche-Kultus. Eine Kritik; 114 Seiten
Leipzig (Reisland) 1897
(erneut: Berlin 1990)
Monographie
Thema: F
Publikation: C
Umfang: 219700 Anschläge
NACHWEISE:
SHL: (xt 8)
Sonstiger Nachweis:

*0156*
*Datensatznummer: 104**
Die Wahrheit über den Streik der Hafenarbeiter und Seeleute in Hamburg 1896/97
Hamburg (Engelke) 1897
Thema: C
Publikation: C
Umfang: 103500 Anschläge
NACHWEISE:

SHL: (xt 126: Nr 2)
Sonstiger Nachweis:

0157
*Datensatznummer: 105*
Über die Grundtatsachen des socialen Lebens
Bern (Steiger & Cie.) 1897
(Separatdruck aus : Ethisch-socialwissenschaftliche Vortragskurse, Bd. 7)
Thema: B
Publikation: C
Umfang: 130400 Anschläge
NACHWEISE:
SHL: (xt 9)
Nachweis in Hamburg: H3
Sonstiger Nachweis:

0145
*Datensatznummer: 106**
Hafenarbeiter und Seeleute in Hamburg vor dem Strike 1896/97. In:
Archiv für soziale Gesetzgebung und Statistik (ab 1904: Namensänderung) (Braun, H. [Hg.])
1897, Bd. 10, Heft 2, S. 173-238
Berlin (Heymann) 1897
(Unter durchgehender Mitwirkung von Heinrich Hennings)
Thema: C
Publikation: Bw
Umfang: 169500 Anschläge
NACHWEISE:
SHL: (xt 125: Nr 1)
Nachweis in Hamburg: 18 (x479)
Sonstiger Nachweis:

0147
*Datensatznummer: 107**
Der Hamburger Strike von 1896/97. In:
Archiv für soziale Gesetzgebung und Statistik (ab 1904: Namensänderung) (Braun, H. [Hg.])
1897, Bd. 10, Heft 5, S. 673-720
Berlin (Heymann) 1897
Thema: C
Publikation: Bw
Umfang: 124100 Anschläge
NACHWEISE:
SHL: (xt 125: Nr 2)
Nachweis in Hamburg: 18 (x479)
Sonstiger Nachweis:

0146
*Datensatznummer: 108*
Legien, C.: Der Strike der Hafenarbeiter und Seeleute in Hamburg-Altona, Hamburg 1897. In:
Archiv für soziale Gesetzgebung und Statistik (ab 1904: Namensänderung) (Braun, H. [Hg.])
1897, Bd. 10, S. 490-492
Berlin (Heymann) 1897
Rezension
Thema: A, C
Publikation: Bw
Umfang: 6100 Anschläge
NACHWEISE:
SHL: (xt 194: Nr 3)
Nachweis in Hamburg: 18 (x479)
Sonstiger Nachweis:

0148
*Datensatznummer: 109**
Strafthaten im Hamburger Hafenstrike. In:
Archiv für soziale Gesetzgebung und Statistik (ab 1904: Namensänderung) (Braun, H. [Hg.])
1897, Bd. 11, S. 513-520
Berlin (Heymann) 1897
Thema: C, D
Publikation: Bw
Umfang: 19500 Anschläge
NACHWEISE:
Nachweis in Hamburg: 18 (x479)
Sonstiger Nachweis:

0150
*Datensatznummer: 110**
Nietzsche und die Humanität. In:
Ethische Kultur. Wochenschrift für sozial-ethische Reformen (Gizycki, G. v. [Begründer])
1897, 5. Jg., 23. + 30. 1. 1896, S. 28-30 + S. 36-37
Berlin (Bieber) 1897
(Auch Schlußkapitel von 'Der Nietzsche-Kultus', Leipzig 1897, vgl. 0158/103)
Thema: F, M
Publikation: B
Umfang: 26400 Anschläge
NACHWEISE:
SHL: Kopie
Sonstiger Nachweis: 46; 1a (8u4Np17400)

0151
*Datensatznummer: 111**
Das Ende des Streiks. In:

Ethische Kultur. Wochenschrift für sozial-ethische Reformen (Gizycki, G. v. [Begründer]) 1897, 5. Jg., 13. 2. 1897, S. 49-50
Berlin (Bieber) 1897
(Vgl. auch die Beiträge von Tönnies im Archiv für soziale Gesetzgebung, 1897)
Thema: C
Publikation: B
Umfang: 9900 Anschläge
NACHWEISE:
SHL: Kopie
Sonstiger Nachweis: 46; 1a (8u4Np17400)

0152
*Datensatznummer: 112**
Streik-Terrorismus. Ein Nachwort. In:
Ethische Kultur. Wochenschrift für sozial-ethische Reformen (Gizycki, G. v. [Begründer]) 1897, 5. Jg., Februar, S. 65-66
Berlin (Bieber) 1897
(Siehe dazu auch: ebd., 1897, 5. Jg., S. 49-50)
Thema: C
Publikation: B
Umfang: 13000 Anschläge
NACHWEISE:
SHL: Kopie
Sonstiger Nachweis: 46; 1a (8u4Np17400)

0153
*Datensatznummer: 113**
Hamburger Arbeiterwohnungen. In:
Ethische Kultur. Wochenschrift für sozial-ethische Reformen (Gizycki, G. v. [Begründer]) 1897. 5. Jg., 24. 7. 1897, S. 239
Berlin (Bieber) 1897
(Rezension: F. Jessen, Luftuntersuchungen in Arbeiterwohnungen, Leipzig 1896)
Rezension
Thema: A, C, L
Publikation: B
Umfang: 6000 Anschläge
NACHWEISE:
SHL: Kopie
Sonstiger Nachweis: 46 (Fb0167); 1a (8u4Np17400)

0149
*Datensatznummer: 114**
*KRITO*
Hamburg. In:
Die Kritik. Wochenschau des öffentlichen Lebens (Wrede, R. [Hg.]) 1897, 4. Jg., Nr. 125, S. 342-345
Berlin (Kritik-Verlag) 1897
(Unter dem Pseudonym 'Krito' veröffentlicht)
Thema: I, C, Streik, Hafen
Publikation: B
Umfang: 9600 Anschläge
NACHWEISE:
SHL: (xt 126: Nr 1)
Sonstiger Nachweis: 1a

0155
*Datensatznummer: 115*
Die Politik des Hobbes. Eine Entgegnung. In:
Die Neue Zeit. Wochenschrift der deutschen Sozialdemokratie (Cunow, H. [Hg.]) 1897, 15. Jg., 2. Bd., Nr. 51, S. 783-786
Berlin (Dietz) 1897
(Antwort auf H. Cunows Rezension von F. Tönnies' Hobbes, 1896, ebd. S. 630 ff.)
Thema: G
Publikation: B
Umfang: 18800 Anschläge
NACHWEISE:
SHL: (xt 64: Nr 1; siehe auch Cb 54)
Nachweis in Hamburg: H76 (J192)
Sonstiger Nachweis: 1a; 188; 18; 46; 206

0154
*Datensatznummer: 116**
Das Volk und die Kunst. In:
Die Wahrheit. Halbmonatschrift zur Vertiefung in die Fragen und Aufgaben des Menschenlebens (Schrempf, Ch. [Hg.]) 1897, Bd. 7, Nr. 10 (2. Februarheft), S. 297-308
Stuttgart (Frommann) 1897
(Vgl.: 0189/122)
Thema: B, I, Lumpenproletariat, Herren-, Arbeiterklasse
Publikation: B
Umfang: 32200 Anschläge
NACHWEISE:
SHL: (xt 94: Nr 4)
Sonstiger Nachweis: 1a; 7; 17; 26; 30

## 1898

0159
*Datensatznummer: 117**
Die Enquête über Zustände der Arbeit im Hamburger Hafen. In:

Archiv für soziale Gesetzgebung und Statistik (ab 1904: Namensänderung) (Braun, H. [Hg.]) 1898, Bd. 12, S. 303-348
Berlin (Heymann) 1898
(Kommentar zum Bericht der Senatskommission für die Prüfung der Arbeitsverhältnisse im Hamburger Hafen)
Thema: C, B, L
Publikation: Bw
Umfang: 117000 Anschläge
NACHWEISE:
SHL: (xt 125: Nr 3)
Nachweis in Hamburg: 18 (x479)

0160
*Datensatznummer: 118*
Lotmar, Philipp: Die Freiheit der Berufswahl. Lektoratsrede, Leipzig 1898. In:
Archiv für soziale Gesetzgebung und Statistik (ab 1904: Namensänderung) (Braun, H. [Hg.]) 1898, Bd. 12, S. 584-588
Berlin (Heymann) 1898
Thema: A, L
Publikation: Bw
Umfang: 11200 Anschläge
NACHWEISE:
SHL: (xt 194: Nr 4)
Nachweis in Hamburg: 18 (x479)
Sonstiger Nachweis:

0161
*Datensatznummer: 119**
Jahresbericht über Erscheinungen der Sociologie aus den Jahren 1895-1896. In:
Archiv für systematische Philosophie (Natorp, P. [Hg.]) 1898, 4. Bd., S. 99-116 + S. 229-250 + S. 483-506
Berlin 1898
(insgesamt 24 Rezensionen: Th. Achelis, Richard Joh. Mucke, Ernst Grosse, Richard Hildebrand, Heinrich Cunow, Rudolf Stammler, Antonio Labriola, Otto Ammon, John B. Haycraft, Alfred Plötz, Benjamin Kidd, René Worms, Gabriel Tarde, Guillaume de Greef, Alfred Vierkandt, Arnold Fischer, Simon N. Platten, Gustave Le Bon, A. Oclin, Emile Durkheim, C. Bouglé, Herbert Spencer, Franklin H. Giddings, Arthur Fairbanks)
Thema: A, B
Publikation: Bw
Umfang: 151300 Anschläge (Umfangsbestimmung nach ***)
NACHWEISE:
SHL: Kopie (1. Teil)
Sonstiger Nachweis: 8
Erneut in Soziologische Studien und Kritiken: ***, S. 233-283

x0188
*Datensatznummer: 120*
*Communite et societe. In:*
*Biblioteca Sociologica, 1898, S. 2-8*
*Milano 1898*
*(Deutsch: 0196/129; ital. Übersetzung des Manuskripts?)*
*nicht ermittelt, ital.*
NACHWEISE: *Zeitschrift in der ehemaligen Bundesrepublik Deutschland nicht nachgewiesen*

0190
*Datensatznummer: 121*
Theodor Storm. Festrede zur Einweihung des Storm-Denkmals am 14. 9. 1898. In:
Ethische Kultur. Wochenschrift für sozial-ethische Reformen (Gizycki, G. v. [Begründer]) 1898, 6. Jg., Oktober, S. 333-336
Berlin (Bieber) 1898
(Erneut: 0630/448)
Thema: R
Publikation: B
Umfang: 19300 Anschläge
NACHWEISE:
SHL: (xt 183: Nr 3)
Sonstiger Nachweis: 1a (8u4Np17400); 46

x0189
*Datensatznummer: 122*
*Kunst und Volk. In:*
*Die Redenden Künste. Zeitschrift für Musik und Literatur 1898, 4, S. 46-47*
*Leipzig 1898*
*(nicht zu ermitteln; Hinweis von J. Zander; vgl. 0154/116)*
NACHWEISE: *Zeitschrift in der ehemaligen Bundesrepublik Deutschland nicht nachgewiesen*

## 1899

0191
*Datensatznummer: 123*
Natorp, P.: Sozialpädagogik. Theorie der Willenserziehung auf der Grundlage der Gemeinschaft, Stuttgart 1899. In:

Archiv für soziale Gesetzgebung und Statistik (ab 1904: Namensänderung) (Braun, H. [Hg.]) 1899, Bd. 14, S. 445-462
Berlin (Heymann) 1899
Rezension
Thema: A, B
Publikation: Bw
Umfang: 49100 Anschläge
NACHWEISE:
Nachweis in Hamburg: 18 (x479)
Sonstiger Nachweis:

0194
*Datensatznummer: 124*
Karl Storm. Ein Gedenkblatt. In:
Deutsche Rundschau (Rodenberg, J. [Hg.]) 1899, 25. Jg., Bd. 99, S. 461-463
Berlin (Paetel) 1899
(erneut: 0630/448)
Thema: R
Publikation: B
Umfang: 10.600 Anschläge
NACHWEISE:
Nachweis in Hamburg: 18 (x2221)
Sonstiger Nachweis: 1a; 188/211; 46; 30; 5

x0197
*Datensatznummer: 125*
*ANONYM*
*Über die preußische Nordschleswig-Politik. In:*
*Kieler Zeitung, 1899*
*Kiel 1899*
*(Hinweis von E. G. Jacoby; beachte dazu Brief T.' an H. Höffding vom 23. 3. 1899)*
*fraglich*
NACHWEISE:

0192
*Datensatznummer: 126*
Philosophical Terminology (Part 1 + 2). In:
Mind. A quartely Review of Psychology and Philosophy (Stout, G. F. [(ed.]) 1899, vol. 8, S. 289-332 + S. 467-491
London 1899
(Translated by B. Bosanquet; vgl. 0338/214)
engl.
Thema: F, B
Publikation: Bw
Umfang: 174300 Anschläge
NACHWEISE:
Sonstiger Nachweis: 1a (Nh11484); 83; 84

0193
*Datensatznummer: 127*
Die Kriminalstatistik und die Vorlage zum Schutze des gewerblichen Arbeitsverhältnisses.
In:
Soziale Praxis (ab Jg. 19: und Archiv für Volkswohlfahrt) (Francke, E. [Hg.]) 1899, 9. Jg., Nr. 5, S. 105-112
Leipzig (Duncker & Humblot) 1899
(mehrere Tabellen)
Thema: D, L, empirische Studie
Publikation: B
Umfang: 15700 Anschläge
NACHWEISE:
SHL: (xt 131: Nr 1)
Nachweis in Hamburg: H76 (Ic82)
Sonstiger Nachweis: 1a; B232; 18; 206

0195
*Datensatznummer: 128**
Die ethische Bewegung. In:
Die Umschau (Bechold, H. [Hg.]) 1899, 3. Jg., Nr. 43, 21. 10. 1899, S. 842-845
Frankfurt/M. (Bechold) 1899
Thema: L, M
Publikation: B
Umfang: 15100 Anschläge
NACHWEISE:
SHL: Kopie
Sonstiger Nachweis: 7; 1a (4Ac7582); 83; 24; 90; 17; 38; 61

0196
*Datensatznummer: 129**
Zur Einleitung in die Soziologie. In:
Zeitschrift für Philosophie und philosophische Kritik, 1899, 115. Bd., S. 240-251
Halle-Saale (Pfeffer) 1899
(Vgl. franz.: 0198/136 + ital.: 0188/120)
Thema: B
Publikation: Bw
Umfang: 24300 Anschläge
NACHWEISE:
SHL: (xt 90: Nr 2)
Sonstiger Nachweis: 1a; 21; 30; 61
Erneut in Soziologische Studien und Kritiken: *, S. 65-74

## 1900

0219
*Datensatznummer: 130*
Schreiben an die Herren Geistlichen mit der Bitte um Charakterisierung ihrer Konfirmanden, Februar 1900
Altona 1900
(dazu: 2seitiger Auszug aus dem Brief)
Brief
Thema: B, Umfrage
Publikation: S
Umfang: 8700 Anschläge
NACHWEISE:
SHL: (Cb 54. 39:03)
Sonstiger Nachweis:

x0220
*Datensatznummer: 131*
*Zur Verfassungsgeschichte Nordfrieslands, aus dem Nachlass hrsg. vom Nordfriesischen Institut*
*Ort unbekannt 1900*
*(Titel von der Redaktion; Vortrag um ca. 1900)*
*nicht ermittelt, fraglich*
NACHWEISE:

0198
*Datensatznummer: 132*
Notions fondamentales de sociologie pure. In:
Annales de l'Institut International de Sociologie (Worms, R. [direction]) 1900, tome 6, S. 63-77
Paris (Giard + Brière) 1900
(D'après le livre: Communauté et Société, Leipzig 1887; vgl. auch 0188/136 + 0196/129)
Übersetzung, franz.
Thema: B
Publikation: Bw
Umfang: 24100 Anschläge
NACHWEISE:
Nachweis in Hamburg: H76 (Ic2)
Sonstiger Nachweis:

0221
*Datensatznummer: 133*
Loria, Achille: Die wirtschaftlichen Grundlagen der bestehenden Gesellschaftsordnungen, Tübingen 1895. In:
Archiv für öffentliches Recht (Laband, P. + Storeck, E. [Hg.]) 1901, 16. Bd., S. 146-148
Tübingen/Leipzig (Mohr) 1900
Rezension
Thema: A, B
Publikation: Bw
Umfang: 7400 Anschläge
NACHWEISE:
SHL: (xt 191: Nr 11)
Nachweis in Hamburg: 18 (x4203); H76 (J26)
Sonstiger Nachweis:

0199
*Datensatznummer: 134*
Die Erweiterung der Zwangserziehung. In:
Archiv für soziale Gesetzgebung und Statistik (ab 1904: Namensänderung) (Braun, H. [Hg.]) 1900; Bd. 15, S. 458-489
Berlin (Heymann) 1900
Thema: L
Publikation: Bw
Umfang: 81100 Anschläge
NACHWEISE:
SHL: (xt 94: Nr 3)
Nachweis in Hamburg: 18 (x479)
Sonstiger Nachweis:

0200
*Datensatznummer: 135*
Aschrott, P. F.: Die Zwangserziehung Minderjähriger und der zur Zeit hierüber vorliegende Preußische Gesetzentwurf, Berlin 1900. In:
Archiv für soziale Gesetzgebung und Statistik (ab 1904: Namensänderung) (Braun, H. [Hg.]) 1900, Bd. 15, S. 510-515
Berlin (Heymann) 1900
Rezension
Thema: A, L
Publikation: Bw
Umfang: 14500 Anschläge
NACHWEISE:
SHL: (xt 194: Nr 5)
Nachweis in Hamburg: 18 (x479)
Sonstiger Nachweis:

0201
*Datensatznummer: 136*
Lietz, Hermann: Das erste Jahr des deutschen Landerziehungsheimes bei Ilsenburg im Harz, Berlin 1899; ders.: Das zweite Jahr ..., Berlin 1900. In:
Archiv für soziale Gesetzgebung und Statistik (ab 1904: Namensänderung) (Braun, H. [Hg.]) 1900, Bd. 15, S. 756-757
Berlin (Heymann) 1900
Rezension
Thema: A, L
Publikation: Bw

Umfang: 4300 Anschläge
NACHWEISE:
SHL: (xt 194: Nr 6)
Nachweis in Hamburg: 18 (x479)
Sonstiger Nachweis:

0215
*Datensatznummer: 137**
Die Wohnungsnot - eine sittliche Not. Fragment eines populären Vortrages. In:
Ethische Kultur. Wochenschrift für sozial-ethische Reformen (Gizycki, G. v. [Begründer]) 1900, 8. Jg., 7. + 14. 7. 1900, S. 212-213 + S. 218-221
Berlin (Bieber) 1900
Thema: L
Publikation: B
Umfang: 32900 Anschläge
NACHWEISE:
SHL: Kopie
Sonstiger Nachweis: 1a (8u4Np17400); 46

0216
*Datensatznummer: 138**
*KRITIAS*
Sittliche Entrüstung? In:
Ethische Kultur. Wochenschrift für sozial-ethische Reformen (Gizycki, G. v. [Begründer]) 1900, 8. Jg., November, S. 353-355
Berlin (Bieber) 1900
(Unter dem Pseudonym 'Kritias'veröffentlicht; dazu Erörterung von Dr. Foerster, ebd., S. 341-342)
Thema: L, Moral, Justiz
Publikation: B
Umfang: 21700 Anschläge
NACHWEISE:
SHL: Kopie
Sonstiger Nachweis: 1a (8u4Np17400); 46

0217
*Datensatznummer: 139*
*ANTISTHENES*
Biblia pauperum. In:
Der Lotse. Hamburgische Wochenschrift für Deutsche Kultur, 1900, 1. Jg., Heft 2 vom 13. 10. 1900, S. 33-37
Hamburg (Janßen) 1900
(Unter dem Pseudonym 'Antisthenes' veröffentlicht)
Thema: M, Kulturkritik
Publikation: B
Umfang: 13600 Anschläge
NACHWEISE:
SHL: (xt 180: Nr 1)
Nachweis in Hamburg: 18 (x7040)
Sonstiger Nachweis: 1a; 188; 16; 25; 31

0213
*Datensatznummer: 140**
La synthèse créatrice. Résumé philosophique. In:
Philosophie générale et Métaphysique, 1900, tome 1, S. 415-435
Paris (Armand Colin) 1900
(Publikationsname auch: Bibliothèque du Congrès International de Philosophie)
franz.
Thema: F
Publikation: Bw
Umfang: 28100 Anschläge
NACHWEISE:
SHL: (xt 60: Nr 2)
Nachweis in Hamburg: 18 (x10801-1,1)
Sonstiger Nachweis: 20

0214
*Datensatznummer: 141**
Mitteilungen Moralstatistik betreffend. In:
Schleswig-Holsteinisches Kirchenblatt vom 2. 12. 1900, Beilage Nr. 11, Sp. 5-8
Lunden 1900
(Dazu Fragebogen zur moralstatistischen Umfrage unter Pastoren in Schleswig-Holstein; siehe SHL: Cb 54. 39:03)
Thema: B, empirische Studie
Publikation: A
Umfang: 7100 Anschläge
NACHWEISE:
SHL: Kopie
Sonstiger Nachweis: 8 (y2039)

## 1901

0238
*Datensatznummer: 142*
Politik und Moral. Eine Betrachtung
(Flugschriften des Neuen Frankf. Verlages)
Frankfurt (Neuer Frankfurter Verlag) 1901
(Siehe dazu 0232/144; Prof. Wilhelm Förster zugeeignet)
Thema: I, M
Publikation: C
Umfang: 108600 Anschläge

NACHWEISE:
SHL: (xt 160: Nr 2)
Sonstiger Nachweis: 12

0222
*Datensatznummer: 143**
Die Verhütung des Verbrechens. Fragment. In:
Ethische Kultur. Wochenschrift für sozial-ethische Reformen (Gizycki, G. v. [Begründer]) 1901, 9. Jg., 18. + 25. 5. 1901, S. 153-155 + S. 162-164
Berlin (Bieber) 1901
(Bereits 1891 entstanden, vorgesehen für International Ethical Review; vgl. 0029/29, 0030/25)
Thema: D, Strafrecht
Publikation: B
Umfang: 32100 Anschläge
NACHWEISE:
SHL: Kopie
Sonstiger Nachweis: 1a (8u4Np17400)

0232
*Datensatznummer: 144*
Zur Kontroverse über Politik und Moral. In:
Das Freie Wort. Frankfurter Halbmonatschrift für Fortschritt auf allen Gebieten des geistigen Lebens (Saenger, C. [Begründer]) 1901, 1. Jg., Nr. 2, 20. April, S. 42-46
Frankfurt (Neuer Frankfurter Verlag) 1901
(Siehe auch: 0238/142)
Thema: M
Publikation: B
Umfang: 11400 Anschläge
NACHWEISE:
SHL: (xt 160: Nr 4)
Sonstiger Nachweis: 30; 61

0233
*Datensatznummer: 145*
Der europäische Bund. In:
Das Freie Wort. Frankfurter Halbmonatschrift für Fortschritt auf allen Gebieten des geistigen Lebens (Saenger, C. [Begründer]) 1901, 1. Jg., Nr. 6, 20. Juni, S. 164-170
Frankfurt (Neuer Frankfurter Verlag) 1901
Thema: I
Publikation: B
Umfang: 17700 Anschläge
NACHWEISE:
SHL: (xt 162: Nr 1)
Sonstiger Nachweis: 30; 61

0234
*Datensatznummer: 146*
Die Zerrüttung der liberalen Partei in England. In:
Das Freie Wort. Frankfurter Halbmonatschrift für Fortschritt auf allen Gebieten des geistigen Lebens (Saenger, C. [Begründer]) 1901, 1. Jg., Nr. 10, 20. August, S. 289-292
Frankfurt (Neuer Frankfurter Verlag) 1901
Thema: O, I, Lord Rosebery
Publikation: B
Umfang: 8800 Anschläge
NACHWEISE:
SHL: (xt 151: Nr 3)
Sonstiger Nachweis: 30; 61

0235
*Datensatznummer: 147*
Die Berliner Statistik. In:
Das Freie Wort. Frankfurter Halbmonatschrift für Fortschritt auf allen Gebieten des geistigen Lebens (Saenger, C. [Begründer]), 1901, 1. Jg., S. 461-467
Frankfurt (Neuer Frankfurter Verlag) 1901
(Rezension: Richard Böckh, Statistisches Jahrbuch der Stadt Berlin, Berlin 1900)
Rezension
Thema: A, B, R. Böckh
Publikation: B
Umfang: 19100 Anschläge
NACHWEISE:
SHL: (xt 132: Nr 1)
Sonstiger Nachweis: 30; 61

0224
*Datensatznummer: 148*
An den Präsidenten Krüger ut Transvaal
Der Lotse. Hamburgische Wochenschrift für Deutsche Kultur, 1901, 1. Jg., Heft 10 vom 8. 12. 1900, S. 303
Hamburg (Janßen) 1901
(Gedicht, 5 Strophen )
Gedicht
Thema: U
Publikation: B
Umfang: 900 Anschläge
NACHWEISE:
SHL: (xt 180: Nr 2; Cb 54. 39:02)
Nachweis in Hamburg: 18 (x7040)
Sonstiger Nachweis: 1a; 188; 16; 25; 31

0225
*Datensatznummer: 149*
Eine Anmerkung über Rousseau. In:
Der Lotse. Hamburgische Wochenschrift für Deutsche Kultur, 1901, 1. Jg., Heft 41 vom 13. 6. 1901, S. 502-504
Hamburg (Janßen) 1901
Thema: B, F, M
Publikation: B
Umfang: 7000 Anschläge
NACHWEISE:
SHL: (xt 60: Nr 4)
Nachweis in Hamburg: 18 (x7040)
Sonstiger Nachweis: 1a; 188; 16; 25; 31

0226
*Datensatznummer: 150*
Otto Kallsen. In:
Der Lotse. Hamburgische Wochenschrift für Deutsche Kultur, 1901, 1. Jg., Heft 44 vom 3. 8. 1901, S. 591-597
Hamburg (Janßen) 1901
Nachruf
Thema: R
Publikation: B
Umfang: 19300 Anschläge
NACHWEISE:
SHL: (xt 180: Nr 4; Cb 54.39:35)
Nachweis in Hamburg: 18 (x7040)
Sonstiger Nachweis: 1a; 188; 16; 25; 31

0223
*Datensatznummer: 151*
Die Krisis des englischen Staatswesens. 3 Teile. In:
Der Lotse. Hamburgische Wochenschrift für Deutsche Kultur, 1901/1902, 2. Jg., Hefte 4-6 (Okt/Nov. 1901), S. 97-102, S. 132-138, S. 185-189
Hamburg (Janßen) 1901
Thema: O, I
Publikation: B
Umfang: 52800 Anschläge
NACHWEISE:
SHL: (xt 150: Nr 1-3)
Nachweis in Hamburg: 18 (x7040)
Sonstiger Nachweis: 1a; 188; 16; 25; 31

0227
*Datensatznummer: 152*
Zwei Briefe Klaus Groths. In:
Der Lotse. Hamburgische Wochenschrift für deutsche Kultur, 1901, 1. Jg., Heft 24 vom 16. 3. 1901, S. 800-804
Hamburg (Janßen) 1901
(2 Briefe S. 800-802; Tönnies' Beitrag S. 802-804)
Thema: F, Nietzsche-Kultus
Publikation: B
Umfang: 7300 Anschläge
NACHWEISE:
Nachweis in Hamburg: 18 (x7040)
Sonstiger Nachweis: 1a; 188; 16; 25; 31

0228
*Datensatznummer: 153*
Notes on the 'Welby Prize Essay'. In:
Mind. A quartely Review of Psychology and Philosophy (Stout, G. F. [ed.]), 1901, vol. 10, S. 204-209
London 1901
engl.
Thema: M, F
Publikation: Bw
Umfang: 12800 Anschläge
NACHWEISE:
Sonstiger Nachweis: 1a (Nh11484); 83; 84

0230
*Datensatznummer: 154*
Nieboer, H. J.: Slavery as an Industrial System, Haag 1900. In:
Schmollers Jahrbuch für Gesetzgebung, Verwaltung und Volkswirtschaft (Schmoller, G. [Hg.]) 1901, 25. Jg., 3. Heft, S. 337-341
Leipzig (Duncker & Humblot) 1901
Rezension
Thema: A, B
Publikation: Bw
Umfang: 12400 Anschläge
NACHWEISE:
SHL: (xt 195: Nr 4)
Nachweis in Hamburg: H76 (Ic64); H261; H3
Sonstiger Nachweis: 46; 206

0229
*Datensatznummer: 155*
Lubin, David: Let there be Light, New York/London 1900. In:
Schmollers Jahrbuch für Gesetzgebung, Verwaltung und Volkswirtschaft (Schmoller, G. [Hg.]) 1901, 25. Jg., 2. Heft, S. 382-383
Leipzig (Duncker & Humblot) 1901
Rezension

Thema: A, U
Publikation: Bw
Umfang: 3100 Anschläge
NACHWEISE:
SHL: (xt 195: Nr 3)
Nachweis in Hamburg: H76 (Ic64); H261; H3
Sonstiger Nachweis: 46; 206

0231
*Datensatznummer: 156**
Höffding über Konsumgenossenschaften. In:
Wochen-Bericht der Großeinkaufs-Gesellschaft Deutscher Consumvereine, 1901, S. 730-731
Hamburg 1901
Thema: N, Ethik
Publikation: B
Umfang: 7700 Anschläge
NACHWEISE:
SHL: Kopie
Sonstiger Nachweis: 38 (Ja165)

0236
*Datensatznummer: 157*
Die schöpferische Synthese. Ein philosopisches Résumé. In:
Die Zeit. Wiener Wochenschrift für Politik, Volkswirtschaft, Wissenschaft und Kunst (Singer, J. u.a. [Hg.]) 1901, Bd. 26 (23. März) + 27 (27. April), S. 183-184 + Bd. 27, S. 54-56
Wien 1901
(Auszug aus [franz. Fassung] 0213?)
Thema: F
Publikation: Bw
Umfang: 31500 Anschläge
NACHWEISE:
SHL: (xt 61: Nr 1+2)
Sonstiger Nachweis: 1a; 188; 30

0237
*Datensatznummer: 158*
Terminologische Anstöße. In:
Zeitschrift für Hypnotismus, Psychotherapie sowie andere psychophyssiologischen und pathologischen Forschungen, 1091, Bd. 10, Heft 3, S. 121-130
Leipzig (Joh. Ambrosius Barth) 1901
Thema: F
Publikation: Bw
Umfang: 24800 Anschläge
NACHWEISE:
SHL: (xt 60: Nr 3)
Sonstiger Nachweis: 1a; 188; 21; 25; 38; 61

## 1902

0272
*Datensatznummer: 159*
Vereins- und Versammlungsrecht wider die Koalitionsfreiheit (Schriften der Gesellschaft für Soziale Reform, Heft 5)
Jena (Fischer) 1902
(Referat beim Ausschuß der Gesellschaft für soziale Reform)
Thema: L, H, B
Publikation: C
Umfang: 131000 Anschläge
NACHWEISE:
SHL: (xt 161: Nr 1)
Nachweis in Hamburg: 205; H60; 705; H261
Sonstiger Nachweis:

0239
*Datensatznummer: 160*
Opinion (sur le materialisme historique). In:
Annales de l'Institut International de Sociologie (Worms, R. [direction]) 1902, tome 8, S. 135
Paris (Giard + Brière) 1902
franz.
Thema: F
Publikation: Bw
Umfang: 550 Anschläge
NACHWEISE:
Nachweis in Hamburg: H76 (Ic2)
Sonstiger Nachweis:

0240
*Datensatznummer: 161**
Zur Theorie der Geschichte (Exkurs). In:
Archiv für Philosophie (Natorp, P. [Hg.]) 1902, Neue Folge, 8. Bd., S. 1-38
Berlin 1902
(Betr.: Rickert-Barth-Kontroverse)
Thema: A, B, F
Publikation: Bw
Umfang: 81000 Anschläge
NACHWEISE:
SHL: (Cb 54. 39:19) + Kopie
Sonstiger Nachweis: 8 (x2022)

0203
*Datensatznummer: 163**
Jahresbericht über Erscheinungen der Soziologie aus den Jahren 1897 und 1898. In:

Archiv für systematische Philosophie (Natorp, P. [Hg.]) 1900-1902, 6. + 8. Bd., S. 505-540 + S. 263-279, S. 397-408
Berlin 1902
(Insgesamt 27 Rezensionen: J. Kohler, Paul Barth, Paolo R. Trajano, Arnold Fischer, Antonio Labriola, Edouard Abramowsky, Ludwig Stein, N. Reichesberg, Franz Oppenheimer, Ange-Miche Vaccaro, J. Novicow, Gabriel Tarde, Alfred Lehmann, James M. Baldwin, Scipio Sighele, Gustav Ratzenhofer, Lester F. Ward, A. Asturaro, Louis Gumplovicz, Emile Rigolage, Emilio Morselli, Ernesto Setti, Paul v. Lilienfeld, James H. Taffe + Helen B. Thompson, Mehemed E. Efendi, L'Année Sociologique)
Rezension
Thema: A, B
Publikation: Bw
Umfang: 152600 Anschläge
(Umfangsbestimmung nach ***, S. 283-336)
NACHWEISE:
SHL: (xt 190: Nr 2-4)
Sonstiger Nachweis: 8
Erneut in Soziologische Studien und Kritiken: ***, S. 283-336

_0262_
*Datensatznummer: 164**
Belleville. In:
Ethische Kultur. Wochenschrift für sozial-ethische Reformen (Gizycki, G. v. [Begründer]) 1902, 10. Jg., 20. 6. 1902, S. 235-236
Berlin (Bieber) 1902
(Auch Rezension: La fondation universitaire de Belleville, Paris 1901)
Rezension
Thema: I, Hochschulstift
Publikation: B
Umfang: 11100 Anschläge
NACHWEISE:
SHL: Kopie
Sonstiger Nachweis: 46; 1a (8u4Np17400)

_0270_
*Datensatznummer: 165**
Höffdings Religionsphilosophie. 3 Teile. In:
Das Freie Wort. Frankfurter Halbmonatschrift für Fortschritt auf allen Gebieten des geistigen Lebens (Saenger, C. [Begründer]), 1902, 1. + 2. Jg., Nr. 23, 3 + 5, S. 725-730, S. 78-86, S. 139-144
Frankfurt (Neuer Frankfurter Verlag) 1902
(3 Teile; auch Rezension: Harald Höffding, Religionsphilosophie, Leipzig 1901, 369 S.)
Rezension
Thema: E
Publikation: B
Umfang: 37300 Anschläge
NACHWEISE:
SHL: (xt 68: Nr 1-3)
Sonstiger Nachweis: 30; 61

_0263_
*Datensatznummer: 166*
*ANTISTHENES*
Menschenkinder. In:
Der Lotse. Hamburgische Wochenschrift für Deutsche Kultur, 1902, 2. Jg., 24. 5. 1902, Heft 34, S. 235-238
Hamburg (Janßen) 1902
(Rezension: Lou Andreas-Salomé, Novellenzyklus, Stuttgart 1889)
Rezension
Thema: A, U
Publikation: B
Umfang: 9600 Anschläge
NACHWEISE:
Nachweis in Hamburg: 18 (x7040)
Sonstiger Nachweis: 1a; 188; 16; 25; 31

_0264_
*Datensatznummer: 167*
Lord Roseberys Halbheiten. In:
Der Lotse. Hamburgische Wochenschrift für deutsche Kultur, 1902, 2. Jg. vom 2. 1. 1902, S. 463-470
Hamburg (Janßen) 1902
(Siehe dazu: The Times, London vom 17. 12. 1901)
Thema: I, O, Buren, Transvaal
Publikation: B
Umfang: 20900 Anschläge
NACHWEISE:
Nachweis in Hamburg: 18 (x7040)
Sonstiger Nachweis: 1a; 188; 16; 25; 31

_0265_
*Datensatznummer: 168**
Wilhelm Förster (Zum siebzigsten Geburtstage). In:
Nationalzeitung vom 16. 12. 1902, 55. Jg., Nr. 730, Morgen-Ausgabe, S. 1-2
Berlin 1902
Würdigung
Thema: R

Publikation: A
Umfang: 12200 Anschläge
NACHWEISE:
SHL: (Cb 54. 39:26) + Kopie
Sonstiger Nachweis: 46

0266
*Datensatznummer: 169*
Sombart, W.: Der moderne Kapitalismus, Bde. 1 + 2, Leipzig 1902. In:
Soziale Praxis (ab Jg. 19: und Archiv für Volkswohlfahrt) (Francke, E. [Hg.]) 1902, 11. Jg., 10. Juli, S. 1070-1075
Leipzig (Duncker & Humblot) 1902
Rezension
Thema: A, B
Publikation: B
Umfang: 25800 Anschläge
NACHWEISE:
Nachweis in Hamburg: 18; H76 (Ic82)
Sonstiger Nachweis: 1a; B232; 206
Erneut in Soziologische Studien und Kritiken: ***, S. 423-432

0267
*Datensatznummer: 170**
Herr Crüger contra Konsumgenossenschaften. In:
Wochen-Bericht der Großeinkaufs-Gesellschaft Deutscher Consumvereine, 1902, 9. Jg., No. 8, 22. 2. 1902, S. 145
Hamburg 1902
(Offener Brief an die Redaktion, siehe dazu 0268/171)
Thema: N, Konsumvereine
Publikation: B
Umfang: 3300 Anschläge
NACHWEISE:
SHL: Kopie
Sonstiger Nachweis: 38

0268
*Datensatznummer: 171**
Zwei Argumentationen (Herr Ring und Dr. Crüger). In:
Wochen-Bericht der Großeinkaufs-Gesellschaft Deutscher Consumvereine, 1902, 9. Jg., Nr. 22, 31. 5. 1902, S. 429-430
Hamburg 1902
(Siehe dazu 0267/170)
Thema: N, Konsumvereine, Parlamentarismus
Publikation: B
Umfang: 15200 Anschläge
NACHWEISE:
SHL: Kopie
Sonstiger Nachweis: 38

0269
*Datensatznummer: 172**
"Die Lehre rein und lauter -?" In:
Wochen-Bericht der Großeinkaufs-Gesellschaft Deutscher Consumvereine, 1902, 9. Jg., Nr. 38, 20. 9. 1902, S. 793-795
Hamburg 1902
(Siehe auch F. Staudinger, Zwischen zwei Feuern, in: ebd., S. 742 f.; vgl. 0267/170, 0268/171)
Thema: N, L, Dr. Crüger, Genossenschaft
Publikation: B
Umfang: 25400 Anschläge
NACHWEISE:
SHL: Kopie
Sonstiger Nachweis: 38

## 1903

0279
*Datensatznummer: 173*
L'évolution sociale en Allemagne (1890-1900)
Paris (Giard & Brière) 1903
(Extrait de la Revue International de Sociologie)
franz.
Thema: B
Publikation: C
Umfang: 108800 Anschläge
NACHWEISE:
SHL: (xt 106: Nr 2)
Sonstiger Nachweis: 206 (I4726)

0261
*Datensatznummer: 174*
Probleme des Verbrechens und der Strafe. In:
Deutschland. Monatsschrift für die gesamte Kultur (Hoensbroech, Graf P. v. [Hg.]) 1902/03, Bd. 1, S. 54-60 + S. 171-213
Berlin (Schwetschke) 1903
(Tönnies ist Mitherausgeber der Zeitschrift)
Thema: H, D
Publikation: B
Umfang: 116200 Anschläge
NACHWEISE:
Nachweis in Hamburg: 18 (A/208784); H46
Sonstiger Nachweis:

0275
*Datensatznummer: 175*
Volkswirtschaft und Privatwirtschaft. In:
Schmollers Jahrbuch für Gesetzgebung, Verwaltung und Volkswirtschaft (Schmoller, G. [Hg.]) 1903, 27. Jg., S. 1425-1442
Leipzig (Duncker & Humblot) 1903
(Rezension: A. Landry, L'utilité de la propriété individuelle, Paris 1901)
Rezension
Thema: A, B
Publikation: Bw
Umfang: 44800 Anschläge
NACHWEISE:
SHL: (xt 177: Nr 1a)
Nachweis in Hamburg: 18 (x1161); H261; H3
Sonstiger Nachweis: 46; 206

0276
*Datensatznummer: 176*
Alengry, Frank: Essai historique et critique sur la sociologie chez Auguste Comte, Paris 1900. In:
Schmollers Jahrbuch für Gesetzgebung, Verwaltung und Volkswirtschaft (Schmoller, G. [Hg.]) 1903, 27. Jg., S. 1525-1526
Berlin 1903
Rezension
Thema: A, B
Publikation: Bw
Umfang: 3700 Anschläge
NACHWEISE:
SHL: (xt 195: Nr 5)
Nachweis in Hamburg: H261 (14AII2); H3
Sonstiger Nachweis: 46; 206
Erneut in Soziologische Studien und Kritiken: ***, S. 337-338

0277
*Datensatznummer: 177*
Die Ostseehäfen Flensburg, Kiel, Lübeck. In:
Die Lage der in der Seefahrt beschäftigten Arbeiter, Leipzig 1903. Schriften des Vereins für Sozialpolitik, 1903, Bd. 104, 1. Abt., T. 1, S. 509-614
Leipzig (Duncker & Humblot) 1903
(Die Lage der in der Seefahrt beschäftigten Arbeiter; im Buch insgesamt 7 Abhandlungen)
Buchbeitrag
Thema: B, empirische Studie
Publikation: M
Umfang: 294600 Anschläge
NACHWEISE:
SHL: (xt 50)
Nachweis in Hamburg: 18 (x1405)
Sonstiger Nachweis:

0274
*Datensatznummer: 178*
Todesursachenstatistik. In:
Soziale Praxis (ab Jg. 19: und Archiv für Volkswohlfahrt) (Francke, E. [Hg.]) 1903, 13. Jg., Nr. 10, S. 260-261
Leipzig (Duncker & Humblot) 1903
Thema: B
Publikation: B
Umfang: 5000 Anschläge
NACHWEISE:
SHL: (xt 131: Nr 2)
Nachweis in Hamburg: H76 (Ic82)
Sonstiger Nachweis: 1a; B232; 18; 206

0278
*Datensatznummer: 179**
Ueber sozialphilosophische Ansichten der Geschichte. Vorlesungen, gehalten in den Hochschul-Ferialkursen in Salzburg im September 1903. In:
Das Wissen für Alle. Volkstümliche Vorträge und populärwissenschaftliche Rundschau (Szeps, M. [Begründer]) 1903, 3. Jg., S. 626-628, 641-643, 657-659, 690-692, 710-712, 725-726, 743-745, 759-761, 774-776, 789-791, 804-808, 819-823
Wien 1903
Thema: B, F
Publikation: B
Umfang: 222500 Anschläge
NACHWEISE:
SHL: (xt 80: Nr 1-12)
Sonstiger Nachweis:

## 1904

x0280
*Datensatznummer: 180*
*Sociologie et psychologie. In:*
*Annales de l'Institut International de Sociologie (Worms, R. [direction]) 1904, tome 10, S. 289-297*
*Paris (Giard + Brière) 1904*
*(Hinweis von E. Brenke, jedoch nichts gefunden) fraglich, franz.*
NACHWEISE:
*Nachweis in Hamburg: H76 (Ic2)*
*Sonstiger Nachweis:*

<u>*0282*</u>
*Datensatznummer: 181*
Ammons Gesellschaftstheorie. Nach einem Vortrage. In:
Archiv für Sozialwissenschaft und Sozialpolitik, 1904, Bd. 19, Heft 1, S. 88-111
Tübingen (Mohr) 1904
Thema: B
Publikation: Bw
Umfang: 54100 Anschläge
NACHWEISE:
SHL: (xt 90: Nr 3)
Nachweis in Hamburg: 18 (x479)
Sonstiger Nachweis:
Erneut in Soziologische Studien und Kritiken: ***, S. 372-393

<u>*0283*</u>
*Datensatznummer: 182*
Stein, Ludwig: Die soziale Frage im Lichte der Philosophie, Stuttgart 1903. In:
Archiv für Sozialwissenschaft und Sozialpolitik, 1904, Bd. 19, S. 442-457
Tübingen (Mohr) 1904
Thema: A, B
Publikation: Bw
Umfang: 43800 Anschläge
NACHWEISE:
Nachweis in Hamburg: 18 (x479); 76 (Ic7)
Sonstiger Nachweis:
Erneut in Soziologische Studien und Kritiken: ***, S. 394-410

<u>*0284*</u>
*Datensatznummer: 183*
Koigen, David: Die Kulturanschauung des Sozialismus, Berlin 1903. In:
Archiv für Sozialwissenschaft und Sozialpolitik, 1904, Bd. 19, S. 457-460
Tübingen (Mohr) 1904
Thema: A, B
Publikation: Bw
Umfang: 8400 Anschläge
NACHWEISE:
Nachweis in Hamburg: 18 (x479); 76 (Ic7)
Sonstiger Nachweis:
Erneut in Soziologische Studien und Kritiken: ***. S. 410-413

<u>*0287*</u>
*Datensatznummer: 184*
Small, Albion W.: The Significance of Sociology for Ethics, Chicago 1902. In:
Deutsche Literaturzeitung für Kritik der Internationalen Wissenschaft (Hinneberg, P. [Hg.]) 1904, 23. Jg., 11. Juni, S. 1438-1439
Berlin (Walther) 1904
Rezension
Thema: A, B
Publikation: Bw
Umfang: 5100 Anschläge
NACHWEISE:
SHL: (xt 208: Nr 5)
Nachweis in Hamburg: 18 (y434)
Sonstiger Nachweis: 1a; 188; 8; 46; 206; B212
Erneut in Soziologische Studien und Kritiken: ***, S. 453-454

<u>*x0288*</u>
*Datensatznummer: 185*
*Herbert Spencer (Geb. 27. 4. 1820, gest. 8. 12. 1903). In:*
*Deutsche Presse. Zeitschrift für die gesamten Interessen des Zeitungswesens, 1904, Bd. 118, S. 368-382*
*Berlin 1904*
*(Hinweis von E. Brenke; siehe auch: E. G. Jacoby, On Social Ideas and Ideologies, 1974, S.95-118)*
*fraglich*
NACHWEISE:
*Sonstiger Nachweis: 206; 61*

<u>*0273*</u>
*Datensatznummer: 186*
Rückblicke auf deutsche Volkswirtschaft und Kultur. In:
Deutschland. Monatsschrift für die gesamte Kultur (Hoensbroech, Graf v. [Hg.]) 1904, Bd. 3, Okt. 1903 - März 1904, S. 598-613 + S. 690-700
Berlin (Schwetschke) 1904
(Dazu: W. Sombart, Die deutsche Volkswirtschaft im 19. Jahrhundert, Berlin 1903)
Thema: B, M
Publikation: B
Umfang: 61500 Anschläge
NACHWEISE:
Nachweis in Hamburg: 18 (A/208784)
Sonstiger Nachweis: 18; H46

<u>*0286*</u>
*Datensatznummer: 187**
Das allgemeine, gleiche und direkte Wahlrecht. In:

Ethische Kultur. Halbmonatsschrift für sozial-ethische Reformen (Gizycki, G. v. [Begründer]) 1904, 12. Jg., 1. 4. 1904, S. 49-51
Berlin (Bieber) 1904
(Antwort Tönnies' auf 3 ethische Antinomien)
Thema: H, I, Persönliche Freiheit, Rechtsstaat
Publikation: B
Umfang: 16800 Anschläge
NACHWEISE:
SHL: Kopie
Sonstiger Nachweis: 1a (8u4Np17400); 17

*0291*
*Datensatznummer: 188**
Der Zweckgedanke im Strafrecht. In:
Das Freie Wort. Frankfurter Halbmonatschrift für Fortschritt auf allen Gebieten des geistigen Lebens (Saenger, C. [Begründer]) 1904, 4. Jg., Nr. 4, S. 130-140
Frankfurt (Neuer Frankfurter Verlag) 1904
(Siehe dazu 0292/189)
Thema: H
Publikation: B
Umfang: 29100 Anschläge
NACHWEISE:
SHL: (xt 145: Nr 1)
Sonstiger Nachweis: 30; 61

*0292*
*Datensatznummer: 189*
Duplik. In:
Das Freie Wort. Frankfurter Halbmonatschrift für Fortschritt auf allen Gebieten des geistigen Lebens (Saenger, C. [Begründer]) 1904, 4. Jg., 1. Juliheft, S. 259-261
Frankfurt (Neuer Frankfurter Verlag) 1904
((Betr.: Der Zweckgedanke im Strafrecht; auf Replik von L. Kuhlenbeck, ebd., S. 257-259; siehe dazu 0291/188)
Thema: H
Publikation: B
Umfang: 5700 Anschläge
NACHWEISE:
SHL: (xt 145: Nr 2)
Sonstiger Nachweis: 30; 61

*0293*
*Datensatznummer: 190**
*NORMANNUS*
Der Königsberger Prozeß. In:
Das Freie Wort. Frankfurter Halbmonatschrift für Fortschritt auf allen Gebieten des geistigen Lebens (Saenger, C. [Begründer]) 1904, 4. Jg., Nr. 10, 2. Augustheft, S. 361-365
Frankfurt (Neuer Frankfurter Verlag) 1904
(Unter dem Pseudonym 'Normannus' veröffentlicht)
Thema: I, H, I. Kant
Publikation: B
Umfang: 11644 Anschläge
NACHWEISE:
SHL: (xt 162: Nr 2)
Sonstiger Nachweis: 30; 61

*0294*
*Datensatznummer: 191**
Paul Rée. In:
Das Freie Wort. Frankfurter Halbmonatschrift für Fortschritt auf allen Gebieten des geistigen Lebens (Saenger, C. [Begründer]) 1904, 4. Jg., Nr. 17, 1. Dezemberheft, S. 666-673
Frankfurt (Neuer Frankfurter Verlag) 1904
Thema: R, U, F. Nietzsche
Publikation: B
Umfang: 19650 Anschläge
NACHWEISE:
SHL: (xt 181: Nr 1)
Sonstiger Nachweis: 30; 61

*0289*
*Datensatznummer: 192**
Political Parties in Germany. In:
The Independent Review, 1904, vol. III (June-Sept.) , S. 565-581
London (T. Fischer Unwin) 1904
engl.
Thema: B, I
Publikation: B
Umfang: 35800 Anschläge
NACHWEISE:
SHL: Kopie
Sonstiger Nachweis: 25

*0290*
*Datensatznummer: 193*
Die Soziologische Gesellschaft in London. In:
Schmollers Jahrbuch für Gesetzgebung, Verwaltung und Volkswirtschaft (Schmoller, G. [Hg.]), 1904, 28. Jg., S. 743-746
Leipzig 1904
Thema: B, M, O
Publikation: Bw
Umfang: 9500 Anschläge
NACHWEISE:
Nachweis in Hamburg: H3; H261 (14AII2)

Sonstiger Nachweis: 46; 206
Erneut in Soziologische Studien und Kritiken: *, S. 330-333

<u>0281</u>
*Datensatznummer: 194*
Hobbes Analekten. In:
Archiv für Geschichte der Philosophie (Stein, L. u.a. [Hg.]) 1904 + 1906, Bd. 17 + 19, S. 291-317, S. 153-175
Berlin (Reimer) 1904-06
(Brief des Hobbes)
Herausgabe, dt./lat.
Thema: G, T
Publikation: Bw
Umfang: 109300 Anschläge
NACHWEISE:
SHL: (xt 64: Nr 2.3)
Nachweis in Hamburg: 18 (x6647)
Sonstiger Nachweis:

## 1905

<u>0313</u>
*Datensatznummer: 195**
Schiller als Zeitbürger und Politiker
Berlin-Schöneberg (Buchverlag der Hilfe) 1905
Monographie
Thema: U, M, Zukunftsstaat, Deutschland
Publikation: C
Umfang: 106000 Anschläge
NACHWEISE:
SHL: (xt 69: Nr 1)
Sonstiger Nachweis:

<u>0312</u>
*Datensatznummer: 196*
Strafrechtsreform (Separatdruck der: Modernen Zeitfragen)
Berlin (Pan) 1905
(Erweiterung von 0261/174: Probleme des Verbrechens und der Strafe)
Monographie
Thema: H
Publikation: C
Umfang: 136500 Anschläge
NACHWEISE:
SHL: (xt 145: Nr 4)
Sonstiger Nachweis: 206 (c129); 68; 1a

<u>0285</u>
*Datensatznummer: 197*
The Present Problems of Social Structure. In:
The American Journal of Sociology (Small, A. W. [Hg.]) 1904/05, vol. 10, Nr. 5, March 1905, S. 569-588
Chicago (University of Chicago Press) 1905
(Paper read at the Congress, St. Louis, Sept. 1904)
engl.
Thema: B
Publikation: Bw
Umfang: 47400 Anschläge
NACHWEISE:
Nachweis in Hamburg: H76 (Ic26)
Sonstiger Nachweis:

<u>0295</u>
*Datensatznummer: 198*
Soziologische Literatur (L'Année Sociologique 1898-1903, Paris). In:
Archiv für Sozialwissenschaft und Sozialpolitik, 1905, Bd. 21, S. 237-247
Tübingen (Mohr) 1905
Thema: A, B
Publikation: Bw
Umfang: 32300 Anschläge
NACHWEISE:
SHL: (xt 194: Nr 7)
Nachweis in Hamburg: 18 (x479)
Sonstiger Nachweis:

<u>0296</u>
*Datensatznummer: 199*
Schiller und das Verbrechensproblem. In:
Deutschland. Monatsschrift für die gesamte Kultur (Hoensbroech, Graf v. [Hg.]) 1905, Bd. 6, April-Sept. 1905, S. 178-190
Berlin (Schwetschke) 1905
(Teil einer umfangreicheren Arbeit mit Wilhelm Schlüter)
Thema: I, U, M, Gauner, Devianz
Publikation: B
Umfang: 29500 Anschläge
NACHWEISE:
SHL: (xt 69: Nr 2)
Nachweis in Hamburg: 18 (A/208784); H46
Sonstiger Nachweis:

<u>0297</u>
*Datensatznummer: 200*
*JULIA V. EGGE-WEICHLING*
Die Sozialdemokratie in Küche und Keller. In:

Deutschland. Monatsschrift für die gesamte Kultur (Hoensbroech, Graf v. [Hg.]) 1905, Bd. 6, Okt. 1904 - März 1905, S. 586-587
Berlin (Schwetschke) 1905
(Unter dem Pseudonym 'Julia v. Egge-Weichling' lt. E. Brenke)
Thema: B
Publikation: B
Umfang: 7000 Anschläge
NACHWEISE:
Nachweis in Hamburg: 18 (A/208784); H46
Sonstiger Nachweis:

0298
*Datensatznummer: 201**
Schillers politisches Vermächtnis. In:
Europa. Wochenschrift für Kultur und Politik, 1905, 1. Jg., S. 751-754
Berlin 1905
Thema: I, Demokratie
Publikation: B
Umfang: 9600 Anschläge
NACHWEISE:
SHL: Kopie
Sonstiger Nachweis: 46 (Fe6055-1); 1a (Ad663/9-Film)

0299
*Datensatznummer: 202*
Die Entwicklung der Technik. Soziologische Skizze. In:
Festgabe für Adolph Wagner zur siebenzigsten Wiederkehr seines Geburtstages, 1905, S. 127-148
Leipzig (Winters'sche Buchhandlung) 1905
Thema: B
Publikation: M
Umfang: 82100 Anschläge
NACHWEISE:
Nachweis in Hamburg: 18 (B9395)
Sonstiger Nachweis:
Erneut in Soziologische Studien und Kritiken: **, S. 33-62

0311
*Datensatznummer: 203**
Ein Rückblick auf den Streik im Ruhrkohlenrevier. In:
Das Freie Wort. Frankfurter Halbmonatschrift für Fortschritt auf allen Gebieten des geistigen Lebens (Saenger, C. [Begründer]) 1905, 4. Jg., Nr. 23, S. 893-900
Frankfurt (Neuer Frankfurter Verlag) 1905
Thema: C
Publikation: B
Umfang: 17400 Anschläge
NACHWEISE:
SHL: (xt 127: Nr 1)
Sonstiger Nachweis: 1a; 30; 61

0308
*Datensatznummer: 204**
*NORMANNUS*
Glückauf! In:
Das Freie Wort. Frankfurter Halbmonatschrift für Fortschritt auf allen Gebieten des geistigen Lebens (Saenger, C. [Begründer]), 1905, 5. Jg., Nr. 2, 2. Aprilheft, S. 49-52
Frankfurt (Neuer Frankfurter Verlag) 1905
(Unter dem Pseudonym 'Normannus' veröffentlicht)
Thema: I, Sozialdemokratie
Publikation: B
Umfang: 9800 Anschläge
NACHWEISE:
SHL: (xt 127: Nr 2)
Sonstiger Nachweis: 1a; 30; 61

0309
*Datensatznummer: 205**
*NORMANNUS*
Die politische Wurmkrankheit. In:
Das Freie Wort. Frankfurter Halbmonatschrift für Fortschritt auf allen Gebieten des geistigen Lebens (Saenger, C. [Begründer]) 1905, 5. Jg., Nr. 4, 2. Maiheft, S. 132-136
Frankfurt (Neuer Frankfurter Verlag) 1905
(Unter dem Pseudonym 'Normannus' veröffentlicht)
Thema: I, Preußen
Publikation: B
Umfang: 11600 Anschläge
NACHWEISE:
SHL: (xt 127: Nr 3)
Sonstiger Nachweis: 1a; 30; 61

0310
*Datensatznummer: 206**
Der Massenstreik in ethischer Beleuchtung. In:
Das Freie Wort. Frankfurter Halbmonatschrift für Fortschritt auf allen Gebieten des geistigen Lebens (Saenger, C. [Begründer]) 1905, 5. Jg., Nr. 14, 2. Oktoberheft 1905, S. 537-543
Frankfurt (Neuer Frankfurter Verlag) 1905
(Rezension: Rudolf Penzig, Massenstreik und Ethik, Frankfurt 1905)

Rezension
Thema: C, L, M, Streik, Klassenkampf
Publikation: B
Umfang: 15900 Anschläge
NACHWEISE:
SHL: (xt 127: Nr 4)
Sonstiger Nachweis: 1a (Ac7623)

*0300*
*Datensatznummer: 207*
Schiller als Zeitbürger. In:
Die Hilfe. Nationalsoziale Wochenschrift (Naumann, F. [Begründer]) 1905, 11. Jg., Nr. 17, 19. 10. 1905, S. 8-9
Berlin 1905
(Ankündigung und Vorstellung von 0313/195)
Selbstanzeige
Thema: I, U, M
Publikation: B
Umfang: 6100 Anschläge
NACHWEISE:
Nachweis in Hamburg: 18 (y1746)
Sonstiger Nachweis:

*0307*
*Datensatznummer: 208**
Wie Schiller auf mich gewirkt hat. In:
Wolff, Eugen (Hrsg.), Schiller im Urteil des 20. Jahrhunderts (Wolf, E. [Hg.]) 1905, S. 72-76
Jena (Costenoble) 1905
Thema: U
Publikation: M
Umfang: 7200 Anschläge
NACHWEISE:
SHL: (xt 51)
Sonstiger Nachweis: 46

*0315*
*Datensatznummer: 209**
Thouverez, Emile: Herbert Spencer, Paris
Kritische Blätter für die gesamten Sozialwissenschaften (Beck, H. [Hg.]) 1905, 1. Jg., 3. Heft, März, S. 167
Berlin/München 1905
Rezension
Thema: A, B
Publikation: Bw
Umfang: 680 Anschläge
NACHWEISE:
SHL: Kopie
Nachweis in Hamburg: H261 (1/16)
Sonstiger Nachweis: 1a (Fc414); 188; 204; 7; 4

*0306*
*Datensatznummer: 210*
Eugenik. In:
Schmollers Jahrbuch für Gesetzgebung, Verwaltung und Volkswirtschaft (Schmoller, G. [Hg.]) 1905, 29. Jg., 1089-1106
Leipzig/Berlin 1905
Thema: L, M
Publikation: Bw
Umfang: 46200 Anschläge
NACHWEISE:
Nachweis in Hamburg: H3; H261 (14AII2)
Sonstiger Nachweis: 46; 206
Erneut in Soziologische Studien und Kritiken: *, S. 334-349

*0301*
*Datensatznummer: 211**
On the Relation of Sociology to the Social Sciences and to Philosophy. In:
Sociological Papers (Galton, F. [ed.]) 1905, vol. 1, S. 250-251
London (MacMillan & Co) 1905
(Antwort auf eine Umfrage; kein korrekter Titel)
engl.
Thema: B, F
Publikation: Bw
Umfang: 3200 Anschläge
NACHWEISE:
SHL: Kopie
Sonstiger Nachweis: 1a (Fc427); 7; 38

*0302*
*Datensatznummer: 212**
Public Comments on the Movement. In:
Sociological Papers (Galton, F. [ed.]) 1905, vol. 1, S. 287-288
London (MacMillan & Co) 1905
(Titel von der Redaktion; Übersetzung von 0290/193: Die soziologische Gesellschaft in London? Nicht autorisierte Übersetzung?)
engl.
Thema: B
Publikation: Bw
Umfang: 4600 Anschläge
NACHWEISE:
Sonstiger Nachweis: 1a (Fc427); 7; 38

*0304*
*Datensatznummer: 213*
Zur naturwissenschaftlichen Geselschaftslehre. (Die Anwendung der Deszendenztheorie auf Probleme der sozialen Enwicklung), 6 Teile. In:

Schmollers Jahrbuch für Gesetzgebung, Verwaltung und Volkswirtschaft (Schmoller, G. [Hg.]) 1905-1909, 29. Jg., S. 27-101 + 1283-1321, 30. Jg., S. 121-145, 31. Jg., S. 487-552, 33. Jg., S. 879-894
Leipzig/Berlin 1905-09
(Auch Rezensionen der Preisschriften zur Preisfrage »Was lernen wir aus den Prinzipien der Deszendenztheorie in Beziehung auf die innenpolitische Entwicklung und Gesetzgebung der Staaten?«: Wilhelm Schallmeyer, Ludwig Woltmann, Albert Hesse, Arthur Ruppin, Emil Schalk, Alfred Methner, Walter Haecker)
Thema: A, B
Publikation: Bw
Umfang: 591800 Anschläge
NACHWEISE:
Nachweis in Hamburg: H3; H261 (14AII2)
Sonstiger Nachweis: 46; 206
Erneut in Soziologische Studien und Kritiken: *, S. 133-329

## 1906

0338
*Datensatznummer: 214*
Philosophische Terminologie in psychologisch-soziologischer Ansicht
Leipzig (Thomas) 1906
(zuerst in: Mind, 1899/1900, vol. 8 + 9, vgl. 0192/126)
Monographie
Thema: F, B
Publikation: C
Umfang: 313500 Anschläge
NACHWEISE:
SHL: (xt 10)
Nachweis in Hamburg: H76
Sonstiger Nachweis:

0317
*Datensatznummer: 215*
Jena und die Humanität. In:
Das Blaubuch. Wochenschrift für öffentliches Leben, Literatur und Kunst (Ilgenstein, H. + Kalthoff, A. [Hg.]) 1906, 1. Jg., Nr. 17, 3. Mai, S. 673-679
Berlin (Verlag des Blaubuchs) 1906
Thema: L, M
Publikation: B
Umfang: 16000 Anschläge
NACHWEISE:
SHL: (xt 161: Nr 2)
Sonstiger Nachweis: 1a; 188; 46

0318
*Datensatznummer: 216*
Moralische Gedanken eines Weltmannes. In:
Das Blaubuch. Wochenschrift für öffentliches Leben, Literatur und Kunst (Kalthoff, A. [Begründer]) 1906, 1. Jg., Nr 37, S. 1445
Berlin (Verlag des Blaubuchs) 1906
(3 Aphorismen aus dem Engl.; Tönnies ist wohl nur Übersetzer)
Übersetzung
Thema: T, U, M
Publikation: B
Umfang: 1100 Anschläge
NACHWEISE:
SHL: (xt 72: Nr 1)
Sonstiger Nachweis: 46

0326
*Datensatznummer: 217*
Spann, Othmar, Untersuchungen über den Begriff der Gesellschaft. Zur Einleitung in die Soziologie, 1. Bd, Tübingen 1905. In:
Deutsche Literaturzeitung für Kritik der Internationalen Wissenschaft (Hinneberg, P. [Hg.]) 1906, 27. Jg., S. 2839-2842
Leipzig (Teubner) 1906
Rezension
Thema: A, B
Publikation: Bw
Umfang: 8000 Anschläge
NACHWEISE:
SHL: (xt 208: Nr 6)
Nachweis in Hamburg: 18 (y434)
Sonstiger Nachweis: 1a; 188; 8; 46; 206; B212

0320
*Datensatznummer: 218*
Die nordamerikanische Union. In:
Deutschland. Monatsschrift für die gesamte Kultur (Hoensbroech, Graf v. [Hg.]) 1905/06, Bd. 7, Jan./Feb., S. 407-417 + S. 573-588
Berlin (Schwetschke) 1906
(Nach einem Vortrage vom 15. 3. 1905 in St. Louis)
Thema: B
Publikation: B
Umfang: 59000 Anschläge
NACHWEISE:
SHL: (xt 155: Nr 1)

Nachweis in Hamburg: 18 (A/208784); H46
Sonstiger Nachweis:

0321
*Datensatznummer: 219*
Die politischen Parteien im deutschen Reiche. Eine sozialwissenschaftliche Studie. In:
Deutschland. Monatsschrift für die gesamte Kultur (Hoensbroech, Graf v. [Hg.]) 1906, 4. Jg., Heft 50, S. 127-148
Berlin (Schwetschke) 1906
(Vgl.: engl. Version, 0289/192)
Thema: B
Publikation: B
Umfang: 56700 Anschläge
NACHWEISE:
SHL: (xt 161: Nr 3)
Nachweis in Hamburg: 18 (A/208784); H46
Sonstiger Nachweis:

0330
*Datensatznummer: 220**
Zum Verständnis des politischen Parteiwesens. In:
Das Freie Wort. Frankfurter Halbmonatschrift für Fortschritt auf allen Gebieten des geistigen Lebens (Saenger, C. [Begründer]) 1906, 5. Jg., Nr. 19, 1. Januarheft, S. 752-759
Frankfurt (Neuer Frankfurter Verlag) 1906
Thema: B, I, Parlament
Publikation: B
Umfang: 19500 Anschläge
NACHWEISE:
SHL: (xt 162: Nr 3)
Sonstiger Nachweis: 1a (Ac7623); 30; 61; 46

0331
*Datensatznummer: 221*
*NORMANNUS*
Revolution? In:
Das Freie Wort. Frankfurter Halbmonatschrift für Fortschritt auf allen Gebieten des geistigen Lebens (Saenger, C. Begründ.) 1906, 5. Jg., Nr. 20, 2. Januarheft, S. 785-790
Frankfurt (Neuer Frankfurter Verlag) 1906
(Als 'Normannus' publiziert; vor der Niederlage der Moskauer Barrikadenkämpfer geschrieben)
Thema: I
Publikation: B
Umfang: 14600 Anschläge
NACHWEISE:
SHL: (xt 162: Nr 4)
Sonstiger Nachweis: 1a (Ac7623); 30; 61

0332
*Datensatznummer: 222**
Die Diäten-Vorlage. In:
Das Freie Wort. Frankfurter Halbmonatschrift für Fortschritt auf allen Gebieten des geistigen Lebens (Saenger, C. [Begründer]) 1906, 6. Jg., Nr. 4, 2. Maiheft, S. 135-138
Frankfurt (Neuer Frankfurter Verlag) 1906
Thema: I, Parlamentarismus
Publikation: B
Umfang: 9600 Anschläge
NACHWEISE:
SHL: (xt 162: Nr 5)
Sonstiger Nachweis: 1a (Ac7623); 30; 61

0333
*Datensatznummer: 223**
Politische Stimmungen und Richtungen in England. In:
Das Freie Wort. Frankfurter Halbmonatschrift für Fortschritt auf allen Gebieten des geistigen Lebens (Saenger, C. [Begründer]) 1906, 6. Jg., Nr. 9, 1. Augustheft, S. 337-343
Frankfurt (Neuer Frankfurter Verlag) 1906
Thema: O, I, Soziale Reformen
Publikation: B
Umfang: 18100 Anschläge
NACHWEISE:
SHL: (xt 151: Nr 4)
Sonstiger Nachweis: 1a (Ac7623); 30; 61

0335
*Datensatznummer: 224**
Condorcet. In:
Das Freie Wort. Frankfurter Halbmonatschrift für Fortschritt auf allen Gebieten des geistigen Lebens (Saenger, C. [Begründer]), 1906, 6. Jg., 1. Dezemberheft, S. 689-694
Frankfurt (Neuer Frankfurter Verlag) 1906
(Auch Rezension: Franck Alengry, Condorcet, Paris 1904)
Rezension
Thema: A, F, Frankreich
Publikation: B
Umfang: 13700 Anschläge
NACHWEISE:
SHL: Kopie
Sonstiger Nachweis: 46 (Fc0556); 1a (Ac7623); 30; 61

0314
*Datensatznummer: 225**
Peters, Carl: England und die Engländer, Berlin, 2. Aufl. In:
Kritische Blätter für die gesamten Sozialwissenschaften (Beck, H. [Hg.]) 1905, 1. Jg., 2. Heft, Februar, S. 80-82
Dresden (Böhmert) 1906
Rezension
Thema: A, O
Publikation: Bw
Umfang: 7300 Anschläge
NACHWEISE:
SHL: Kopie
Nachweis in Hamburg: 205; H261 (1/16)
Sonstiger Nachweis: 1a (Fc414); 188; 204; 7; 4

0316
*Datensatznummer: 226**
Spencer, Herbert, Eine Autobiographie. Autorisierte deutsche Ausgabe von Ludwig und Helene Stein, Stuttgart 1905. In:
Kritische Blätter für die gesamten Sozialwissenschaften (Beck, H. [Hg.]) 1906, 2. Jg., Heft 3, S. 137-139
Dresden (Böhmert) 1906
Rezension
Thema: A, B
Publikation: Bw
Umfang: 7200 Anschläge
NACHWEISE:
SHL: (xt194: Nr 10)
Nachweis in Hamburg: 205; H261 (1/16)
Sonstiger Nachweis: 1a (Fc414); 188; 204; 7; 4

0324
*Datensatznummer: 227**
Das Wandern. Soziologische Skizze. In:
Kulturfragen. Illustrierter Anzeiger für Kontor und Büro (Buschmann, J. [Hg.]) 1906, 2. Jg., S. 6-9
Leipzig 1906
(Siehe auch 0903/756)
Thema: B, M, Überbevölkerung
Publikation: B
Umfang: 16300 Anschläge
NACHWEISE:
SHL: Kopie
Sonstiger Nachweis: 38
Erneut in Soziologische Studien und Kritiken: **, S. 1-8

0325
*Datensatznummer: 228**
Das Reisen. Soziologische Skizze. In:
Kulturfragen. Illustrierter Anzeiger für Kontor und Büro (Buschmann, J. [Hg.]) 1906, 2. Jg., S. 31-35
Leipzig (Henze) 1906
Thema: B, M
Publikation: B
Umfang: 27200 Anschläge
NACHWEISE:
SHL: Kopie
Sonstiger Nachweis: 38
Erneut in Soziologische Studien und Kritiken: **, S. 9-18

0322
*Datensatznummer: 229**
Verkehr und Transport. Eine soziologische Skizze. In:
Kulturfragen. Illustrierter Anzeiger für Kontor und Büro (Buschmann, J. [Hg.]) 1906, 1. Jg., S. 50-53
Leipzig (Henze) 1906
Thema: B
Publikation: B, M, Verkehrswesen
Umfang: 19900 Anschläge
NACHWEISE:
SHL: Kopie
Sonstiger Nachweis: 38
Erneut in Soziologische Studien und Kritiken: **, S. 18-23

0323
*Datensatznummer: 230**
Das Vagieren. Soziologische Skizze. In:
Kulturfragen. Illustrierter Anzeiger für Kontor und Büro (Buschmann, J. [Hg.]) 1906, 1Jg., S. 99-103
Leipzig (Henze) 1906
Thema: B
Publikation: B, M, Soziale Reform
Umfang: 12700 Anschläge
NACHWEISE:
SHL: Kopie
Sonstiger Nachweis: 38
Erneut in Soziologische Studien und Kritiken: **, S. 24-32

0337
*Datensatznummer: 231*
*-LE-*

Eulenburg, Franz: Gesellschaft und Natur, Tübingen 1905. In:
Literarisches Zentralblatt. Kritisches Zentralblatt für die gesamte Wissenschaft (Zarncke, E. [Begründer]) 1906, 57. Jg., Nr. 13/14, 2. April, S. 786-787
Weimar (Wagner + Sohn) 1906
(Rezension: Unter '-LE-' publiziert lt. E. Brenke und E. G. Jacoby)
Rezension
Thema: A, B
Publikation: Bw
Umfang: 3300 Anschläge
NACHWEISE:
SHL: (xt 209: Nr 4 <Korrekturex.>)
Sonstiger Nachweis:

<u>0336</u>
*Datensatznummer: 232*
*-LE-*
Wells, H. C.: Ausblicke auf die Folgen des Fortschritts für Leben und Denken der Menschen, Minden 1906. In:
Literarisches Zentralblatt. Kritisches Zentralblatt für die gesamte Wissenschaft (Zarncke, E. [Begründer]) 1906, 57. Jg., S. 930-31
Weimar (Wagner + Sohn) 1906
(Rezension: Unter '-LE-' publiziert lt. E. Brenke)
Rezension
Thema: A, B
Publikation: Bw
Umfang: 2800 Anschläge
NACHWEISE:
SHL: (xt 209: Nr 6 <Korrekturex.>)
Sonstiger Nachweis:

<u>0319</u>
*Datensatznummer: 233*
Bedürfen wir des Pfarres noch? Ergebnisse einer Umfrage (Antwort). In:
Das Moderne Christentum (Kappstein, T. [Hg.]) 1906, 1. Serie, Heft 1/2, S. 154-155
Berlin/Leipzig (Hüpeden + Merzyn) 1906
(Ergebnisse einer Umfrage über die Bedeutung des Pfarres)
Umfrageantwort
Thema: E, B
Publikation: B
Umfang: 1700 Anschläge
NACHWEISE:
SHL: (xt 71)
Nachweis in Hamburg: H77
Sonstiger Nachweis: B722

<u>0328</u>
*Datensatznummer: 234*
Stuckenberg, J. H. W.: Sociology. The Science of Human Society, New York/London 1903. In:
Schmollers Jahrbuch für Gesetzgebung, Verwaltung und Volkswirtschaft (Schmoller, G. [Hg.]) 1906, 30. Jg., S. 1705-1707
Leipzig/Berlin 1906
Rezension
Thema: A, B
Publikation: Bw
Umfang: 8100 Anschläge
NACHWEISE:
SHL: (xt 195: Nr 6)
Nachweis in Hamburg: H3, H261 (14AII2)
Sonstiger Nachweis: 46; 206
Erneut in Soziologische Studien und Kritiken: ***, S. 338-341

<u>0303</u>
*Datensatznummer: 235*
Discussion on Restriction in Marriage and on Studies in National Eugenic. In:
Sociological Papers (Galton, F. [ed.]) 1906, vol. 2, S. 40-42
London (Macmillan & Co) 1906
(Titel von der Redaktion; written communication; betr.: F. Galton's Eugenik)
engl.
Thema: B
Publikation: Bw
Umfang: 6400 Anschläge
NACHWEISE:
SHL: Kopie
Sonstiger Nachweis: 1a (Fc427); 7; 38

<u>0329</u>
*Datensatznummer: 236**
Anglo-German Relations: Letter to the editor of The Times. In:
The Times vom 26. 1. 1906
London 1906
Leserbrief, engl.
Thema: I
Publikation: A
Umfang: 4.300 Anschläge
NACHWEISE:
SHL: Kopie
Sonstiger Nachweis: 7; 206; 24; 31; 5

## 1907

0375
*Datensatznummer: 237**
Die Entwicklung der sozialen Frage (bis zum Weltkriege)
Leipzig (Göschen) 1907
(2. verb. Aufl. 1913, 60 Seiten; 4. Aufl. mit obigen Titelzusatz; erneut 1926 + 1989)
Monographie
Thema: B
Publikation: C
Umfang: 264900 Anschläge
NACHWEISE:
SHL: (xt 11 + xt 21)
Nachweis in Hamburg: H76
Sonstiger Nachweis:

0339
*Datensatznummer: 238*
Paroles (dans les termes mêmes des 'luttes sociales'). In:
Annales de l'Institut International de Sociologie (Worms, R. [direction]) 1907, tome 11, S. 141-143
Paris (Giard + Brière) 1907
franz.
Thema: M, L
Publikation: Bw
Umfang: 1800 Anschläge
NACHWEISE:
Nachweis in Hamburg: H76 (Ic2)
Sonstiger Nachweis:

0340
*Datensatznummer: 239*
Sinn und Wert einer Wirtschaftsphilosophie. In:
Archiv für Rechts- und Wirtschaftsphilosophie (Kohler, J. + Berolzheimer F. [Hg.]) 1907/08, Bd. 1, S. 36-43
Berlin/Leipzig (Rothschild) 1907
(Auch ital.: 0366/255)
Thema: F, B
Publikation: Bw
Umfang: 16300 Anschläge
NACHWEISE:
Nachweis in Hamburg: H76 (J53)
Sonstiger Nachweis:
Erneut in Soziologische Studien und Kritiken: **, S. 104-109

0341
*Datensatznummer: 240*
Ethik und Sozialismus. 3 Teile. In:
Archiv für Sozialwissenschaft und Sozialpolitik, 1907, Bd. 25, 26 + 29, S. 573-610, S. 56-95, S. 895-930
Tübingen (Mohr) 1907
(Insgesamt 15 Rezensionen: H. Steinthal, Harald Höffding, Wilhelm Wundt, Friedrich Paulsen, Franz Staudinger, Theodor Lipps, A. Landry, Paul Natorp, Karl Vorländer, L. Brentano, H. Cohen, Karl Kautsky, A. Pannekoek)
Rezension
Thema: A, B, F
Publikation: Bw
Umfang: 295100 Anschläge
NACHWEISE:
SHL: (xt 72: Nr 3-5)
Nachweis in Hamburg: 18 (x479); H76 (Ic7)
Sonstiger Nachweis: 1a, 188, 7, 46

0357
*Datensatznummer: 241*
Wandlungen der Moral. In:
Das Blaubuch. Wochenschrift (Kalthof, A. [Begründer]) 1907, 2. Jg., Nr. 40, S. 1211-1214
Berlin (Verlag des Blaubuchs) 1907
Thema: B, Geschichte
Publikation: B
Umfang: 13400 Anschläge
NACHWEISE:
SHL: (xt 72: Nr 2)
Sonstiger Nachweis:

0361
*Datensatznummer: 242*
Mombert, Paul: Studien zur Bevölkerungsbewegung in Deutschland in den letzten Jahrzehnten mit besonderer Berücksichtigung der ehelichen Fruchtbarkeit, Karlsruhe 1907.
Deutsche Literaturzeitung für Kritik der Internationalen Wissenschaft (Hinneberg, P. [Hg.]) 1907, 28. Jg., S. 1458-1460
Berlin (Weidmannsche Buchhandlung) 1907
Rezension
Thema: A, B
Publikation: Bw
Umfang: 7100 Anschläge
NACHWEISE:
Nachweis in Hamburg: 18 (y434)
Sonstiger Nachweis: 1a; 188; 8; 46; 206; B212

*0362*
*Datensatznummer: 243*
Rivaud, A.: Les notions d'Essence et d'Existence dans la Philosophie de Spinoza, Paris 1907. In:
Deutsche Literaturzeitung für Kritik der Internationalen Wissenschaft (Hinneberg, P. [Hg.]) 1907, 28. Jg., S. 2004-2005
Berlin (Weidmannsche Buchhandlung) 1907
Rezension
Thema: A, F
Publikation: Bw
Umfang: 4000 Anschläge
NACHWEISE:
SHL: (xt 208: Nr 8)
Nachweis in Hamburg: 18 (y434)
Sonstiger Nachweis: 1a; 188; 8; 46; 206; B212

*0363*
*Datensatznummer: 244*
Beck, Hermann (Hrsg.): Bibliographie der Sozialwissenschaft, Jg. 2, Dresden 1907. In:
Deutsche Literaturzeitung für Kritik der Internationalen Wissenschaft (Hinneberg, P. [Hg.]) 1907, 28. Jg., S. 2158-2160
Berlin (Weidmannsche Buchhandlung) 1907
Rezension
Thema: A, B
Publikation: Bw
Umfang: 4200 Anschläge
NACHWEISE:
SHL: (xt 208: Nr 9)
Nachweis in Hamburg: 18 (y434)
Sonstiger Nachweis: 1a; 188; 8; 46; 206; B212

*0358*
*Datensatznummer: 245**
Aus der deutschen Moral- und Rechtsentwicklung. In:
Dokumente des Fortschritts. Internationale Revue (Broda, R. + Beck, H. [Hg.]) 1907, 1. Jg., Heft 1, S. 90-95
Berlin (Reimer) 1907
(Betr.: Die Affäre 'Phili' Eulenburg, Peters und Hau, 1907)
Thema: B, H, I, moralische Entwicklung
Publikation: B
Umfang: 19200 Anschläge
NACHWEISE:
SHL: (xt 146: Nr 1)
Sonstiger Nachweis: 206 (x3246); 1a; 188; 46

*0369*
*Datensatznummer: 246**
Die fetten und die mageren Jahre. In:
Das Freie Wort. Frankfurter Halbmonatsschrift für Fortschritt auf allen Gebieten des geistigen Lebens (Saenger, C. [Begründer]), 1907, 6. Jg., Nr. 23, 1. Märzheft, S. 931-934
Frankfurt (Neuer Frankfurter Verlag) 1907
Thema: L, Konjunktur, Eheschließungen, statistische Studie
Publikation: B
Umfang: 8900 Anschläge
NACHWEISE:
SHL: (xt 132: Nr 2)
Sonstiger Nachweis: 1a (Ac7623); 30; 61

*0371*
*Datensatznummer: 247**
Französisch-deutsche Beziehungen. Ein Vorwort zur Haager Konferenz. In:
Das Freie Wort. Frankfurter Halbmonatschrift für Fortschritt auf allen Gebieten des geistigen Lebens (Saenger, C. [Begründer]) 1907, 7. Jg., Nr. 4, 2. Maiheft, S. 121-129
Frankfurt (Neuer Frankfurter Verlag) 1907
Thema: I, K, Weltfrieden
Publikation: B
Umfang: 22300 Anschläge
NACHWEISE:
SHL: (xt 163: Nr 1)
Sonstiger Nachweis: 1a (Ac7623); 30; 61

*0372*
*Datensatznummer: 248**
*NORMANNUS*
Der neue Dänenkurs. In:
Das Freie Wort. Frankfurter Halbmonatschrift für Fortschritt auf allen Gebieten des geistigen Lebens (Saenger, C. [Begründer]) 1907, 7. Jg., Nr. 10, 2. Augustheft, S. 365-370
Frankfurt (Neuer Frankfurter Verlag) 1907
(Unter dem Pseudonym 'Normannus' veröffentlicht)
Thema: I, Grenzprobleme
Publikation: B
Umfang: 13300 Anschläge
NACHWEISE:
SHL: (xt 163: Nr 2)
Sonstiger Nachweis: 1a (Ac7623); 30; 61

*0370*
*Datensatznummer: 249**
's Gravenhage und Stuttgart. 2 Weltkongresse. In:
Das Freie Wort. Frankfurter Halbmonatschrift für Fortschritt auf allen Gebieten des geistigen Lebens (Saenger, C. [Begründer]) 1907, 7. Jg., Nr. 12, 2. Septemberheft, S. 441-448
Frankfurt (Neuer Frankfurter Verlag) 1907
Thema: I, Fürst Bülow
Publikation: B
Umfang: 21100 Anschläge
NACHWEISE:
SHL: (xt 163: Nr 3)
Sonstiger Nachweis: 1a (Ac7623); 30; 61

*0373*
*Datensatznummer: 250**
Das Reichstagswahlrecht für Preußen? In:
Das Freie Wort. Frankfurter Halbmonatschrift für Fortschritt auf allen Gebieten des geistigen Lebens (Saenger, C. [Begründer]) 1907, 7. Jg., Nr. 13, 1. Oktoberheft, S. 492-497
Frankfurt (Neuer Frankfurter Verlag) 1907
Thema: I, Innenpolitik, Wahlrecht
Publikation: B
Umfang: 15300 Anschläge
NACHWEISE:
SHL: (xt 163: Nr 4)
Sonstiger Nachweis: 1a (ac7623); 30; 61

*0360*
*Datensatznummer: 251**
Zu welchem Ende studieren wir Philosophie? In:
Jahrbuch moderner Menschen. Beiträge zur Förderung des philosophischen und sozialpolitischen Interesses, 1907, S. 9-15
Osterwieck/Harz (Zickfeldt) 1907
(Vgl.: 0410/295; 0425/309)
Thema: F, M
Publikation: B
Umfang: 17100 Anschläge
NACHWEISE:
SHL: Kopie
Sonstiger Nachweis: 48; 1a; 5

*0374*
*Datensatznummer: 252**
Das Wesen der Soziologie. In:
Neue Zeit- und Streitfragen (Gehestiftung [Hg.]) 1907, 4. Jg., Heft 3, S. 53-58
Leipzig/Berlin 1907
(Vortrag in der Gehe-Stiftung)
Thema: B
Publikation: Bw
Umfang: 52900 Anschläge (Umfangsbestimmung nach *, S. 350 ff.)
NACHWEISE:
Sonstiger Nachweis: 206 (II2883); 46
Erneut in Soziologische Studien und Kritiken: *, S. 350-368

*0364*
*Datensatznummer: 253*
Notre Enquête sur le rapprochement Franco-Allemand. In:
La Paix par le droit. Organe Trimestriel de Propaganda, 1907, 17. Jg., Nr. 6, S. 209-220
Nimes 1907
Thema: A, B
Publikation: B
Umfang: 29600 Anschläge
NACHWEISE:
SHL: (xt 161: Nr 4)
Sonstiger Nachweis: 21; 25; B208; 4

*0366*
*Datensatznummer: 254**
La scienza economica e la filosofia. In:
Rivista Italiana di Sociologia (Cavaglieri, G. u.a. [Hg.]) 1907, 11. Jg., S. 743-748
Torino u.a. (Bocca) 1907
(Ital. Übersetzung von: 0340/239?)
Thema: F, B
Publikation: Bw
Umfang: 14000 Anschläge
NACHWEISE:
SHL: Kopie
Sonstiger Nachweis: 1a (Fc384/10); 188; 38

*0368*
*Datensatznummer: 255**
Schäffle, Albert E. Fr.: Abriß der Soziologie, Tübingen 1906. In:
Schmollers Jahrbuch für Gesetzgebung, Verwaltung und Volkswirtschaft (Schmoller, G. [Hg.]) 1907, 31. Jg., S. 1846-1852
Leipzig/Berlin 1907
Rezension
Thema: A, B
Publikation: Bw
Umfang: 19700 Anschläge
NACHWEISE:
SHL: (xt 195: Nr 7)
Nachweis in Hamburg: H3; H261 (14AII2)

Sonstiger Nachweis: 46; 206
Erneut in Soziologische Studien und Kritiken: ***, S. 341-348

<u>*0365*</u>
*Datensatznummer: 256**
The Origin and Function of Religion. In: Sociological Papers (Galton, F. [ed.]) 1907, vol. 3, S. 275-276
London (MacMillan & Co) 1907
(engl., Umfrage-Antwort, Titel von der Redaktion)
Thema: E
Publikation: Bw
Umfang: 4300 Anschläge
NACHWEISE:
SHL: Kopie
Sonstiger Nachweis: 1a; 7

## 1908

<u>*0392*</u>
*Datensatznummer: 257**
Schreiben an einen Freund in Berlin. In: Berliner Tageblatt vom 27. 1. 1908, 37. Jg., Nr. 47, Montags-Ausgabe, S. 1-2
Berlin 1908
(Über Fürst Bülow)
Thema: I
Publikation: A
Umfang: 4800 Anschläge
NACHWEISE:
SHL: Kopie
Sonstiger Nachweis: 46; B701

<u>*0359*</u>
*Datensatznummer: 258**
Die Zukunft der Soziologie. In: Dokumente des Fortschritts. Internationale Revue (Broda, R. + Beck, H. [Hg.]) 1908, Februar, 1. Jg., S. 226-230
Berlin u.a. (Drechsel) 1908
(Titel von der Redaktion, Umfrage-Antwort)
Thema: B
Publikation: B
Umfang: 13000 Anschläge
NACHWEISE:
SHL: Kopie
Sonstiger Nachweis: 21 (KB39480); 1a; 188; 46; 206

Erneut in Soziologische Studien und Kritiken: **, S. 110-115

<u>*0377*</u>
*Datensatznummer: 259*
Soziale Gebote und das Privatrecht. In: Dokumente des Fortschritts. Internationale Revue (Broda, R. + Beck, H. [Hg.]) 1908, 1. Jg., Heft 12, S. 1081-1085
Berlin (Reimer) 1908
Thema: H, B
Publikation: B
Umfang: 14300 Anschläge
NACHWEISE:
SHL: (xt 146: Nr 2)
Sonstiger Nachweis: 1a; 188; 46; 206

<u>*0378*</u>
*Datensatznummer: 260**
Entwicklung der Soziologie in Deutschland im 19. Jahrhundert. In: Entwicklung der deutschen Volkswirtschaftslehre im 19. Jahrhundert. Festgabe für Gustav Schmoller, S. XIV 1-42
Leipzig (Duncker & Humblot) 1908
Thema: B
Publikation: M
Umfang: 124500 Anschläge
NACHWEISE:
Nachweis in Hamburg: H76 (IIc76)
Sonstiger Nachweis:
Erneut in Soziologische Studien und Kritiken: **, S. 63-103

<u>*0401*</u>
*Datensatznummer: 261**
*NORMANNUS*
Liberalismus und Demokratie. In: Das Freie Wort. Frankfurter Halbmonatschrift für Fortschritt auf allen Gebieten des geistigen Lebens (Saenger, C. [Begründer]) 1908, 7. Jg., Nr. 19, 1. Januarheft, S. 727-732
Frankfurt (Neuer Frankfurter Verlag) 1908
(Unter dem Pseudonym 'Normannus' veröffentlicht)
Thema: I, Wahlrecht, Innenpolitik
Publikation: B
Umfang: 12500 Anschläge
NACHWEISE:
SHL: (xt 163: Nr 5)
Sonstiger Nachweis: 1a (Ac7623); 30; 61; 46

0402
*Datensatznummer: 262**
*OHNE VERFASSERANGABE*
Der Kampf gegen das Christentum. In:
Das Freie Wort. Frankfurter Halbmonatschrift für Fortschritt auf allen Gebieten des geistigen Lebens (Saenger, C. [Begründer]) 1908, 7. Jg., 2. Januarheft, S. 761-766
Frankfurt (Neuer Frankfurter Verlag) 1908
(Ohne Verfasserangabe; siehe dazu: 0393/263)
Thema: E, M
Publikation: B
Umfang: 18800 Anschläge
NACHWEISE:
SHL: Kopie
Sonstiger Nachweis: 46 (Nc0556); 1a (Ac7623); 30; 61

0393
*Datensatznummer: 263**
Humanität und Ehe. In:
Das Freie Wort. Frankfurter Halbmonatschrift für Fortschritt auf allen Gebieten des geistigen Lebens (Saenger, C. [Begründer]) 1908, 7. Jg., Nr. 22, 2. Februarheft, S. 855-858
Frankfurt (Neuer Frankfurter Verlag) 1908
(Siehe dazu: 0402 /262 + ebd., G. Lomer, Die Sackgasse des Christentums, S. 782-784)
Thema: M, Humanität
Publikation: B
Umfang: 6600 Anschläge
NACHWEISE:
SHL: (xt 94: Nr 5)
Sonstiger Nachweis: 1a (Ac7623); 30; 61; 46

0394
*Datensatznummer: 264**
*NORMANNUS*
Reaktion. In:
Das Freie Wort. Frankfurter Halbmonatschrift für Fortschritt auf allen Gebieten des geistigen Lebens (Saenger, C. [Begründer]) 1908, 8. Jg., Nr. 1, 1. Aprilheft, S. 5-9
Frankfurt (Neuer Frankfurter Verlag) 1908
(Als 'Normannus' publiziert; Siehe dazu: Der Fall Schücking, ebd., S. 364-367)
Thema: I, Innenpolitik
Publikation: B
Umfang: 10500 Anschläge
NACHWEISE:
SHL: (xt 164: Nr 1)
Sonstiger Nachweis: 1a (Ac7623); 30; 61; 46

0395
*Datensatznummer: 265*
*NORMANNUS*
Unterschiede. In:
Das Freie Wort. Frankfurter Halbmonatschrift für Fortschritt auf allen Gebieten des geistigen Lebens (Saenger, C. [Begründer]) 1908, 8. Jg., Nr. 2, 2. Aprilheft, S. 72-73
Frankfurt (Neuer Frankfurter Verlag) 1908
(Unter dem Pseudonym 'Normannus' veröffentlicht)
Thema: I, Erbe und Steuern
Publikation: B
Umfang: 2400 Anschläge
NACHWEISE:
SHL: (xt 164: Nr 2)
Sonstiger Nachweis: 1a (Ac7623); 30; 61; 46

0396
*Datensatznummer: 266**
Die Gleichheit des Wahlrechts. In:
Das Freie Wort. Frankfurter Halbmonatschrift für Fortschritt auf allen Gebieten des geistigen Lebens (Saenger, C. [Begründer]) 1908, 8. Jg., Nr. 5, 2. Maiheft, S. 165-169
Frankfurt (Neuer Frankfurter Verlag) 1908
Thema: I, Nationalliberale Partei
Publikation: B
Umfang: 11400 Anschläge
NACHWEISE:
SHL: (xt 145: Nr 3)
Sonstiger Nachweis: 1a (Ac7623); 30; 61; 46

0397
*Datensatznummer: 267**
Die Weltlage. In:
Das Freie Wort. Frankfurter Halbmonatschrift für Fortschritt auf allen Gebieten des geistigen Lebens (Saenger, C. [Begründer]) 1908, 8. Jg., Nr. 8, 2. Juliheft, S. 286-288
Frankfurt (Neuer Frankfurter Verlag) 1908
Thema: I, Außenpolitik
Publikation: B
Umfang: 5000 Anschläge
NACHWEISE:
SHL: (xt 164: Nr 3)
Sonstiger Nachweis: 1a (Ac7623); 30; 61; 46

0398
*Datensatznummer: 268**
*NORMANNUS*
Der Fall Schücking. In:

Das Freie Wort. Frankfurter Halbmonatschrift für Fortschritt auf allen Gebieten des geistigen Lebens (Saenger, C. [Begründer]) 1908, 8. Jg., Nr. 10, 2. Augustheft, S. 364-367
Frankfurt (Neuer Frankfurter Verlag) 1908
(Unter dem Pseudonym 'Normannus' veröffentlicht)
Thema: I, Preußen, Selbstverwaltung
Publikation: B
Umfang: 9700 Anschläge
NACHWEISE:
SHL: (xt 164: Nr 4)
Sonstiger Nachweis: 1a (Ac7623); 30; 61; 46

_0400_
*Datensatznummer: 269*
*NORMANNUS*
Die preußischen Finanznöte. In:
Das Freie Wort. Frankfurter Halbmonatschrift für Fortschritt auf allen Gebieten des geistigen Lebens (Saenger, C. [Begründer]) 1908, 8. Jg., Nr. 16, 2. Novemberheft, S. 607-611
Frankfurt (Neuer Frankfurter Verlag) 1908
(Als 'Normannus' publiziert)
Thema: I, L, Steuer
Publikation: B
Umfang: 12000 Anschläge
NACHWEISE:
SHL: (xt 164: Nr 5)
Sonstiger Nachweis: 1a (Ac7623); 30; 61; 46

_0399_
*Datensatznummer: 270**
Schülerselbstmorde. In:
Das Freie Wort. Frankfurter Halbmonatschrift für Fortschritt auf allen Gebieten des geistigen Lebens (Saenger, C. [Begründer]) 1908, 8. Jg., Nr. 12, 2. Septemberheft, S. 452-455
Frankfurt (Neuer Frankfurter Verlag) 1908
(Referat, erstattet dem Internationalen Kongreß für Moralpädagogik zu London)
Thema: D, empirische Studie
Publikation: B
Umfang: 9400 Anschläge
NACHWEISE:
SHL: (xt 132: Nr. 3)
Sonstiger Nachweis: 1a (Ac7623); 30; 61; 46

_0381_
*Datensatznummer: 271**
Worte, gesprochen am Grabe Friedrich Paulsens, den 18. August 1908. In:
Husumer Nachrichten vom 27. 8. 1908
Husum 1908
Thema: R
Publikation: A
Umfang: 2200 Anschläge
NACHWEISE:
SHL: (Film89 + Kopie)
Sonstiger Nachweis:

_0379_
*Datensatznummer: 272*
Skandalprozesse. Ein Rückblick. In:
Kulturfragen. Illustrierter Anzeiger für Kontor und Büro (Buschmann, J. [Hg.]) 1908, 4. Jg., Märzheft, S. 113-118
Leipzig (Henze) 1908
(Betr.: Moltke-Harden-Prozesse)
Thema: I
Publikation: B
Umfang: 21500 Anschläge
NACHWEISE:
SHL: (xt 145: Nr 5)
Sonstiger Nachweis: 38

_0380_
*Datensatznummer: 273*
Friedrich Paulsen (Geb. 16. Juli 1846, gestorben am 14. August 1908). In:
Der Morgen. Wochenschrift für deutsche Kultur (Sombart, W. [Begründer]) vom 4. 9. 1908, 2. Jg., 2. Halbj., S. 1170-1172
Berlin (Morgen-Verlag) 1908
Nachruf
Thema: R
Publikation: B
Umfang: 7500 Anschläge
NACHWEISE:
Nachweis in Hamburg: 18 (A1970/4406)
Sonstiger Nachweis: 1a; 83; 188; 18; 25; 31

_0390_
*Datensatznummer: 274**
Ratzenhofer, Gustav: Soziologie. Positive Lehre von den menschlichen Wechselbeziehungen, Leipzig 1907. In:
Schmollers Jahrbuch für Gesetzgebung, Verwaltung und Volkswirtschaft (Schmoller, G. [Hg.]) 1908, 32. Jg., S. 759-762
Leipzig/Berlin 1908
Rezension
Thema: A, B
Publikation: Bw
Umfang: 11000 Anschläge
NACHWEISE:

SHL: (xt 196: Nr 2)
Nachweis in Hamburg: H3 (14AII2)
Sonstiger Nachweis: 46; 206
Erneut in Soziologische Studien und Kritiken: ***, S. 348-352

0391
*Datensatznummer: 275*
Woods, Frederick A.: Mental and Moral Heredity in Royalty, New York 1906. In:
Schmollers Jahrbuch für Gesetzgebung, Verwaltung und Volkswirtschaft (Schmoller, G. [Hg.]) 1908, 32. Jg., Heft 3, S. 1169-1172
Leipzig/Berlin 1908
Rezension
Thema: A, B
Publikation: Bw
Umfang: 12600 Anschläge
NACHWEISE:
SHL: (xt 196: Nr 1)
Nachweis in Hamburg: H3
Sonstiger Nachweis: 46; 206

0403
*Datensatznummer: 276*
Soziologie und Politik. In:
Zeitschrift für Politik (Schmidt, R. + Grabowsky, A. [Hg.]) 1908, 1. Bd., Heft 2, S. 219-229
Berlin (Heymann) 1908
Thema: B, I
Publikation: Bw
Umfang: 26500 Anschläge
NACHWEISE:
SHL: (xt 90: Nr 4)
Nachweis in Hamburg: H76 (J39); H40
Sonstiger Nachweis: 188; 206; 4; 7; 6

x0382
*Datensatznummer: 277*
*Gustav von Schmoller. In:*
*Die neue Rundschau. Freie Bühne für modernes Leben, 1908, 19. Jg., S. 1*
*Berlin (Fischer) 1908*
*(Hinweis von E. Brenke; jedoch nicht korrekte Quellenangabe)*
*fraglich*
NACHWEISE:
*Nachweis in Hamburg: 18 (x1376)*
*Sonstiger Nachweis: 1a; 188; B701; 8; 46*

0383
*Datensatznummer: 278*
Atheismus. In:
Die neue Rundschau. Freie Bühne für modernes Leben, 1908, 19. Jg., S. 456-457
Berlin (Fischer) 1908
Thema: E, Harnack, A.
Publikation: B
Umfang: 6300 Anschläge
NACHWEISE:
Nachweis in Hamburg: 18 (x1376)
Sonstiger Nachweis: 1a; 188; B701; 8; 46

0384
*Datensatznummer: 279*
Glückliches England. In:
Die neue Rundschau. Freie Bühne für modernes Leben, 1908, 19. Jg., S. 457-458
Berlin (Fischer) 1908
Thema: O, I
Publikation: B
Umfang: 3100 Anschläge
NACHWEISE:
Nachweis in Hamburg: 18 (x1376)
Sonstiger Nachweis: 1a; 188; B701; 8; 46

0385
*Datensatznummer: 280*
Die Krisis des Reichsgedankens. In:
Die neue Rundschau. Freie Bühne für modernes Leben, 1908, 19. Jg., S. 518-528
Berlin (Fischer) 1908
Thema: I, Deutscher Reichstag
Publikation: B
Umfang: 35700 Anschläge
NACHWEISE:
Nachweis in Hamburg: 18 (x1376)
Sonstiger Nachweis: 1a; 188; B701; 8; 46

0386
*Datensatznummer: 281*
Kompromisse. In:
Die neue Rundschau. Freie Bühne für modernes Leben, 1908, 19. Jg., Heft 7, S. 929-935
Berlin (Fischer) 1908
Thema: I, Vertrag, Kampf
Publikation: B
Umfang: 22200 Anschläge
NACHWEISE:
SHL: (xt 166)
Nachweis in Hamburg: 18 (x1376)
Sonstiger Nachweis: 1a; 188; B701; 8; 46

0387
*Datensatznummer: 282*
Evangelisch-sozial. In:

Die neue Rundschau. Freie Bühne für modernes Leben, 1908, 19. Jg., S. 1237-1238
Berlin (Fischer) 1908
(Betr.: Evangelisch-sozialen Kongreß)
Thema: I, L, E, Soziale Frage
Publikation: B
Umfang: 4200 Anschläge
NACHWEISE:
Nachweis in Hamburg: 18 (x1376)
Sonstiger Nachweis: 1a; 188; B701; 8; 46

0389
*Datensatznummer: 283*
Konsumvereine. In:
Die neue Rundschau. Freie Bühne für modernes Leben, 1908, 19. Jg., S. 1541-1542
Berlin (Fischer) 1908
Thema: I, N
Publikation: B
Umfang: 4200 Anschläge
NACHWEISE:
Nachweis in Hamburg: 18 (x1376)
Sonstiger Nachweis: 1a; 188; B701; 8; 46

0388
*Datensatznummer: 284*
Das Jubiläum der Städteordnung. In:
Die neue Rundschau. Freie Bühne für modernes Leben, 1908, 19. Jg., Heft 11, S. 1553-1557
Berlin (Fischer) 1908
Thema: I, M, Staat
Publikation: B
Umfang: 13700 Anschläge
NACHWEISE:
SHL: (xt 167)
Nachweis in Hamburg: 18 (x1376)
Sonstiger Nachweis: 1a; 188; B701; 8; 46

## 1909

0421
*Datensatznummer: 285**
Die Sitte, 95 Seiten
Frankfurt/M. (Rütten & Loening) 1909
(erneut 1979)
Monographie
Thema: B
Publikation: C
Umfang: 159100 Anschläge
NACHWEISE:
SHL: (xt 12)
Sonstiger Nachweis:

0404
*Datensatznummer: 286*
Soziologische Bedeutung ökonomischer Theorieen. In:
Archiv für Rechts- und Wirtschaftsphilosophie (Kohler, J. + Berolzheimer, F. [Hg.]) 1909/10, Bd. 3, S. 372-379
Berlin/Leipzig (Rothschild) 1909
Thema: B
Publikation: Bw
Umfang: 19000 Anschläge
NACHWEISE:
SHL: (xt 122)
Nachweis in Hamburg: H76 (J53)
Sonstiger Nachweis:
Erneut in Soziologische Studien und Kritiken: **, S. 183-189

0405b
*Datensatznummer: 287**
Comte's Begriff der Soziologie. In:
Bericht über den III. Internationalen Kongress für Philosophie zu Heidelberg (Elsenhans, T. [Hg.]) 1909, S. 1004-1012
Heidelberg (Winter) 1909
(Vgl. auch 0411/296)
Referat
Thema: B
Publikation: M
Umfang: 22400 Anschläge
NACHWEISE:
SHL: Kopie
Nachweis in Hamburg: 18 (x10801)
Sonstiger Nachweis:

0405a
*Datensatznummer: 288**
Über eine Methode moralstatistischer Forschung (Auszug.). In:
Bericht über den III. Internationalen Kongreß für Philosophie zu Heidelberg (Elsenhans, T. [Hg.]) 1909, S. 987
Heidelberg (Winter) 1909
(Auszug aus 0418/300; Kongreß vom 1. - 5. 9. 1909)
Referat
Thema: M
Publikation: Bd Statistik
Umfang: 1500 Anschläge
NACHWEISE:

SHL: Kopie
Nachweis in Hamburg: 18 (x10801)
Sonstiger Nachweis:

0407
*Datensatznummer: 289**
Vecchio, Giorgio del: Su la teoria del contratto sociale, Bologna 1906. In:
Deutsche Literaturzeitung für Kritik der Internationalen Wissenschaft (Hinneberg, P. [Hg.]) 1909, 30. Jg., S. 627-629
Berlin (Weidmannsche Buchhandlung) 1909
Rezension
Thema: A, B
Publikation: Bw
Umfang: 4400 Anschläge
NACHWEISE:
Nachweis in Hamburg: 18 (y434)
Sonstiger Nachweis: 1a; 188; 8; 46; 206; B212
Erneut in Soziologische Studien und Kritiken: ***, S. 352-353

0408
*Datensatznummer: 290*
Waynbaum, I.: La physiognomie humaine, son mécanisme et son rôle social, Paris 1907. In:
Deutsche Literaturzeitung für Kritik der Internationalen Wissenschaft (Hinneberg, P. [Hg.]) 1909, 30. Jg. vom 20. 3. 1909, S. 722-723
Berlin (Weidmannsche Buchhandlung) 1909
Rezension
Thema: A, B
Publikation: Bw
Umfang: 2000 Anschläge
NACHWEISE:
SHL: (xt 208: Nr 11)
Nachweis in Hamburg: 18 (y434)
Sonstiger Nachweis: 1a; 188; 8; 46; 206; B212

0409
*Datensatznummer: 291*
Schmitt, Eugen H.: Kritik der Philosophie vom Standpunkt der intuitiven Erkenntnis, Leipzig 1908. In:
Deutsche Literaturzeitung für Kritik der Internationalen Wissenschaft (Hinneberg, P. [Hg.]) 1909, 30. Jg. vom 24. 4. 1909, Sp. 1046-1047
Berlin (Weidmannsche Buchhandlung) 1909
Rezension
Thema: A, F, Mystik, Metaphysik
Publikation: Bw
Umfang: 1600 Anschläge
NACHWEISE:
SHL: (xt 208: Nr 12)
Nachweis in Hamburg: 18 (y434)
Sonstiger Nachweis: 1a; 188; 8; 46; 206; B212

0419a
*Datensatznummer: 292**
Eine neue Methode der Vergleichung statistischer Reihen. Nach Schmollers Jahrbuch für Gesetzgebung, Verwaltung und Volkswirtschaft, 33. Jahrg., 2. Heft. Leipzig 1909. In:
Deutsches Statistisches Zentralblatt (Würzburger, E. u.a. [Hg.]) 1909, 2. Jg., Nr. 7, 15. Oktober, Sp. 221-222
Leipzig/Berlin (Teubner) 1909
(Eigene Besprechung von 0418/300)
Thema: B
Publikation: Bw
Umfang: 3700 Anschläge
NACHWEISE:
SHL: Kopie
Nachweis in Hamburg: H206 (14KbD1)
Sonstiger Nachweis: 206

0419
*Datensatznummer: 293*
*NORMANNUS*
Bürgermeister a. D. Ein Epilog zum Falle Schücking. In:
Das Freie Wort. Frankfurter Halbmonatschrift für Fortschritt auf allen Gebieten des geistigen Lebens (Saenger, C. [Begründer]), 1909, 9. Jg., Nr. 14, 2. Oktoberheft, S. 533-538
Frankfurt (Neuer Frankfurter Verlag) 1909
(Unter dem Pseudonym 'Normannus' veröffentlicht)
Thema: I
Publikation: B
Umfang: 18200 Anschläge
NACHWEISE:
SHL: (xt 164: Nr 6)
Sonstiger Nachweis: 1a (Ac7623); 30; 61

0406
*Datensatznummer: 294*
Nochmals: Schülerselbstmorde. Duplik. In:
Der Kunstwart (dann: Deutscher Wille). Halbmonatsschau für Audruckskultur ... (Avenarius, F. [Hg.]) 1909, 22. Jg., S. 226-228
München (Callwey) 1909
(Siehe dazu: Hans Haefcke, Schülerselbstmorde, ebd., S. 225-226)
Thema: D
Publikation: B

Umfang: 7300 Anschläge
NACHWEISE:
SHL: (xt 133)
Nachweis in Hamburg: 18 (6059)
Sonstiger Nachweis: 46

*0410*
*Datensatznummer: 295**
Zu welchem Ende studieren wir Philosophie? In:
Monatshefte für Pädagogik und Schulpolitik, 1909, Jg. 1, Heft 2, S. 57-61
Wien 1909
(Vgl. 0360/252; 0425/309)
Thema: F, M
Publikation: B
Umfang: 18700 Anschläge
NACHWEISE:
SHL: (xt 62: Nr 1; Cb 54. 39:11)
Sonstiger Nachweis: 384

*0411*
*Datensatznummer: 296**
Comtes Begriff der Soziologie. In:
Monatsschrift für Soziologie (Eleutheropulos + Engelhardt [Hg.]) 1909, 1. Jg., S. 42-50
Leipzig 1909
(Siehe auch 0405b/287)
Thema: B
Publikation: Bw
Umfang: 19000 Anschläge
NACHWEISE:
SHL: (xt 90: Nr 5; Cb 54. 39:32)
Nachweis in Hamburg: H76 (Ic29)
Sonstiger Nachweis: 1a; 188; 18; 206
Erneut in Soziologische Studien und Kritiken: **, S. 116-122

*0412*
*Datensatznummer: 297**
Die Aufgabe der Soziologie. In:
Monatsschrift für Soziologie (Eleutheropolus + Engelhardt [Hg.]) 1909, 1. Jg., S. 89-91
Leipzig 1909
(Siehe dazu auch: 0378/260, 0374/253)
Thema: B
Publikation: Bw
Umfang: 3700 Anschläge
NACHWEISE:
SHL: (xt 90: Nr 6)
Nachweis in Hamburg: H76 (Ic29)
Sonstiger Nachweis: 1a; 188; 18; 206
Erneut in Soziologische Studien und Kritiken: **, S. 123-124

*0416*
*Datensatznummer: 298*
Arner, George B. Louis: Consanguineous marriages in the American population, New York 1908. In:
Schmollers Jahrbuch für Gesetzgebung, Verwaltung und Volkswirtschaft (Schmoller, G. [Hg.]) 1909, 33. Jg., 1. Heft, S. 319-326
Leipzig (Duncker & Humblot) 1909
Rezension
Thema: A, B
Publikation: Bw
Umfang: 22800 Anschläge
NACHWEISE:
SHL: (xt 196: Nr 3)
Nachweis in Hamburg: H76 (Ic64); H3
Sonstiger Nachweis: 46; 206

*0417*
*Datensatznummer: 299*
Feer, E.: Der Einfluß der Blutsverwandtschaft der Eltern auf die Kinder, Berlin 1907. In:
Schmollers Jahrbuch für Gesetzgebung, Verwaltung und Volkswirtschaft (Schmoller, G. [Hg.]) 1909, 33. Jg., S. 326
Leipzig (Duncker & Humblot) 1909
Rezension
Thema: A, B
Publikation: Bw
Umfang: 1700 Anschläge
NACHWEISE:
SHL: (xt 196: Nr 4)
Nachweis in Hamburg: H76 (Ic64); H3
Sonstiger Nachweis: 46; 206

*0418*
*Datensatznummer: 300*
Eine neue Methode der Vergleichung statistischer Reihen (Im Anschluß an Mitteilungen über kriminalstatistische Forschungen). In:
Schmollers Jahrbuch für Gesetzgebung, Verwaltung und Volkswirtschaft (Schmoller, G. [Hg.]) 1909, 33. Jg., 2. Heft, S. 699-720
Leipzig (Duncker & Humblot) 1909
(Zugrunde liegt ein am 3. 1. 1909 gehaltener Vortrag; vgl. 0433/319)
Thema: B
Publikation: Bw
Umfang: 56700 Anschläge
NACHWEISE:
SHL: (xt 132: Nr 4)
Nachweis in Hamburg: H76 (Ic64); H3
Sonstiger Nachweis: 46; 206

0420
*Datensatznummer: 301*
Sitte und Sittlichkeit. In:
Die Zukunft. Sozialistische Revue (Harden, M. [Hg.]) 1909, 18. Jg., Nr. 9, S. 290-296
Berlin (Verlag der Zukunft) 1909
(Auszug aus: 0421/285)
Thema: B
Publikation: B
Umfang: 24600 Anschläge
NACHWEISE:
SHL: (xt 72: Nr 6)
Sonstiger Nachweis: 1a; 46; 206; 30; 7

0413
*Datensatznummer: 302*
Politische Reife. In:
Die neue Rundschau. Freie Bühne für modernes Leben, 1909, 20. Jg., S. 161-164
Berlin (Fischer) 1909
(Betr.: Reichstagssitzung vom 8. 11. 1908)
Thema: I, Innenpolitik
Publikation: B
Umfang: 10600 Anschläge
NACHWEISE:
Nachweis in Hamburg: 18 (x1376)
Sonstiger Nachweis: 1a; 188; B701; 8; 46

0414
*Datensatznummer: 303*
"Berechtigte Interessen". In:
Die neue Rundschau. Freie Bühne für modernes Leben, 1909, 20. Jg., Heft 6, S. 886-891
Berlin (Fischer) 1909
(Betr.: Novelle zum StGB, Lex Eulenburg)
Thema: I, Innenpolitik
Publikation: B
Umfang: 17600 Anschläge
NACHWEISE:
SHL: (xt 147)
Nachweis in Hamburg: 18 (x1376)
Sonstiger Nachweis: 1a; 188; B701; 8; 46

## 1910

0444
*Datensatznummer: 304*
Charakterbild eines Königs. Vom Marquis von Halifax (Sir George Saville) nebst Aphrismen des Autors, 106 Seiten (Erste deutsche Übersetzung + Hrsg. von F. Tönnies)
Berlin (Curtius) 1910
(Einleitung und Anmerkungen von Tönnies)
Herausgabe
Thema: T, U
Publikation: C
Umfang: 19600 Anschläge
NACHWEISE:
SHL: (xt 40)
Sonstiger Nachweis:

0422
*Datensatznummer: 305*
Ein deutsches Institut für Rechtsphilosophie und soziologische Forschung? Eine Enquete. In:
Archiv für Rechts- und Wirtschaftsphilosophie (Kohler, J. + Berolzheimer, F. [Hg.]) 1910/11, Bd. 4, Heft 2, S. 220-223
Berlin/Leipzig (Rothschild) 1910
(Eine Enquete - beantwortet u.a. von F. Tönnies)
Thema: B, M
Publikation: Bw
Umfang: 4300 Anschläge
NACHWEISE:
SHL: (xt 91: Nr 1)
Nachweis in Hamburg: H76 (J53)
Sonstiger Nachweis:

0423
*Datensatznummer: 306*
Studie zur schleswig-holsteinischen Agrarstatistik. In:
Archiv für Sozialwissenschaft und Sozialpolitik, 1910, Bd. 30, S. 285-332
Tübingen (Mohr) 1910
Thema: B, Z, P
Publikation: Bw
Umfang: 122200 Anschläge
NACHWEISE:
SHL: (Cb 54. 39:23)
Nachweis in Hamburg: 18 (x479)
Sonstiger Nachweis:

0436
*Datensatznummer: 307**
*OHNE VERFASSERANGABE*
Erster Deutscher Soziologentag (Bericht für das Berliner Tageblatt) + Zweiter Verhandlungstag (Telegraphischer Bericht). In:
Berliner Tageblatt vom 21. 10. 1910, 5. Beiblatt
Berlin 1910
(Wahrscheinlich redaktioneller Bericht; vgl. 0460/338)
Thema: B, M

Publikation: A
Umfang: 21100 Anschläge
NACHWEISE:
SHL: Kopie
Sonstiger Nachweis: 46; B701

*0430*
*Datensatznummer: 308*
Hammacher, Emil: Das philosophisch-ökonomische System des Marxismus, Leipzig 1909. In: Deutsche Literaturzeitung für Kritik der Internationalen Wissenschaft (Hinneberg, P. [Hg.]) 1910, 31. Jg., 12. Februar, S. 432-436
Berlin (Weidmannsche Buchhandlung) 1910
Rezension
Thema: A, B, F
Publikation: Bw
Umfang: 11400 Anschläge
NACHWEISE:
SHL: (xt 208: Nr 13)
Nachweis in Hamburg: 18 (y434)
Sonstiger Nachweis: 1a; 188; 8; 46; 206; B212
Erneut in Soziologische Studien und Kritiken: ***, S. 457-461

*0425*
*Datensatznummer: 309*
Zu welchem Ende studieren wir Philosophie? In: Zur Einführung in das akademische Leben an der Universität Kiel (Päsidium der Kieler Freien Studentenschaft) 1910, 3. Ausgabe, Wintersemester 1910/1911, S. 13-20
Kiel (Mühlau) 1910
(Ebenfalls: 0410/295; 0360)
Thema: F, M
Publikation: S
Umfang: 18700 Anschläge
NACHWEISE:
SHL: (xt 62: Nr 2)
Sonstiger Nachweis:

*0248*
*Datensatznummer: 310*
Die Aussperrung im Baugewerbe. In: Ethische Kultur. Halbmonatsschrift für sozial-ethische Reformen (Gizycki, G. v. [Begründer]) 1910, 18. Jg., 1. Mai, S. 65-66
Berlin (Bieber) 1910
Thema: L, C, Streik
Publikation: B
Umfang: 7300 Anschläge
NACHWEISE:
SHL: (xt 109: Nr 13)
Sonstiger Nachweis: 1a (8u4Np17400)

*0429*
*Datensatznummer: 311**
Politische Begebenheiten in ethischem Lichte. In:
Ethische Kultur. Halbmonatsschrift für sozial-ethische Reformen (Gizycki, G. v. [Begründer]) 1910, 18. Jg., 1. 10. 1910, S. 145-146
Berlin (Bieber) 1910
Thema: L, Staatsraison
Publikation: B
Umfang: 7000 Anschläge
NACHWEISE:
SHL: Kopie
Sonstiger Nachweis: 1a (8u4Np17400); 17

*0426*
*Datensatznummer: 312**
Über Anlagen und Anpassung. In:
Frauen-Zukunft. Eine Monatsschrift (Lieber, G. v. u.a. [Hg.]) 1910, Jg. 1, Heft 7, S. 483-491 + Heft 8, S. 567-576
München/Leipzig (Frauen-Verlag) 1910
Thema: B
Publikation: B
Umfang: 34400 Anschläge
NACHWEISE:
SHL: (xt 96: Nr 1.2)
Sonstiger Nachweis: 1a; 206
Erneut in Soziologische Studien und Kritiken: **, S. 155-168

*0438*
*Datensatznummer: 313*
Der allgemeine Rassenkongreß. In:
Das Freie Wort. Frankfurter Halbmonatschrift für Fortschritt auf allen Gebieten des geistigen Lebens (Saenger, C. [Begründer]), 1910, 9. Jg., Nr. 14, 2. Oktoberheft, S. 548-552
Frankfurt (Neuer Frankfurter Verlag) 1910
(Kongreß-Ankündigung)
Thema: B, M
Publikation: B
Umfang: 12900 Anschläge
NACHWEISE:
SHL: (xt 181: Nr 3)
Sonstiger Nachweis: 1a (Ac7623); 30; 61

0437
*Datensatznummer: 314*
*NORMANNUS*
August Bebel. Zu seinem 70. Geburtstage. In:
Das Freie Wort. Frankfurter Halbmonatschrift für Fortschritt auf allen Gebieten des geistigen Lebens (Saenger, C. [Begründer]), 1910, 9. Jg., Nr. 23, 1. Märzheft, S. 902-907
Frankfurt (Neuer Frankfurter Verlag) 1910
(Unter dem Pseudonym 'Normannus' veröffentlicht)
Thema: R
Publikation: B
Umfang: 15300 Anschläge
NACHWEISE:
SHL: (xt 181: Nr 2; Cb 54. 39:38)
Sonstiger Nachweis: 1a (Ac7623); 30; 61

x0427
*Datensatznummer: 315*
*Wege und Ziele der Soziologie. Vortrag. In:*
*Intelligenzblatt der Stadt Frankfurt a.M., Frankfurter Journal vom 21. 10. 1910*
*Frankfurt 1910*
*(Vgl. 0460/338)*
*Nachweise: Zeitschrift in der ehemaligen Bundesrepublik Deutschland nicht nachgewiesen*

0443
*Datensatznummer: 316*
*T.*
Muckle, Friedrich: Geschichte der sozialistischen Ideen im 19. Jahrhundert. Leipzig 1909. In:
Literarisches Zentralblatt. Kritisches Zentralblatt für die gesamte Wissenschaft (Zarncke, E. [Begründer]) 1910, 61. Jg., S. 443
Weimar (Wagner + Sohn) 1910
(Pseudonym: T.)
Rezension
Thema: A, B
Publikation: Bw
Umfang: 1900 Anschläge
NACHWEISE:
SHL: (xt 209: Nr 5)
Nachweis in Hamburg: 18
Sonstiger Nachweis: 1a, 46

0431
*Datensatznummer: 317*
Preußische Reformen. In:
März. Halbmonatsschrift für deutsche Kultur (Langen, A., Thoma, L. + Aram, F. [Hg.]) 1910, 4. Jg., 1. Bd., 1. 3. 1910, S. 391-394
München (Langen) 1910
(Über die Preußische Wahlrechtsvorlage)
Thema: I, Innenpolitik
Publikation: B
Umfang: 12200 Anschläge
NACHWEISE:
SHL: (xt 169: Nr 1)
Nachweis in Hamburg: 18 (B15650)
Sonstiger Nachweis: 1a; 83; 188; 18; 46

x0432
*Datensatznummer: 318*
*Wege und Ziele der Soziologie. Vortrag. In:*
*Münchner Neueste Nachrichten vom 22. 10. 1910*
*München 1910*
*(Dort nicht vorhanden; vgl. 0460/338)*
*fraglich*
NACHWEISE:
*Sonstiger Nachweis: 188/211 (Film)*

0433
*Datensatznummer: 319*
Über die Methode moralstatistischer Forschung. In:
Philosophie der Gegenwart. Eine internationale Jahresübersicht (Ruge, A. [Hg.]) 1910, Bd. 1, S. 327-328
Heidelberg 1910
(Vgl. dazu: 0418/109)
Thema: B
Publikation: Bw
Umfang: 1300 Anschläge
NACHWEISE:
Nachweis in Hamburg: 18 (Phil11)
Sonstiger Nachweis:

0434
*Datensatznummer: 320*
Somló, F.: Der Güterverkehr in der Urgesellschaft, Bruxelles/Leipzig 1909. In:
Schmollers Jahrbuch für Gesetzgebung, Verwaltung und Volkswirtschaft (Schmoller, G. [Hg.]) 1910, 34. Jg., Heft 2, S. 775-778
Leipzig/Berlin 1910
Rezension
Thema: A, B
Publikation: Bw
Umfang: 13100 Anschläge
NACHWEISE:
SHL: (xt 196: Nr 5)
Nachweis in Hamburg: H3
Sonstiger Nachweis: 46; 206

0435
*Datensatznummer: 321*
Schillers politisches Vermächtnis. In:
Der Staatsbürger. Halbmonatsschrift für politische Bildung (Dorn, H. [Hg.]) 1910, Nr. 16, 2. Novemberheft, S. 713-718
Leipzig/Berlin (Grunow) 1910
Thema: M, I
Publikation: B
Umfang: 3100 Anschläge
NACHWEISE:
SHL: (xt 69: Nr 3)
Nachweis in Hamburg: H261
Sonstiger Nachweis: 206; 38; 61; 281; 31

0442
*Datensatznummer: 322**
*OHNE VERFASSERANGABE*
Erster Deutscher Soziologenkongreß (Telegr. Bericht) In:
Vossische Zeitung vom 21. 10. 1910, S. 15
Berlin 1910
(Wahrscheinlich redaktioneller Bericht; vgl. 0460/338)
Thema: B, M
Publikation: A
Umfang: 13.100 Anschläge
NACHWEISE:
SHL: Kopie
Sonstiger Nachweis: 46; 188

## 1911

0464
*Datensatznummer: 323*
Leitfaden einer Vorlesung über theoretische Nationalökonomie (als Manuskript gedruckt)
Eutin (Struve Buchdruckerei) 1911
Thema: U
Publikation: S
Umfang: 14500 Anschläge
NACHWEISE:
SHL: (xt 123: Nr 1)
Sonstiger Nachweis:

0446
*Datensatznummer: 324*
Hobbes' Naturrecht. In:
Archiv für Rechts- und Wirtschaftsphilosophie (Kohler, J. + Berolzheimer, F. [Hg.]) 1910/11, Bd. 4, Heft 2, S. 395-410 + 1911/12, Bd. 5, S. 129-136 + S. 283-293
Berlin/Leipzig (Rothschild) 1911
(Vgl. 0144/95: Vorabdruck aus der 2. erw. Aufl. von 1912)
Thema: G, H
Publikation: Bw
Umfang: 90800 Anschläge
NACHWEISE:
SHL: (xt 64: Nr 4)
Nachweis in Hamburg: H76 (J53)
Sonstiger Nachweis:

0445
*Datensatznummer: 325**
Soziologie und Rechtsphilosophie. Leitsätze. In:
Archiv für Rechts- und Wirtschaftsphilosophie (Kohler, J. + Berolzheimer, F. [Hg.]) 1910/11, Bd. 4, S. 569-571
Berlin/Leipzig (Rothschild) 1911
Thema: B, H
Publikation: Bw
Umfang: 5700 Anschläge
NACHWEISE:
SHL: (xt 91: Nr 2)
Nachweis in Hamburg: H76 (J53)
Sonstiger Nachweis:
Erneut in Soziologische Studien und Kritiken: **, S. 169-171

0458
*Datensatznummer: 326**
Vorurteile gegen den Rassenkongreß. In:
Berliner Tageblatt vom 27. 6. 1911, 40. Jg., Dienstag, Morgen-Ausgabe
Berlin 1911
Thema: B, I, M
Publikation: A
Umfang: 6300 Anschläge
NACHWEISE:
SHL: Kopie
Sonstiger Nachweis: 12; B701

0459
*Datensatznummer: 327**
"Die Front gegen Rechts!" In:
Berliner Tageblatt vom 14. 12. 1911, Donnerstag, S. 1
Berlin 1911
Thema: I
Publikation: A
Umfang: 5800 Anschläge
NACHWEISE:

SHL: Kopie
Sonstiger Nachweis: 5 (Ztg41); B701

0451
*Datensatznummer: 328*
Rudolf Euckens "Grundbegriffe der Gegenwart" in neuerer Fassung. In:
Deutsche Literaturzeitung für Kritik der Internationalen Wissenschaft (Hinneberg, P. [Hg.]) 1911, 32. Jg. vom 14. 1. 1911, S. 69-75
Berlin (Weidmannsche Buchhandlung) 1911
(Rezension: R. Eucken, Geistige Strömungen der Gegenwart, Leipzig 1909)
Rezension
Thema: A, B
Publikation: Bw
Umfang: 13700 Anschläge
NACHWEISE:
SHL: (xt 208: Nr 14)
Nachweis in Hamburg: 18 (y434)
Sonstiger Nachweis: 1a; 188; 8; 46; 206; B212

0447
*Datensatznummer: 329**
Entwicklung der Eheschließungen in den Jahren 1845-1907. In:
Deutsches Statistisches Zentralblatt (Würzburger, E. u.a. [Hg.]) 1911, 3. Jg., 15. 8. 1911, Beilage: Deutsche Statistische Gesellschaft, S. 3-7
Leipzig/Berlin (Teubner) 1911
(Niederschrift der Verhandlungen 1911, Bericht von F. Tönnies über seinen Vortrag; Titel von der Redaktion)
Thema: B, empirische Studie
Publikation: Bw
Umfang: 15300 Anschläge
NACHWEISE:
SHL: Kopie
Nachweis in Hamburg: H261 (14KbD1); 205
Sonstiger Nachweis: 31

0449
*Datensatznummer: 330**
Der erste allgemeine Rassen=kongreß. In:
Ethische Kultur. Halbmonatsschrift für sozial-ethische Reformen (Gizycki, G. v. [Begründer]) 1911, 19. Jg., 1. 5. 1911, S. 65-66
Berlin (Bieber) 1911
(Vgl.: 0448/332, 0452/334)
Thema: B, M
Publikation: B
Umfang: 5500 Anschläge
NACHWEISE:
SHL: Kopie
Sonstiger Nachweis: 1a (8u4Np17400); 17

0463
*Datensatznummer: 331*
Vom Keplerbunde. In:
Das Freie Wort. Frankfurter Halbmonatschrift für Fortschritt auf allen Gebieten des geistigen Lebens (Saenger, C. [Begründer]) 1911, 11. Jg., Nr. 11, S. 409-413
Frankfurt (Neuer Frankfurter Verlag) 1911
Thema: E, M, Religion
Publikation: B
Umfang: 15600 Anschläge
NACHWEISE:
SHL: (xt 74: Nr 1)
Sonstiger Nachweis: 1a (Ac7623); 30; 61

0448
*Datensatznummer: 332*
Der erste internationale Rassenkongreß in London. Eine Umschau. In:
Kosmos. Handweiser für Naturfreunde (Kosmos [Hg.]) 1911, Bd. 8, Heft 10, S. 361-366
Stuttgart (Franckh) 1911
(Vgl.: 0452/334; beachte auch: 0449/330. F. Tönnies war Kongreßsekretär für das Deutsche Reich)
Thema: B, M, H
Publikation: B
Umfang: 25000 Anschläge
NACHWEISE:
SHL: (xt 181: Nr 7)
Nachweis in Hamburg: 18 (x8498)
Sonstiger Nachweis: 1a; 8; 18; 841; Pn1

0450
*Datensatznummer: 333**
Soziologie als Wissenschaft und die deutsche soziologische Gesellschaft. In:
Der Kunstwart (dann: Deutscher Wille). Halbmonatschau für Ausdruckskultur auf allen Lebensgebieten (Avenarius, Ferdinand [Hg.]), 1911, 24. Jg., 2. Augustheft, S. 242-246
München (Callwey) 1911
Thema: B
Publikation: B
Umfang: 15500 Anschläge
NACHWEISE:
SHL: Kopie
Nachweis in Hamburg: 18 (x6059)

Sonstiger Nachweis: 188; 83; 46
Erneut in Soziologische Studien und Kritiken: **, S. 144-149

*0452*
*Datensatznummer: 334**
Science and Art, Literature and the Press. In: Papers on Inter-Racial Problems, 1911, vol. 1, S. 233-243
London 1911
(Communicated to the First Universal Races-Congress; beachte: 0448/332; 0449/330)
engl.
Thema: B
Publikation: Bw
Umfang: 28400 Anschläge
NACHWEISE:
SHL: Kopie
Sonstiger Nachweis: 1a (Pn997/75)

*0453*
*Datensatznummer: 335**
Mezzi e fini della sociologia. In:
Rivista Italiana di Sociologia (Cavaglieri, G. + Sergi, G. [Hg.]) 1911, 15. Jg., S. 361-376
Torino u.a. (Bocca) 1911
(Ital. Übersetzung von 0460/338)
Thema: B
Publikation: Bw
Umfang: 40300 Anschläge
NACHWEISE:
SHL: Kopie
Sonstiger Nachweis: 1a (Fc384/10); 188; 38

*0457*
*Datensatznummer: 336**
Charakterbild eines Königs. In:
Der Tag. Moderne illustrierte Zeitung vom 8. 11. 1911, Nr. 263, S. 2-3
Berlin (Scherl) 1911
(Siehe dazu Rezension von Dr. Hugo Böttcher, [0444/304], in: ebd. vom 2. 9. 1911; hier Replik)
Thema: U, B
Publikation: A
Umfang: 7800 Anschläge
NACHWEISE:
SHL: Kopie
Sonstiger Nachweis: 188/211 (Film); B701

*0461*
*Datensatznummer: 337*
Diskussionsbeitrag zum Referat von Alfred Plötz: Der Begriff der Rasse und Gesellschaft. In:
Verhandlungen des 1. Deutschen Soziologentages vom 19.-22. 10. 1909 in Frankfurt, 1911, Serie 1, Bd. 1, S. 148
Tübingen (Mohr) 1911
Diskussionsbeitrag
Thema: B, S
Publikation: Bw
Umfang: 4500 Anschläge
NACHWEISE:
Nachweis in Hamburg: H76 (Ic8)
Sonstiger Nachweis:

*0460*
*Datensatznummer: 338**
Wege und Ziele der Soziologie. In:
Verhandlungen des 1. Deutschen Soziologentages vom 19.-22. 10. 1910 in Frankfurt, 1911, Serie 1, Bd. 1, S. 17-38
Tübingen (Mohr) 1911
(Ebenfalls ital.: 0453)
Thema: B
Publikation: Bw
Umfang: 51700 Anschläge
NACHWEISE:
Nachweis in Hamburg: H76 (Ic8)
Sonstiger Nachweis:
Erneut in Soziologische Studien und Kritiken: **, S. 125-143

*0462*
*Datensatznummer: 339*
Diskussionsbeitrag zum Referat von E. Troeltsch: Das stoisch-christliche Naturrecht und das moderne profane Naturrecht. In:
Verhandlungen des 1. Deutschen Soziologentages vom 19.-22. 10. 1910 in Frankfurt, 1911, Serie 1, Bd. 1, S. 192-196
Tübingen (Mohr) 1911
Diskussionsbeitrag
Thema: B, S, H
Publikation: Bw
Umfang: 13700 Anschläge
NACHWEISE:
Nachweis in Hamburg: H76 (Ic8)
Sonstiger Nachweis:

0454
*Datensatznummer: 340*
Deutscher Adel im 18. Jahrhundert. In:
Die neue Rundschau. Freie Bühne für modernes Leben, 1911, 22. Jg., Heft 2, S. 145-163
Berlin (Fischer) 1911
Thema: B
Publikation: B
Umfang: 56200 Anschläge
NACHWEISE:
SHL: (xt 81)
Nachweis in Hamburg: 18 (x1376)
Sonstiger Nachweis: 1a; 188; B701; 8; 46

0455
*Datensatznummer: 341*
Die Akademie der Zukunft. In:
Die neue Rundschau. Freie Bühne für modernes Leben, 1911, 22. Jg., S. 437-438
Berlin (Fischer) 1911
Thema: B, M, Hochschulpolitik
Publikation: B
Umfang: 3800 Anschläge
NACHWEISE:
Nachweis in Hamburg: 18 (x1376)
Sonstiger Nachweis: 1a; 188; B701; 8; 46

## 1912

0474
*Datensatznummer: 342*
Goldscheid, Rudolf: Höherentwicklung und Menschenökonomie, Leipzig 1911. In:
Deutsche Literaturzeitung für Kritik der Internationalen Wissenschaft (Hinneberg, P. [Hg.]) 1912, 33. Jg., S. 1595-1598
Berlin (Weidmannsche Buchhandlung) 1912
Rezension
Thema: A, B
Publikation: Bw
Umfang: 8600 Anschläge (Umfangsbestimmung nach ***, S. 454 ff.)
NACHWEISE:
SHL: (xt 208: Nr 15)
Nachweis in Hamburg: 18 (y434); H76
Sonstiger Nachweis: 1a; 188; 8; 46; 206; B212
Erneut in Soziologische Studien und Kritiken: ***, S. 454-457

x0472
*Datensatznummer: 343*
*Eine Anmerkung über Rousseau. In:*
*Deutsches Leben, 1912, 9. Jg., S. 194*
*Leipzig 1912*
*(Hinweis von E. Brenke, jedoch noch nicht ermittelt; vgl. 0225/149)*
NACHWEISE: *Zeitschrift in der ehemaligen Bundesrepublik Deutschland nicht nachgewiesen*

0480
*Datensatznummer: 344**
Populäre "Statistik". In:
Deutsches Statistisches Zentralblatt (Würzburger, E. u.a. [Hg.]) 1912, 4. Jg., Sp. 155-156
Leipzig/Berlin (Teubner) 1912
(Rezension: Georg Wolff, Die Statistik der wichtigsten Todesursachen, in: Die Hilfe, 1912)
Rezension
Thema: A, B
Publikation: Bw
Umfang: 4400 Anschläge
NACHWEISE:
SHL: Kopie
Nachweis in Hamburg: H261 (14KbD1); 205
Sonstiger Nachweis: 206; B720

x0466
*Datensatznummer: 345*
*Les influences sociales dans l'evolution moderne du droit. In:*
*Documents du Progrès. Revue International (Broda, R. [Direct.]) 1912, S. 1089-1094*
*Paris 1912*
*franz.*
*(Hinweis von E. Brenke, jedoch noch nicht ermittelt)*
NACHWEISE: *Zeitschrift in der ehemaligen Bundesrepublik Deutschland nicht nachgewiesen*

0470
*Datensatznummer: 346**
Klassenjustiz. In:
Ethische Kultur. Halbmonatsschrift für sozialethische Reformen (Gizycki, G. v. [Begründer]) 1912, 20. Jg., 1. 1. 1912, S. 6
Berlin (Bieber) 1912
(Brief an die Redaktion, den F. Tönnies mit einem Zeitungsausschnitt übersandte)
Brief
Thema: I, H, Strafrecht, Polizei

Publikation: B
Umfang: 1000 Anschläge
NACHWEISE:
SHL: Kopie
Sonstiger Nachweis: 1a (8u4Np17400)

<u>*0471*</u>
*Datensatznummer: 347**
Nachreden des Rassenkongresses. In:
Ethische Kultur. Halbmonatsschrift für sozial-ethische Reformen (Gizycki, G. v. [Begründer]) 1912, 20. Jg., 15. 6. 1912, S. 89-90
Berlin (Bieber) 1912
(Siehe auch: ebd., 1911, S. 65 f.)
Thema: M
Publikation: B
Umfang: 9200 Anschläge
NACHWEISE:
SHL: Kopie
Sonstiger Nachweis: 1a (8u4Np17400); 17

<u>*0479*</u>
*Datensatznummer: 348**
Die Zukunft der sozialen Frage. In:
Das Freie Wort. Frankfurter Halbmonatschrift für Fortschritt auf allen Gebieten des geistigen Lebens (Saenger, C. [Begründer]), 1912, 12. Jg., 1. Dezemberheft, S. 634-636
Frankfurt (Neuer Frankfurter Verlag) 1912
(Vgl.: Die Entwicklung der sozialen Frage [0375/237]. Diese Pulikation hier ist der 2. Aufl. angefügt)
Thema: L, B
Publikation: B
Umfang: 5100 Anschläge
NACHWEISE:
SHL: Kopie
Sonstiger Nachweis: 46 (Fc0556); 1a (Ac7623); 30; 61

<u>*0467*</u>
*Datensatznummer: 349*
Bürgerliche und politische Freiheit. In:
Handbuch der Politik (Laband, P. u.a. [Hg.]) 1912, S. 240-246
Berlin/Leipzig (Rothschild) 1912
(Lexikalischer Artikel; 2. Aufl. 1914, S. 240-246; 3. Aufl., 1920: S. 172-179)
Thema: B, F
Publikation: M
Umfang: 30500 Anschläge
NACHWEISE:
SHL: (xt 169: Nr 3)
Nachweis in Hamburg: H76 (A010/0001a)
Sonstiger Nachweis:

<u>*0468*</u>
*Datensatznummer: 350*
Rousseau und wir. In:
Die Hilfe. Wochenschrift für Politik, Literatur und Kunst (Naumann, F. [Begründer]) 1912, 18. Jg. vom 27. 6. 1912, S. 409-411
Berlin (Fortschritt) 1912
Thema: M, F, Voltaire, Kultur
Publikation: B
Umfang: 14900 Anschläge
NACHWEISE:
Nachweis in Hamburg: 18 (y1746)
Sonstiger Nachweis:

<u>*0469*</u>
*Datensatznummer: 351*
Sollen die Juden zum Christentum übertreten? In:
Judentaufen (Sombart, W. u.a. [Hg.]) 1912, S. 124-126
München (Georg Müller) 1912
(Antwort auf eine von A. Landsberger veranstaltete Umfrage)
Thema: E, B, M, Judentum
Publikation: B
Umfang: 3400 Anschläge
NACHWEISE:
SHL: (Cb 54. 39:13)
Nachweis in Hamburg: 18 (A223170)
Sonstiger Nachweis:

<u>*0473*</u>
*Datensatznummer: 352*
Soziologie und Universitätsstudien. In:
Das Neue Leben. Blätter für Bildung und Kultur (Picht, C. + Hahne, F. [Hg.]) 1912, Jg. 1, Heft 1/2, 15. Oktober, S. 14-27
Köln (Oster + Joisten) 1912
(Vgl.: 0142/96)
Thema: B, M
Publikation: B
Umfang: 30900 Anschläge
NACHWEISE:
SHL: (xt 91: Nr 4)
Sonstiger Nachweis: 1a
Erneut in Soziologische Studien und Kritiken: **, S. 172-182

0478
*Datensatznummer: 353**
Die neuesten Angriffe gegen den Verein für Sozialpolitik. Brief an Gustav Schmolller. In:
Schmollers Jahrbuch für Gesetzgebung, Verwaltung und Volkswirtschaft (Schmoller, G. [Hg.]) 1912, 36. Jg., Heft 1, S. 6-9
München/Leipzig (Duncker & Humblot) 1912
(Betr.: Voraussetzungslosigkeit in der Wissenschaft)
Thema: B, F, Wertfreiheit
Publikation: Bw
Umfang: 9300 Anschläge
NACHWEISE:
SHL: (xt 100: Nr 1)
Nachweis in Hamburg: 18 (x1161); H3
Sonstiger Nachweis: 46; 206

0477
*Datensatznummer: 354*
Ellis, H.: Geschlecht und Gesellschaft. Grundzüge der Soziologie des Geschlechtslebens, 1. Teil, Würzburg 1910. In:
Schmollers Jahrbuch für Gesetzgebung, Verwaltung und Volkswirtschaft (Schmoller, G. [Hg.]) 1912, 36. Jg., S. 386-392
München/Leipzig (Duncker & Humblot) 1912
Rezension
Thema: A, B
Publikation: Bw
Umfang: 16400 Anschläge
NACHWEISE:
Nachweis in Hamburg: 18 (x1161); H3
Sonstiger Nachweis: 46; 206

0475
*Datensatznummer: 355*
Der Rückgang der Geburten im Deutschen Reiche. In:
Soziale Praxis (ab Jg. 19: und Archiv für Volkswohlfahrt) (Francke, E. + Zimmermann, W. [Hg.]) 1912, 22. Jg., 24. 10. 1912, S. 100-102
Jena (Fischer) 1912
Thema: B, empirische Studie
Publikation: B
Umfang: 12500 Anschläge
NACHWEISE:
Nachweis in Hamburg: 18 (y1486)
Sonstiger Nachweis: 1a; B232; 206

0476
*Datensatznummer: 356*
Deutscher Adel im neunzehnten Jahrhundert. In:
Die neue Rundschau. Freie Bühne für modernes Leben, 1912, 23. Jg., Heft 8, S. 1041-1063
Berlin (Fischer) 1912
Thema: B
Publikation: B
Umfang: 63800 Anschläge
NACHWEISE:
SHL: (xt 82)
Nachweis in Hamburg: 18 (x1376)
Sonstiger Nachweis: 1a; 188; B701; 8; 46

## 1913

0482
*Datensatznummer: 357**
Gruhle, Hans W.: Die Ursachen der jugendlichen Verwahrlosung und Kriminalität, Berlin 1912, 454 Seiten.
Annalen für soziale Politik und Gesetzgebung (Braun, H. [Hg.]) 1913, Bd. 2, Heft 5/6, S. 690-694
Berlin (Springer) 1913
Rezension
Thema: A, D
Publikation: Bw
Umfang: 13900 Anschläge
NACHWEISE:
SHL: (xt 194: Nr 11)
Nachweis in Hamburg: 18 (A/237077)
Sonstiger Nachweis:

0498
*Datensatznummer: 358*
Der statistische Hochschulunterricht. In:
Deutsches Statistisches Zentralblatt (Würzburger, E. u.a. [Hg.]) 1913, 5. Jg., Beilage, Sp. 13
Leipzig/Berlin (Teubner) 1913
(Niederschrift der Verhandlung der Deutschen Statistischen Gesellschaft)
Diskussionsbeitrag
Thema: B, S
Publikation: Bw
NACHWEISE:
Nachweis in Hamburg: 205
Sonstiger Nachweis: 206; B720

0499
*Datensatznummer: 359*
Der Rückgang der Geburten und Sterbefälle. In:

Deutsches Statistisches Zentralblatt (Würzburger, E. u.a. [Hg.]) 1913, 5. Jg., Beilage, Sp. 21
Leipzig/Berlin (Teubner) 1913
(Niederschrift der Verhandlung der Deutschen Statistischen Gesellschaft)
Diskussionsbeitrag
Thema: B
Publikation: Bw
NACHWEISE:
Nachweis in Hamburg: 205
Sonstiger Nachweis: 206; B720

0495
*Datensatznummer: 360*
Harald Höffding. Zum 11. März
Das Freie Wort. Frankfurter Halbmonatschrift für Fortschritt auf allen Gebieten des geistigen Lebens (Saenger, C. [Begründer]) 1913, 12. Jg., Nr. 24, 2. Märzheft, S. 901-907
Frankfurt (Neuer Frankfurter Verlag) 1913
(Dänisch: 0490/369)
Thema: R
Publikation: B
Umfang: 17600 Anschläge
NACHWEISE:
SHL: (xt 181: Nr 4)
Sonstiger Nachweis: 1a (Ac7623); 30; 61

0496
*Datensatznummer: 361*
*NORMANNUS*
Ohne Titel. In:
Das Freie Wort. Frankfurter Halbmonatschrift für Fortschritt auf allen Gebieten des geistigen Lebens (Saenger, C. [Hg.]) 1913, 13. Jg., Nr. 11, 1. Septemberheft, S. 398-403
Frankfurt (Neuer Frankfurter Verlag) 1913
(Unter dem Pseudonym 'Normannus' veröffentlicht; Nachruf auf August Bebel)
Thema: R
Publikation: B
Umfang: 17700 Anschläge
NACHWEISE:
SHL: (xt 181: Nr 5; Cb 54)
Sonstiger Nachweis: 1a (Ac7623); 30; 61

0497
*Datensatznummer: 362**
Professor Friedrich Reuter. Zu seinem 70. Geburtstage. In:
Kieler Zeitung vom 4. 10. 1913, Sonnabend, Nr. 466, 2. Blatt, Morgen-Ausgabe
Kiel 1913
Würdigung
Thema: R
Publikation: A
Umfang: 5400 Anschläge
NACHWEISE:
SHL: (Film104 + Kopie)
Sonstiger Nachweis: 8

0487
*Datensatznummer: 363*
Geld und Genossenschaft. In:
Konsumgenossenschaftliche Rundschau, 1913, 10. Jg., Nr 24, 14. 6., S. 448-450
Hamburg 1913
(Siehe auch Zusatzbemerkung zu diesem Artikel: 0651/523)
Thema: L, N
Publikation: B
Umfang: 19500 Anschläge
NACHWEISE:
SHL: (xt 120: Nr 1)
Nachweis in Hamburg: H3
Sonstiger Nachweis: 1a; 21; 25; 206

0486
*Datensatznummer: 364*
Nemesis. In:
März. Eine Wochenschrift (Langen, A. + Thoma, L. [Begründer]) 1913, 7. Jg., 1. Bd. vom 18. 1. 1913, S. 94-97
München (März-Verlag) 1913
Thema: I, M
Publikation: B
Umfang: 7100 Anschläge
NACHWEISE:
SHL: (xt 169: Nr 2)
Nachweis in Hamburg: 18 (B15650)
Sonstiger Nachweis:

0483
*Datensatznummer: 365*
Atheismus im Wandel der Zeiten. In:
Das Monistische Jahrhundert. Zeitschrift für wissenschaftliche Weltanschauung und Weltgestaltung (Ostwald, W. [Hg.]) 1913, 2. Jg., Heft 14, S. 361-365
München (Unesma) 1913
Thema: E, B
Publikation: B
Umfang: 9700 Anschläge
NACHWEISE:

SHL: (xt 74: Nr 2)
Sonstiger Nachweis: 1a; 17; 30; 6; 38; 61

*x0489*
*Datensatznummer: 366*
*Harald Höffding. In:*
*Ny Tid vom 10. 3. 1913*
*Ort unbekannt 1913*
*(Hinweis von E. Brenke, jedoch noch nicht ermittelt; vgl.:0490/369; 0495/360)*
*dän.*
NACHWEISE: *Zeitschrift in der ehemaligen Bundesrepublik Deutschland nicht nachgewiesen*

*0488*
*Datensatznummer: 367*
Geläuterter Sozialismus. in:
Der Staatsbürger. Halbmonatsschrift für politische Bildung (Dorn, H. u.a. [Hg.]) 1913, 4. Jg., Heft 19, 1. Oktoberheft, S. 855-860
Suttgart/Leipzig/Berlin (Moritz) 1913
(Auszug aus: 0375/237, 2. Auflage)
Thema: L, B
Publikation: B
Umfang: 4000 Anschläge
NACHWEISE:
SHL: (xt 169: Nr 4)
Sonstiger Nachweis: 206 (x3221); 38; 61; 281; 31

*0484*
*Datensatznummer: 368*
Forberger, Johs.: Moralstatistik und Konfession, Berlin 1911 + ders., Moralstatistik des Königreichs Sachsen, Berlin 1912. In:
Theologische Literaturzeitung (Schürer, E. + Harnack, A. [Begründer]) 1913, 38. Jg., S. 274-276
Leipzig (Hinrichs'sche Buchhandlung) 1913
Rezension
Thema: A, B, Statistik
Publikation: Bw
Umfang: 8100 Anschläge
NACHWEISE:
SHL: (xt 209: Nr 9)
Nachweis in Hamburg: 18 (y740)
Sonstiger Nachweis: 1a; 188; B232; 8; 46

*0490*
*Datensatznummer: 369**
Harald Höffding. 11. Marts 1913. In:
Tilskueren. Maanedsskrift for Literatur, 1913, S. 233-239
Kopenhagen 1913
(Eventuell ebenfalls: Ny Tid vom 10. 3. 1913, 0489/366)
dän.
Thema: R
Publikation: B
Umfang: 16200 Anschläge
NACHWEISE:
SHL: (xt 177: Nr 5)
Sonstiger Nachweis: 8 (x121-1913); 1a

*0492*
*Datensatznummer: 370*
Diskussionsbeitrag zum Referat von Ferdinand Schmid: Das Recht der Nationalitäten. In:
Verhandlungen des 2. Deutschen Soziologentages vom 20.-22. 10 1912 in Berlin, 1913, 1. Serie, Bd. 2, S. 73
Tübingen (Mohr) 1913
Diskussionsbeitrag
Thema: B, S
Publikation: Bw
Umfang: 800 Anschläge
NACHWEISE:
Nachweis in Hamburg: H76 (Ic8)
Sonstiger Nachweis:

*0491*
*Datensatznummer: 371*
Diskussionsbeitrag zum Referat von Paul Barth: Die Nationalität in ihrer soziologischen Bedeutung. In:
Verhandlungen des 2. Deutschen Soziologentages vom 20.-22. 1912 in Berlin, 1913, 1. Serie, Bd. 2, S. 49
Tübingen (Mohr) 1913
Diskussionsbeitrag
Thema: B, S
Publikation: Bw
Umfang: 2200 Anschläge
NACHWEISE:
Nachweis in Hamburg: H76 (Ic8)
Sonstiger Nachweis:

*0493*
*Datensatznummer: 372*
Diskussionsbeitrag zum Begriff der Nation. In:
Verhandlungen des 2. Deutschen Soziologentages vom 20.-22. 1912 in Berlin, 1913, 1. Serie, Bd. 2, S. 187
Tübingen (Mohr) 1913
Diskussionsbeitrag
Thema: B, S

Publikation: Bw
Umfang: 900 Anschläge
NACHWEISE:
Nachweis in Hamburg: H76 (Ic8)
Sonstiger Nachweis:

*0494*
*Datensatznummer: 373*
Individuum und Welt in der Neuzeit. In:
Weltwirtschaftliches Archiv (Harms, B. [Hg.]) 1913, Bd. 3, S. 37-66
Jena (Fischer) 1913
(Vortrag gehalten am 12. 10. 1912 an der Universität Kiel)
Thema: B
Publikation: Bw
Umfang: 86300 Anschläge
NACHWEISE:
SHL: (xt 116: Nr 1)
Nachweis in Hamburg: 18 (x2649); H3
Sonstiger Nachweis: 8; 46; 206

## 1914

*0508*
*Datensatznummer: 374**
Die Soziologie und ihre Aussichten in Europa. In:
Akademische Rundschau. Zeitschrift für das gesamte Hochschulwesen und die akademischen Berufsstände (Braun, W. + Schulze, F. [Hg.]) 1914, 2. Jg., Heft 8, Mai, S. 418-431
Leipzig (Koehler) 1914
(In Verbindung mit Dr. Carl Maedge verfaßt)
Thema: B
Publikation: Bw
Umfang: 35100 Anschläge
NACHWEISE:
SHL: (Cb 54. 39:30 <frag.> + Kopie
Nachweis in Hamburg: 18 (x5215)
Sonstiger Nachweis:
Erneut in Soziologische Studien und Kritiken: **, S. 209-222

*0501*
*Datensatznummer: 375*
Rechtsstaat und Wohlfahrtsstaat. In:
Archiv für Rechts- und Wirtschaftsphilosophie (Kohler, J. + Berolzheimer, F. [Hg.]) 1914, Bd. 8, S. 65-70
Berlin/Leipzig (Rothschild) 1914
(Referat, 3. Kongreß der Internationalen Vereinigung für Rechts- und Wirtschaftsphilosophie)
Thema: H, L
Publikation: Bw
Umfang: 14200 Anschläge
NACHWEISE:
SHL: (xt 107: Nr 1)
Nachweis in Hamburg: H76 (J53)
Sonstiger Nachweis:

*0502*
*Datensatznummer: 376**
Klein, Franz: Das Organisationswesen der Gegenwart, Berlin 1913. In:
Archiv für Sozialwissenschaft und Sozialpolitik, 1914, Bd. 38, S. 878-882
Tübingen (Mohr) 1914
Rezension
Thema: A, B
Publikation: Bw
Umfang: 12300 Anschläge
NACHWEISE:
SHL: (xt 194: Nr 8)
Nachweis in Hamburg: 18 (x479); H76 (Ic7)
Sonstiger Nachweis:
Erneut in Soziologische Studien und Kritiken: ***, S. 353-358

*0503*
*Datensatznummer: 377*
Die Gesetzmäßigkeit in der Bewegung der Bevölkerung. In:
Archiv für Sozialwissenschaft und Sozialpolitik, 1914, Bd. 39, Hefte 1 + 3, S. 150-173 + S. 767-794
Tübingen (Mohr) 1914
Thema: B, Z
Publikation: Bw
Umfang: 128700 Anschläge
NACHWEISE:
SHL: (xt 135: Nr 1.2)
Nachweis in Hamburg: 18 (x479)
Sonstiger Nachweis:

*0500*
*Datensatznummer: 378*
Der Friede. In:
Deutsche Arbeit. Zeitschrift für das geistige Leben der Deutschen in Böhmen, 1914, 14. Jg., Heft 2, November, S. 93-97
Prag/Leipzig 1914
(vgl. auch 0526/403)

Thema: I, K, O
Publikation: B
Umfang: 13200 Anschläge
NACHWEISE:
SHL: (xt 171: Nr 1)
Nachweis in Hamburg: H3
Sonstiger Nachweis:

*0505*
*Datensatznummer: 379*
Simkhovitch, Vladimir G.: Marxismus gegen Sozialismus, Jena 1913. In:
Deutsche Literaturzeitung für Kritik der Internationalen Wissenschaft (Hinneberg, P. [Hg.]) 1914, 35. Jg., 8. August, S. 2032-2033
Berlin (Weidmannsche Buchhandlung) 1914
Rezension
Thema: A, B
Publikation: Bw
Umfang: 5100 Anschläge
NACHWEISE:
SHL: (xt 208: Nr 16)
Nachweis in Hamburg: 18 (y434)
Sonstiger Nachweis: 1a; 188; 8; 46; 206; B212
Erneut in Soziologische Studien und Kritiken: ***, S.461-463

*0517*
*Datensatznummer: 380**
Eindrücke von Dänemark. In:
Frankfurter Zeitung vom 24. 10. 1914, 2. Morgenblatt, Nr. 295, S. 1
Frankfurt 1914
Thema: I, K
Publikation: A
Umfang: 11800 Anschläge
NACHWEISE:
SHL: Kopie
Sonstiger Nachweis: 188/211; 17; 30

*0516*
*Datensatznummer: 381*
Eine Freidenker-Hochschule. In:
Das Freie Wort. Frankfurter Halbmonatschrift für Fortschritt auf allen Gebieten des geistigen Lebens (Saenger, C. [Hg.]) 1914, 14. Jg., Nr. 17/18, 1. u. 2. Dezemberheft, S. 451-455
Frankfurt (Neuer Frankfurter Verlag) 1914
(Vor Kriegsbeginn geschrieben)
Thema: M, E, L
Publikation: B
Umfang: 11800 Anschläge
NACHWEISE:
SHL: (xt 181: Nr 6)
Sonstiger Nachweis: 1a (Ac7623); 30; 61

*0504*
*Datensatznummer: 382**
Soziologie und Geschichte. In:
Geisteswissenschaften. Wochenschrift (Buek, O. + Herre, P. [Hg.]) 1913/14, 1. Jg., Heft 3, 15. Oktober, S. 57-62
Leipzig (Veit) 1914
Thema: B
Publikation: B
Umfang: 26900 Anschläge
NACHWEISE:
SHL: (Cb 54. 39:22)
Nachweis in Hamburg: H76
Sonstiger Nachweis: 1a; 206; 7
Erneut in Soziologische Studien und Kritiken: **, S. 190-199

*0509*
*Datensatznummer: 383*
Davis, Richard M.: Psychological Interpretations of Society, New York 1909. In:
Schmollers Jahrbuch für Gesetzgebung, Verwaltung und Volkswirtschaft (Schmoller, G. [Hg.]) 1914, 38. Jg., S. 968-971
München/Leipzig (Duncker & Humblot) 1914
Rezension
Thema: A, B
Publikation: Bw
Umfang: 8800 Anschläge
NACHWEISE:
SHL: (xt 197: Nr 1)
Nachweis in Hamburg: 18 (x1161); H3
Sonstiger Nachweis: 46; 206

*0510*
*Datensatznummer: 384*
Der Staatsmann und das Leben. In:
Der Staatsbürger. Halbmonatsschrift für politische Bildung (Gerlach, K. A. + Dorn, H. [Hg.]) 1914, 5. Jg., Heft 1, Januar, S. 3-17
Suttgart/Leipzig/Berlin (Moritz) 1914
Thema: I, F
Publikation: B
Umfang: 40900 Anschläge
NACHWEISE:
SHL: (xt 170: Nr 1)
Sonstiger Nachweis: 206 (x3221); 38; 61; 281; 31

0511
*Datensatznummer: 385*
Mann und Weib. In:
Der Staatsbürger. Halbmonatsschrift für politische Bildung (Gerlach, K. A. + Dorn, H. [Hg.]) 1914, 5. Jg., Heft 3, März, S. 120-125
Suttgart/Leipzig/Berlin (Moritz) 1914
(Auszug aus: 'Gemeinschaft und Gesellschaft' [0013]?)
Thema: B
Publikation: B
Umfang: 10800 Anschläge
NACHWEISE:
SHL: (xt 94: Nr 6)
Sonstiger Nachweis: 206 (x3221); 38; 61; 281; 31

0512
*Datensatznummer: 386*
Der Staatsmann und die Ethik. In:
Der Staatsbürger. Halbmonatsschrift für politische Bildung (Gerlach, K. A. + Dorn, H. [Hg.]) 1914, 5. Jg., Heft 5, Mai, S. 201-209
Suttgart/Leipzig/Berlin (Moritz) 1914
(Betr.: H. v. Treitschkes Vorlesungen über Politik)
Thema: L, M
Publikation: B
Umfang: 22600 Anschläge
NACHWEISE:
SHL: (xt 170: Nr 2)
Sonstiger Nachweis: 206 (x3221); 38; 61; 281; 31

0513
*Datensatznummer: 387*
Nationalgefühl. In:
Der Staatsbürger. Halbmonatsschrift für politische Bildung (Gerlach, K. A. + Dorn, H. [Hg.]) 1914, 5. Jg., Heft 7, Juli, S. 305-312
Suttgart/Leipzig/Berlin (Moritz) 1914
Thema: I
Publikation: B
Umfang: 20400 Anschläge
NACHWEISE:
SHL: (xt 170: Nr 3)
Sonstiger Nachweis: 206 (x3221); 38; 61; 281; 31; 206

0506
*Datensatznummer: 388*
Troeltsch, Ernst: Gesammelte Schriften, Bd. 1. Die Soziallehren der christlichen Kirchen und Gruppen, Tübingen 1912. In:
Theologische Literaturzeitung (Schürer, E. + Harnack, A. [Begründer]) 1914, 39. Jg., Nr. 1, 3. Januar, Sp. 8-12
Leipzig (Hinrichs'sche Buchhandlung) 1914
Rezension
Thema: A, B, E
Publikation: Bw
Umfang: 16800 Anschläge
NACHWEISE:
SHL: (xt 209: Nr 10)
Nachweis in Hamburg: 18 (y740)
Sonstiger Nachweis: 1a; 188; B232; 8; 46
Erneut in Soziologische Studien und Kritiken: ***. S. 432-438

0507
*Datensatznummer: 389*
Kürten, O.: Statistik des Selbstmordes im Königreich Sachsen, Leipzig 1913. In:
Theologische Literaturzeitung (Schürer, E. + Harnack, A. [Begründer]) 1914, 39. Jg., S. 509
Leipzig (Hinrichs'sche Buchhandlung) 1914
Rezension
Thema: A, B
Publikation: Bw Statistik, Suizid
Umfang: 1000 Anschläge
NACHWEISE:
SHL: (xt 209: Nr 11)
Nachweis in Hamburg: 18 (y740)
Sonstiger Nachweis: 1a; 188; B232; 8; 18; 46

0518
*Datensatznummer: 390**
Über die handelspolitischen Zusammenhänge mit Schweden. In:
Vossische Zeitung vom 13. 12. 1914, Sonntagsbeilage, S. 393-394
Berlin 1914
(Zusammenfassung eines Vortrages mit Cay v. Brockdorff; Teil eines Aufsatzes; Titel von der Redaktion, Teile eines Berichts von Dr. Paul Müller-Hehmer, Deutsch=schwedische Kultur= und Handelsbeziehungen)
Thema: L, M
Publikation: A
Umfang: 9600 Anschläge
NACHWEISE:
SHL: (Cb 54. 39:47 + Kopie)

Nachweis in Hamburg: 18 (y2158)
Sonstiger Nachweis: 188; 83/1045

0515
*Datensatznummer: 391*
Ellwood, Charles A.: Sociology in its Psychological Aspects, New York/London 1912. In: Weltwirtschaftliches Archiv (Harms, B. [Hg.]) 1914, Bd. 4, S. 447-450
Jena (Fischer) 1914
Rezension
Thema: A, B
Publikation: Bw
Umfang: 8800 Anschläge
NACHWEISE:
SHL: (xt 198)
Nachweis in Hamburg: 18 (x2649); H3
Sonstiger Nachweis: 8; 46; 206

## 1915

0542
*Datensatznummer: 392*
Englische Weltpolitik in englischer Beleuchtung
Berlin (Springer) 1915
(Auch Kopenhagen 1917?; Adolf Wagner gewidmet)
Monographie
Thema: O, I, K
Publikation: C
Umfang: 191500 Anschläge
NACHWEISE:
SHL: (xt 13)
Nachweis in Hamburg: 18 (A1949/1784)
Sonstiger Nachweis:

0543
*Datensatznummer: 393*
Deutschlands Platz an der Sonne. Ein Briefwechsel englischer Politiker aus dem Jahre 1915 (Herausgabe), 26 Seiten
Berlin (Springer) 1915
(Nur Vorw. + Hrsg. In Dän.: Tysklands Plads i Solen, Kopenhagen 1917)
Herausgabe
Thema: T, I, O
Publikation: C
Umfang: 4400 Anschläge (Umfangsbestimmung erfolgte nach der dänischen Ausgabe)
NACHWEISE:
SHL: (xt 151: Nr 1) + Kopie der dänischen Ausgabe
Sonstiger Nachweis:

0522
*Datensatznummer: 394*
Die Sozialpolitik nach dem Kriege. In: Die Arbeiterschaft im neuen Deutschland (Thimme, Fr. + Legien, C. [Hg.]) 1915, S. 147-158
Leipzig (Hirzel) 1915
(Auszug aus: 0527/402)
Thema: K, L, N
Publikation: B
Umfang: 32000 Anschläge
NACHWEISE:
SHL: (xt 108)
Nachweis in Hamburg: 18 (A1947/2331)
Sonstiger Nachweis:

0523
*Datensatznummer: 395**
Soziologie im System der Wissenschaften. In: Archiv für Rechts- und Wirtschaftsphilosophie (Kohler, J. + Berolzheimer, F. [Hg.]) 1915/16, Bd. 9, Heft 2, S. 1-8
Berlin/Leipzig (Rothschild) 1915
Thema: B
Publikation: Bw
Umfang: 21900 Anschläge
NACHWEISE:
SHL: (xt 91: Nr 3)
Nachweis in Hamburg: H76 (J53)
Sonstiger Nachweis:
Erneut in Soziologische Studien und Kritiken: **, S. 236-242

0521
*Datensatznummer: 396*
Aus einem Kriegsbriefwechsel. In: Deutsche Arbeit. Zeitschrift für das geistige Leben der Deutschen in Böhmen, 1915, 14. Jg., Heft 5, Februar, S. 290-295
Prag/Leipzig 1915
Thema: K, I
Publikation: B
Umfang: 15800 Anschläge
NACHWEISE:
SHL: (xt 171: Nr 2)
Sonstiger Nachweis:

*0519*
*Datensatznummer: 397*
Der letzte Sprung des alten Löwen. In:
Deutsche Arbeit. Zeitschrift für das geistige Leben der Deutschen in Böhmen, 1915, 14. Jg., Heft 6, März, S. 343-345
Prag/Leipzig 1915
(Siehe dazu: New Statesman, 12, 12, 1914; F. Tönnies ist Herausgeber)
Herausgabe
Thema: T, U
Publikation: B
Umfang: 800 Anschläge
NACHWEISE:
SHL: (xt 154: Nr 1)
Sonstiger Nachweis:

*0520*
*Datensatznummer: 398*
Jenkins, Hester D.: Die türkischen Ziele nach amerikanischer Ansicht. Übersetzt von H. Hennings, hrsg. von F. Tönnies. In:
Deutsche Arbeit. Zeitschrift für das geistige Leben der Deutschen in Böhmen, 1915, Jg. 14, Heft 12, September, S. 692-695
Prag/Leipzig 1915
(Herausgabe eines Artikels in: The Standard, New York, April 1915)
Herausgabe
Thema: T, I, K
Publikation: B
Umfang: 400 Anschläge
NACHWEISE:
SHL: (xt 171: Nr 3)
Sonstiger Nachweis: 1a, 188, 206, 35

*0528a*
*Datensatznummer: 399**
Menzel, Adolf: Naturrecht und Soziologie, Wien, 1914. In:
Deutsche Literaturzeitung für Kritik der Internationalen Wissenschaft (Hinneberg, P. [Hg.]) 1915, 36. Jg., Nr. 34, 21. August, Sp. 1761-1763
Berlin (Weidmannsche Buchhandlung) 1915
Rezension
Thema: A, B, H, Naturrecht
Publikation: Bw
Umfang: 9700 Anschläge
NACHWEISE:
SHL: Kopie
Nachweis in Hamburg: 18 (y434)
Sonstiger Nachweis:
Erneut in Soziologische Studien und Kritiken: ***, S. 450-451

*0529*
*Datensatznummer: 400*
Hake, Bruno (Hg.): Vor hundert Jahren. In:
Deutsche Rundschau (Rodenberg, J. [Hg.]) 1915, 42. Jg., Bd. 165, Heft 2, S. 297-308
Berlin (Paetel) 1915
Rezension
Thema: B, I, M, Napoleon
Publikation: Bw
Umfang: 36300 Anschläge
NACHWEISE:
SHL: (xt 173)
Nachweis in Hamburg: 18 (x2221)
Sonstiger Nachweis: 1a; 188/211; 46; 30; 5

*0525*
*Datensatznummer: 401**
Der Wiederbeginn geistiger Gemeinschaftsarbeit zwischen den Völkern. Ein Briefwechsel. In:
Ethische Kultur. Halbmonatsschrift für sozial-ethische Reformen (Gizycki, G. v. [Begründer]) 1915, 23. Jg., 15. 7. 1915, S. 105-106
Berlin (Bieber) 1915
(Ein Briefwechsel zwischen dem Stockholmer Svenska Dagblad [6. 5. 1915] und F. Tönnies [Mai 1915])
Thema: B, L, K
Publikation: B
Umfang: 9200 Anschläge
NACHWEISE:
SHL: Kopie
Sonstiger Nachweis: 16 (K3227); 1a (8u4Np17400)

*0527*
*Datensatznummer: 402**
Die Sozialpolitik nach dem Kriege. In:
Ethische Kultur. Halbmonatsschrift für sozial-ethische Reformen (Gizycki, G. v. [Begründer]) 1915, 23. Jg., 15. + 22. 10. 1915, S. 153-155 + S. 162-164
Berlin (Bieber) 1915
(Zuerst: 0522/394)
Thema: L, K
Publikation: B
Umfang: 34400 Anschläge
NACHWEISE:
SHL: Kopie
Sonstiger Nachweis: 16 (K3227); 1a (8u4Np17400)

*0526*
*Datensatznummer: 403**
Der Friede. In:
Ethische Kultur. Halbmonatsschrift für sozial-ethische Reformen (Gizycki, G. v. [Begründer]) 1915, 23. Jg., 15. 12. 1915, S. 25-27
Berlin (Bieber) 1915
(Zuerst: 0500/378)
Thema: I, K, O
Publikation: B
Umfang: 15900 Anschläge
NACHWEISE:
SHL: Kopie
Sonstiger Nachweis: 16 (K3227); 1a (8u4Np17400)

*0524*
*Datensatznummer: 404**
Das Recht auf Kolonialbestiz. Eine Diskussion englischer Kolonialpolitiker über die Zukunft der deutschen Kolonien. In:
Hamburgischer Correspondent vom 25. 12. 1915, 185. Jg., Nr. 657, Morgen-Ausgabe, 3. Beilage, S. 1
Hamburg 1915
(mit einem Brief von E. D. Morel an den New Statesman; F. Tönnies ist Übersetzer und Kommentator des Briefes)
Thema: A, O, I
Publikation: A
Umfang: 5700 Anschläge
NACHWEISE:
SHL: Kopie
Nachweis in Hamburg: 18 (D602)
Sonstiger Nachweis: 18

*0539*
*Datensatznummer: 405**
Adolf Wagner. Zum 80. Geburtstag (25. März 1915). In:
Kieler Zeitung vom 25. 3. 1915, Nr. 141, Morgenblatt, S. 2-3
Kiel 1915
(Vgl. auch Deutsche Rundschau, 1918, S. 107)
Würdigung
Thema: R
Publikation: A
Umfang: 9400 Anschläge
NACHWEISE:
SHL: (Film 104 + Kopie)
Sonstiger Nachweis: 8

*x0528*
*Datensatznummer: 406*
*Wetterzeichen in England. In:*
*Kulturkorrespondenz für deutsche Zeitungen des In- und Auslandes vom 17. 12. 1915*
*Ort unbekannt 1915*
*(Hinweis von E. Brenke, jedoch noch nicht ermittelt)*
NACHWEISE: *Zeitschrift in der ehemaligen Bundesrepublik Deutschland nicht nachgewiesen*

*0533*
*Datensatznummer: 407*
A German Defence of the Lusitania Crime. To the Editor of the New Statesman. In:
The New Statesman. A weekly Review of Politics and Literature vom 26. 6. 1915, vol. 5, Nr. 116, S. 269-271
London (The Statesman Pub.) 1915
(Offener Brief an die Eheleute Webb als Hrsg. des New Statesman; beachte dazu: 0540/410)
Thema: I
Publikation: A
Umfang: 17900 Anschläge
NACHWEISE:
Nachweis in Hamburg: 18
Sonstiger Nachweis: 1a (4Ad2620); 206

*0531*
*Datensatznummer: 408*
Hoffman, G. v., Die Rassenhygiene in den Vereinigten Staaten von Nordamerika, München 1913 + Fr. L. Gerngroß: Sterilisation und Kastration ..., München 1913. In
Schmollers Jahrbuch für Gesetzgebung, Verwaltung und Volkswirtschaft (Schmoller, G. [Hg.]) 1915, 39. Jg., S. 994 -1001
München/Leipzig (Duncker & Humblot) 1915
Rezension
Thema: A, B
Publikation: Bw
Umfang: 22100 Anschläge
NACHWEISE:
SHL: (xt 196: Nr 6 <2.Teil>)
Nachweis in Hamburg: 18 (x1161); H3
Sonstiger Nachweis: 46; 206

*0514*
*Datensatznummer: 409*
Gemeinschaft und Individuum. In:
Die Tat. Sozial-religiöse Monatsschrift für deutsche Kultur (Diederichs, E. + Hoffmann, K. [Hg.]) 1914/15, 6. Jg., S. 401-409

Jena (Diederichs) 1915
Thema: B
Publikation: B
Umfang: 24400 Anschläge
NACHWEISE:
SHL: Kopie
Nachweis in Hamburg: 18
Sonstiger Nachweis: 1a; 188/211; 206
Erneut in Soziologische Studien und Kritiken: **, S. 200-208

*0540*
*Datensatznummer: 410**
An die Eheleute Webb. Offener Brief an die Herausgeber des "New Statesman". In:
Vossische Zeitung vom 20. 6. 1915, 4. Beilage, S. 1-2
Berlin 1915
(Siehe auch 0533/407)
Thema: I, Lusitania, K
Publikation: A
Umfang: 16400 Anschläge
NACHWEISE:
SHL: Kopie
Sonstiger Nachweis: 188/211 (Film); 83/1045; 46

*0541*
*Datensatznummer: 411**
Englische Politik. Englische Politik in neutraler Beleuchtung. Emil Sidler-Brunner: Bern. Verlag von R. Franke. 1915. In:
Vossische Zeitung vom 13. 8. 1915, 3. Beilage, S. 1
Berlin 1915
Rezension
Thema: A, O, I, K
Publikation: A
Umfang: 3500 Anschläge
NACHWEISE:
SHL: Kopie
Sonstiger Nachweis: 188/211 (Film); 83/1045; 46

*0534*
*Datensatznummer: 412*
Sécrétan, Henri F.: La population et les moeurs, Lausanne/Paris 1913. In:
Weltwirtschaftliches Archiv (Harms, B. [Hg.]) 1915, Bd. 5, S. 415-417
Jena (Fischer) 1915
Rezension
Thema: A, B
Publikation: Bw
Umfang: 6900 Anschläge
NACHWEISE:
SHL: (xt 210: Nr 1<Korrekturex.>)
Nachweis in Hamburg: 18 (x2649); H3
Sonstiger Nachweis: 8; 46; 206

*0535*
*Datensatznummer: 413**
Stammler, Rudolf: Wirtschaft und Recht nach der materialistischen Geschichtsauffassung. Eine sozialphilosophische Untersuchung, 3. verb. Aufl., Leipzig 1914. In:
Weltwirtschaftliches Archiv (Harms, B. [Hg.]) 1915, 1, Bd. 5, S. 493-502
Jena (Fischer) 1915
(Vgl. auch 0161/119 und 0304/213)
Rezension
Thema: A, B, H
Publikation: Bw
Umfang: 19800 Anschläge
NACHWEISE:
Nachweis in Hamburg: 18 (x2649); H3
Sonstiger Nachweis: 8; 46; 206
Erneut in Soziologische Studien und Kritiken: ***, S. 438-448

*0536*
*Datensatznummer: 414**
Wie viele Einwohner hatte das Deutsche Reich am 1. Januar 1915, wie viele wird es am Ende des zweiten Kriegsjahres zählen?. In:
Weltwirtschaftliches Archiv (Harms, B. [Hg.]) 1915, 1, Bd. 5 (Chronik + Archivalien), S. 374-379
Jena (Fischer) 1915
Thema: B, I, K
Publikation: Bw
Umfang: 14100 Anschläge
NACHWEISE:
SHL: Kopie
Nachweis in Hamburg: 18 (x2629); H3
Sonstiger Nachweis: 8; 46; 206

*0537*
*Datensatznummer: 415*
Die historisch-geographischen Richtungen der Neuzeit. In:
Weltwirtschaftliches Archiv (Harms, B. [Hg.]) 1915, Bd. 6, Heft 2, S. 307-319
Jena (Fischer) 1915
Thema: B
Publikation: Bw

Umfang: 35200 Anschläge
NACHWEISE:
SHL: (xt 116; Nr 2)
Nachweis in Hamburg: 18 (x2649); H3
Sonstiger Nachweis: 8; 46; 206
Erneut in Soziologische Studien und Kritiken: **, S. 223-235

_0538_
*Datensatznummer: 416*
Publications of the American Sociological Society, vol. 8 (Problems of Social Assimilation), Chicago 1913. In:
Weltwirtschaftliches Archiv (Harms, B.[Hg.]) 1915, Bd. 6, S. 456-457
Jena (Fischer) 1915
(Über den 8. amerikanischen Soziologentag)
Thema: B
Publikation: Bw
Umfang: 6100 Anschläge
NACHWEISE:
SHL: (xt 210: Nr 2)
Nachweis in Hamburg: 18 (x2649)
Sonstiger Nachweis: 8; 46; 206; H3

_0530_
*Datensatznummer: 417*
Marokko und der Weltkrieg. In:
Die neue Rundschau. Freie Bühne für modernes Leben, 1915, 26. Jg., Heft 11, S. 1540-1546
Berlin (Fischer) 1915
(Rezension: E. D. Morel, Morocco in Diplomacy)
Rezension
Thema: K
Publikation: B
Umfang: 17800 Anschläge
NACHWEISE:
SHL: (xt 172)
Nachweis in Hamburg: 18 (x1376)
Sonstiger Nachweis: 1a; 188; B701; 8; 46

## 1916

_0573_
*Datensatznummer: 418*
Die niederländische Übersee-Trust-Gesellschaft (Nederlandsche Overzee trust Maatschappij)
Jena (Fischer) 1916
(Reisebericht vom Sommer 1916 in den Niederlanden)
Monographie
Thema: B, K, L, Holland
Publikation: C
Umfang: 86700 Anschläge
NACHWEISE:
SHL: (xt 123: Nr 2)
Sonstiger Nachweis:

_0544_
*Datensatznummer: 419*
Belgien und Deutschland vor dem Kriege. In:
Deutsche Arbeit. Zeitschrift für das geistige Leben der Deutschen in Böhmen, 1916, 15. Jg., Heft 4, Januar, S. 202-205
Prag/Leipzig 1916
(Rezension: Integer, Belgique et Allemagne, Brüssel 1913)
Rezension
Thema: K
Publikation: B
Umfang: 14300 Anschläge
NACHWEISE:
SHL: (xt 171: Nr 4)
Sonstiger Nachweis:

_x0547_
*Datensatznummer: 420*
*Unfreiwillige englische Geständnisse. In:*
*Deutsche England-Post, 1916*
*Ort unbekannt 1916*
*(Hinweis von E. Brenke, jedoch noch nicht ermittelt)*
NACHWEISE: *Zeitschrift in der ehemaligen Bundesrepublik Deutschland nicht nachgewiesen*

_x0546_
*Datensatznummer: 421*
*Zur Vorgeschichte des Weltkrieges. In:*
*Deutsche England-Post, 1916*
*Ort unbekannt 1916*
*(Hinweis von E. Brenke, jedoch noch nicht ermittelt)*
NACHWEISE: *Zeitschrift in der ehemaligen Bundesrepublik Deutschland nicht nachgewiesen*

_0552_
*Datensatznummer: 422*
Joel, Karl: Antibarbarus. Vorträge und Aufsätze, Jena 1914. In:
Deutsche Literaturzeitung für Kritik der Internationalen Wissenschaft (Hinneberg, P. [Hg.]) 1916, 37. Jg., 19. 2. 1916, S. 384-386

Berlin (Weidmannsche Buchhandlung) 1916
Rezension
Thema: A, I
Publikation: Bw
Umfang: 5500 Anschläge
NACHWEISE:
SHL: (xt 208: Nr 17)
Nachweis in Hamburg: 18 (y434)
Sonstiger Nachweis: 1a; 188; 8; 46; 206; B212

0553
*Datensatznummer: 423*
Wiese, Leopold v.: Gedanken über Menschlichkeit, München/Leipzig 1915. In:
Deutsche Literaturzeitung für Kritik der Internationalen Wissenschaft (Hinneberg, P. [Hg.]) 1916, 37. Jg. vom 18. 3. 1916, S. 620-621
Berlin (Weidmannsche Buchhandlung) 1916
Rezension
Thema: A, F, I
Publikation: Bw Nationalismus, Ethik
Umfang: 3800 Anschläge
NACHWEISE:
SHL: (xt 208: Nr 18)
Nachweis in Hamburg: 18 (y434)
Sonstiger Nachweis: 1a; 188; 8; 46; 206; B212

0556
*Datensatznummer: 424*
Die Ministerkrise in England. In:
Deutsche Politik. Wochenschrift für Welt- und Kulturpolitik (Jäckh, E. u.a. [Hg.]) 1916, 1. Jg., Heft 21, S. 936-941
Weimar (Kiepenheuer) 1916
Thema: O, I, Sir Henry Campbell
Publikation: B
Umfang: 11000 Anschläge
NACHWEISE:
SHL: (xt 152: Nr 2)
Nachweis in Hamburg: H76 (J64)
Sonstiger Nachweis:

0557
*Datensatznummer: 425*
"Soziopolitisches" in bezug auf England. In:
Deutsche Politik. Wochenschrift für Welt- und Kulturpolitik (Jäckh, e. u.a. [Hg.]) 1916, 1. Jg., Heft 30, S. 1265-1273
Weimar (Kiepenheuer) 1916
(Rezension: R. Kjellén, Die politischen Probleme des Weltkrieges, Leipzig 1914)
Rezension
Thema: I, L, O
Publikation: B
Umfang: 19200 Anschläge
NACHWEISE:
SHL: (xt 152: Nr 3)
Nachweis in Hamburg: H76 (J64)
Sonstiger Nachweis:

0558
*Datensatznummer: 426*
Ministerkrisis in England. In:
Deutsche Politik. Wochenschrift für Welt- und Kulturpolitik (Jäckh, E. u.a. [Hg.]) 1916, 1. Jg., Heft 52, S. 2222-2228
Weimar (Kiepenheuer) 1916
Thema: O, I
Publikation: B
Umfang: 8300 Anschläge
NACHWEISE:
SHL: (xt 152: Nr 4)
Nachweis in Hamburg: H76 (J64)
Sonstiger Nachweis:

0555
*Datensatznummer: 427*
Die Wehrpflicht in England. In:
Deutsche Politik. Wochenschrift für deutsche Welt- und Kulturpolitik (Jäckh, E. u.a. [Hg.]) 1916, 1. Jg., Heft 5, S. 198-207
Weimar (Kiepenheuer) 1916
Thema: I, K, O
Publikation: B
Umfang: 22600 Anschläge
NACHWEISE:
SHL: (xt 152: Nr 1)
Nachweis in Hamburg: H76 (J64)
Sonstiger Nachweis: 188; 18; 206; 4; 17

0549
*Datensatznummer: 428**
Frohmut und Ernst in der Kriegszeit. In:
Ethische Kultur. Halbmonatsschrift für sozial-ethische Reformen (Gizycki, G. v. [Begründer]) 1916, 24. Jg., 1. 6. 1916, S. 81-82
Berlin (Bieber) 1916
Thema: I, K
Publikation: B
Umfang: 12100 Anschläge
NACHWEISE:
SHL: Kopie
Sonstiger Nachweis: 16 (K3227); 1a (8u4Np17400)

0550
*Datensatznummer: 429**
Warum nicht? In:
Ethische Kultur. Halbmonatsschrift für sozial-ethische Reformen (Gizycki, G. v. [Begründer]) 1916, 24. Jg., 15. 10. 1916, S. 153-154
Berlin (Bieber) 1916
(Rechtfertigung Tönnies', warum er Friedensaufruf nicht unterschrieb)
Thema: I, K
Publikation: B
Umfang: 15900 Anschläge
NACHWEISE:
SHL: Kopie
Sonstiger Nachweis: 16 (K3227); 1a (8u4Np17400)

0576
*Datensatznummer: 430*
Der Schmelztiegel des Krieges. In:
Europäische Staats- und Wirtschaftszeitung (Frauendorfer, H. v. + Jaffé, E. [Hg.]) 1916, Nr. 20, 7. August, S. 1075-1078
München (Neue Deutsche Bücherei) 1916
(Siehe dazu: Neue Rundschau, Rezension: F. S. Oliver, Ordeal by Battle)
Thema: K
Publikation: B
Umfang: 36900 Anschläge
NACHWEISE:
SHL: (xt 154: Nr 2)
Nachweis in Hamburg: 205
Sonstiger Nachweis: 7; 17; 25

0559
*Datensatznummer: 431**
Justice in wartime. In:
The International Review, 1916, vol. 2, Nr. 4, 30. March, S. 173-186
Zürich (Füssli) 1916
(Dt. [0560/432]: Gerechtigkeit in Kriegszeiten, in: Internationale Rundschau, 1916, S. 177-190; auch Rezension: B. Russell)
engl.
Rezension
Thema: H, K, A
Publikation: B
Umfang: 26900 Anschläge
NACHWEISE:
SHL: (xt 174: Nr 2)
Sonstiger Nachweis: 29; 1a

0560
*Datensatznummer: 432*
Gerechtigkeit in Kriegszeiten. In:
Internationale Rundschau, 1916, 2. Jg., S. 177-190
Zürich (Füssli) 1916
(Auch Rezension: B.: 547 Russell, ebd., 1916, 4.+ 5. Heft; vgl. 0559/431)
Rezension
Thema: H, K, A, Russell, B.
Publikation: B
Umfang: 28100 Anschläge
NACHWEISE:
SHL: (xt 174: Nr 1)
Nachweis in Hamburg: 18 (A263651)
Sonstiger Nachweis: 206; 4; 26; 30; 38

x0551
*Datensatznummer: 433*
*Lehrpflicht, Wehrpflicht, Nährpflicht. In:*
*Kulturkorrespondenz, 1916*
*Ort unbekannt 1916*
*(Hinweis von E. Brenke, jedoch noch nicht ermittelt)*
NACHWEISE: *Zeitschrift in der ehemaligen Bundesrepublik Deutschland nicht nachgewiesen*

x0568
*Datensatznummer: 434**
*FROM A CORRESPONDENT*
*Changing Opinion in America. In:*
*The New Statesman. A weekly Review of Politics and Literature vom 19. 8. 1916, S. 463-465*
*London (The Statesman Pub.) 1916*
*(Hinweis von J. Zander; jedoch wahrscheinlich nicht von F. Tönnies)*
*fraglich*
*Publikation: B*
*Umfang: 5200 Anschläge*
NACHWEISE:
*SHL: Kopie*
*Nachweis in Hamburg: 18*
*Sonstiger Nachweis: 1a (4Ad2620); 206*

0545
*Datensatznummer: 435**
Deutschland und Polen. In:
Polnische Blätter. Zeitschrift für Politik, Kultur und soziales Leben, 1916, 20. April, Bd. 3, Heft 21, S. 81-87
Berlin (Verlag der Polnischen Blätter) 1916
Thema: I
Publikation: B

Umfang: 12200 Anschläge
NACHWEISE:
SHL: (xt 174: Nr 3)
Sonstiger Nachweis: 1a; 188; 4; 30; 38

0566
*Datensatznummer: 436*
Zur Theorie der öffentlichen Meinung. In:
Schmollers Jahrbuch für Gesetzgebung, Verwaltung und Volkswirtschaft (Schmoller, G. [Hg.]) 1916, 40. Jg., Heft 4, S. 393-422
München/Leipzig (Duncker & Humblot) 1916
(Rezension: W. Bauer, Die öffentliche Meinung ..., Tübingen 1914; ders., Der Krieg..., Tübingen 1915)
Rezension
Thema: A, B
Publikation: Bw
Umfang: 72600 Anschläge
NACHWEISE:
SHL: (xt 110: Nr 1)
Nachweis in Hamburg: 18 (x1161); H3
Sonstiger Nachweis: 46; 206

0554
*Datensatznummer: 437*
Michels, Robert: Probleme der Sozialphilosophie, Leipzig 1914. In:
Theologische Literaturzeitung (Schürer, E. + Harnack, A. [Begründer]) 1916, 41. Jg., S. 40-41
Leipzig (Hinrichs'sche Buchhandlung) 1916
Rezension
Thema: A, B
Publikation: Bw
Umfang: 3700 Anschläge
NACHWEISE:
SHL: (xt 209: Nr 12)
Nachweis in Hamburg: 18 (y740)
Sonstiger Nachweis: 1a; 188; B232; 8; 46

0569
*Datensatznummer: 438*
Bleicher, Heinrich: Statistik. 1. Allgemeines. Physikalische Bevölkerungsstatististik, Berlin/Leipzig 1915. In:
Weltwirtschaftliches Archiv (Harms, B. [Hg.]) 1916, Bd. 7, Heft 2, April, S. 419-421
Jena (Fischer) 1916
Rezension
Thema: A, B
Publikation: Bw
Umfang: 4500 Anschläge
NACHWEISE:
SHL: (xt 199)
Nachweis in Hamburg: 18 (x2649); H3
Sonstiger Nachweis: 8; 46; 206

0570
*Datensatznummer: 439*
Lamprecht, Karl: Deutscher Aufstieg 1750-1914, 8. Aufl., Gotha 1914. In:
Weltwirtschaftliches Archiv (Harms, B. [Hg.]) 1916, Bd. 8, Heft 1, S. 222-224
Jena (Fischer) 1916
Rezension
Thema: A, B
Publikation: Bw
Umfang: 6700 Anschläge
NACHWEISE:
SHL: (xt 200)
Nachweis in Hamburg: 18 (x2649); H3
Sonstiger Nachweis: 8; 46; 206

0571
*Datensatznummer: 440*
Gomperz, H. Philosophie des Krieges in Umrissen, Gotha 1915. In:
Weltwirtschaftliches Archiv (Harms, B. [Hg.]) 1916, Bd. 8, S. 506-508
Jena (Fischer) 1916
(Erneut rezensiert: 0627/495)
Rezension
Thema: A, B, K
Publikation: Bw
Umfang: 6400 Anschläge
NACHWEISE:
SHL: (xt 201)
Nachweis in Hamburg: 18 (x2649); H3
Sonstiger Nachweis: 8; 46; 206

0572
*Datensatznummer: 441*
Aristoteles: Politik. Neu übersetzt von Eugen Rolfes, Leipzig 1912. In:
Zeitschrift für Politik (Schmidt, R. + Grabowsky, A. [Hg.]) 1916, 9. Bd., Heft 3/4, S. 591-593
Berlin (Heymann) 1916
Rezension
Thema: A, F
Publikation: B
Umfang: 7000 Anschläge
NACHWEISE:
SHL: (xt 193: Nr 1)
Nachweis in Hamburg: H88, H40
Sonstiger Nachweis: 188; 206; 4; 7; 6

0561
*Datensatznummer: 442*
"Machtgedanken". In:
Die neue Rundschau. Freie Bühne für modernes Leben, 1916, 27. Jg., Heft 2, S. 261-265
Berlin (Fischer) 1916
Thema: A, B, K
Publikation: B
Umfang: 11500 Anschläge
NACHWEISE:
SHL: (xt 184)
Nachweis in Hamburg: 18 (x1376)
Sonstiger Nachweis: 1a; 188; B701; 8; 46

0562
*Datensatznummer: 443*
Naturrecht und Völkerrecht. In:
Die neue Rundschau. Freie Bühne für modernes Leben, 1916, 27. Jg., S. 577-587
Berlin (Fischer) 1916
Thema: K, I, O
Publikation: B
Umfang: 29500 Anschläge
NACHWEISE:
Nachweis in Hamburg: 18 (x1376)
Sonstiger Nachweis: 1a; 188; B701; 8; 46

0563
*Datensatznummer: 444*
*ANONYM*
Feindliche Friedensgesinnungen. In:
Die neue Rundschau. Freie Bühne für modernes Leben, 1916, 27. Jg., S. 715-717
Berlin (Fischer) 1916
(lt. E. Brenke anonym veröffentlicht)
Thema: K, I
Publikation: B
Umfang: 7600 Anschläge
NACHWEISE:
Nachweis in Hamburg: 18 (x1376)
Sonstiger Nachweis: 1a; 188; B701; 8; 46

0564
*Datensatznummer: 445*
Die Arbeiterschaft und der innere Frieden. In:
Die neue Rundschau. Freie Bühne für modernes Leben, 1916, 27. Jg., Heft 8, S. 1122-1128
Berlin (Fischer) 1916
(Rezension: F. Thimme + K. Legien, Die Arbeiterschaft im neuen Deutschland, 1915)
Rezension
Thema: A, L, Sozialismus
Publikation: B
Umfang: 16700 Anschläge
NACHWEISE:
SHL: (xt 185)
Nachweis in Hamburg: 18 (x1376)
Sonstiger Nachweis: 1a; 188; B701; 8; 46

0565
*Datensatznummer: 446*
Das Gottgericht? In:
Die neue Rundschau. Freie Bühne für modernes Leben, 1916, 27. Jg., S. 1294-1296
Berlin (Fischer) 1916
(Rezension: F. S. Olivier, Ordeal by Battle; siehe dazu 0576/430)
Rezension
Thema: A, I, O
Publikation: B
Umfang: 9200 Anschläge
NACHWEISE:
Nachweis in Hamburg: 18 (x1376)
Sonstiger Nachweis: 1a; 188; B701; 8; 46

## 1917

0629
*Datensatznummer: 447*
Der englische Staat und der deutsche Staat. Eine Studie
Berlin (Curtius) 1917
(O. und C. Vogt in Freundschaft zugeeignet)
Monographie
engl.
Thema: O, B, Staatswesen
Publikation: C
Umfang: 589400 Anschläge
NACHWEISE:
SHL: (xt 14)
Nachweis in Hamburg: H76; H5
Sonstiger Nachweis:

0630
*Datensatznummer: 448**
Theodor Storm. Zum 14. 9. 1917. Gedenkblätter
Berlin (Curtius) 1917
(vgl.: Ethische Kultur, 1898, S. 333-336; in: Nord und Süd)
(Der Schwester Elisabeth Tönnies gewidmet)
Aufsatzsammlung
Thema: R
Publikation: C
Umfang: 101184 Anschläge

NACHWEISE:
SHL: (BS143)
Sonstiger Nachweis:

0632
*Datensatznummer: 449*
Weltkrieg und Völkerrecht (Sammlung von Schriften zur Zeitgeschichte, Bd. 27)
Berlin (Fischer) 1917
(gewidmet: K. Marcard, A. Henningsen, J. Hansen, O. Rose, H. Wichmann, W. Geerdts)
Monographie
Thema: K, H, B, Naturrecht
Publikation: C
Umfang: 90900 Anschläge
NACHWEISE:
SHL: (xt 15)
Nachweis in Hamburg: H88
Sonstiger Nachweis:

0574
*Datensatznummer: 450**
Elsass-Lothringen. AErede hr. redakter! In:
Aftenposten vom 22. 7. 1917, 58. aarg, Nr. 363
Kristiania 1917
(Brief vom 2. 7. 1917, abgedruckt in norwegisch)
Thema: I, K
Publikation: A
Umfang: 6300 Anschläge
NACHWEISE:
SHL: Kopie
Sonstiger Nachweis: 206 (zuViii6)

0575
*Datensatznummer: 451*
Frei Finnland. 5 Briefe an einen schwedischen Politiker. In:
Aftonbladet, 1917, S. 1-24
Stockholm 1917
(Vgl. schwed. in: Statsvetenskapling Tidskrift, 1917: 0607/485)
Thema: K, I
Publikation: A
Umfang: 60000 Anschläge
NACHWEISE:
SHL: (xt 174: Nr 4)
Sonstiger Nachweis: Sonst nicht nachgewiesen in der ehemaligen Bundesrepublik Deutschland

0612
*Datensatznummer: 452**
Der Unterseeboot-Schriftwechsel mit den Vereinigten Staaten Nordamerikas. In:
Berliner Tageblatt vom 4. 2. 1917, Nr. 63, Sonntag, Morgen-Ausgabe, S. 1-2
Berlin 1917
Thema: I, K
Publikation: A
Umfang:17700 Anschläge
NACHWEISE:
SHL: Kopie
Sonstiger Nachweis: 68; B701; 206

x0595
*Datensatznummer: 453*
*Die geplante Wahlreform in England. In:*
*Bremer Nachrichten, 1917*
*Bremen (Schünemann) 1917*
*(Hinweis von E. Brenke, jedoch noch nicht ermittelt)*
*fraglich*
NACHWEISE:
*Sonstiger Nachweis: 46; 188/815*

x0576
*Datensatznummer: 454*
*Englische Enthüllungen. In:*
*Deutsche Auslandspost. Politik des Auslandes, Kultur und Weltwirtschaft, 1917*
*München 1917*
*(Hinweis von E. Brenke, jedoch noch nicht ermittelt)*
NACHWEISE: *Zeitschrift in der ehemaligen Bundesrepublik Deutschland nicht nachgewiesen*

x0578
*Datensatznummer: 455*
*Englische Sorgen. In:*
*Deutsche Auslandspost. Politik des Auslandes, Kultur und Weltwirtschaft, 1917*
*München 1917*
*(Hinweis von E. Brenke, jedoch noch nicht ermittelt)*
NACHWEISE: *Zeitschrift in der ehemaligen Bundesrepublik Deutschland nicht nachgewiesen*

x0577
*Datensatznummer: 456*
*Rückkehr zum Ackerbau. In:*
*Deutsche Auslandspost. Politik des Auslandes, Kultur und Weltwirtschaft, 1917*

*München 1917*
*(Hinweis von E. Brenke; jedoch noch nicht ermittelt)*
NACHWEISE: *Zeitschrift in der ehemaligen Bundesrepublik Deutschland nicht nachgewiesen*

*x0579*
*Datensatznummer: 457*
*Die Liga zum Raube des linken Rheinufers. In:*
*Deutsche England-Post, 1917*
*Ort unbekannt 1917*
*(Hinweis von J. Zander, jedoch nicht ermittelt)*
NACHWEISE: *Zeitschrift in der ehemaligen Bundesrepublik Deutschland nicht nachgewiesen*

*x0585*
*Datensatznummer: 458*
*Der Streit um alldeutsche Worte. In:*
*Deutsche Korrespondenz, 1917*
*Berlin 1917*
*(Hinweis von E. Brenke, jedoch nicht ermittelt; vgl.: 0590/481)*
NACHWEISE: *Zeitschrift in der ehemaligen Bundesrepublik Deutschland nicht nachgewiesen*

*x0584*
*Datensatznummer: 459*
*Poincares Streich. In:*
*Deutsche Korrespondenz, 1917, Nr. 6*
*Berlin 1917*
*(Hinweis von E. Brenke, jedoch nicht ermittelt)*
NACHWEISE: *Zeitschrift in der ehemaligen Bundesrepublik Deutschland nicht nachgewiesen*

*x0587*
*Datensatznummer: 460*
*Alte Mahnworte. In:*
*Deutsche Kriegsnachrichten vom 25. 4. 1917*
*Berlin 1917*
*(Hinweis von E. Brenke, jedoch nicht ermittelt)*
NACHWEISE: *Zeitschrift in der ehemaligen Bundesrepublik nicht nachgewiesen*

*x0586*
*Datensatznummer: 461*
*Ein holländisches Urteil über die wirtschaftliche Lage Europas. In:*
*Deutsche Kriegsnachrichten vom 7. 3. 1917*
*Berlin 1917*
*(Hinweis von E. Brenke, jedoch noch nicht nachgewiesen)*
NACHWEISE: *Zeitschrift in der ehemaligen Bundesrepublik nicht nachgewiesen*

*0588*
*Datensatznummer: 462*
Die Kunst des Durchhaltens. In:
Deutsche Kriegswochenschau (Kriegspresseamt [Hg.]) vom 10. 6. 1917
Berlin 1917
bisher keine Autopsie möglich
Thema:
Publikation: A
Umfang: ?
NACHWEISE:
Nachweis in Hamburg: H256[?]
Sonstiger Nachweis: 83; B232; 8; 4; 26; 16

*0594*
*Datensatznummer: 463*
Aall, Herman Harris: Interessen som normativ idé, Teil 1 und 2, Christiania 1913. In:
Deutsche Literaturzeitung für Kritik der Internationalen Wissenschaft (Hinneberg, P. [Hg.]) vom 6. 10. 1917, 38. Jg., S. 1252-1255
Berlin (Weidmannsche Buchhandlung) 1917
(Siehe auch 0768/628)
Rezension
Thema: A, B
Publikation: Bw
Umfang: 8200 Anschläge
NACHWEISE:
SHL: (xt 208: Nr 19)
Nachweis in Hamburg: 18 (y434)
Sonstiger Nachweis: 1a; 188; 8; 46; 206; B212

*0596*
*Datensatznummer: 464*
Die Lage des englischen Staates. In:
Deutsche Politik. Wochenschrift für Welt- und Kulturpolitik (Jäckh, E. u.a. [Hg.]) 1917, 2. Jg., Heft 3, 19. Januar, S. 88-93
Weimar/Berlin (Kiepenheuer) 1917
(Auszug aus F. Tönnies, Der englische und der deutsche Staat, Berlin, 0629/447?)
Thema: O, I
Publikation: B
Umfang: 20200 Anschläge
NACHWEISE:
SHL: (xt 152: Nr 5)
Nachweis in Hamburg: H76 (J64)
Sonstiger Nachweis:

0597
*Datensatznummer: 465*
Entwurf einer englischen Wahlreform. In:
Deutsche Politik. Wochenschrift für Welt- und Kulturpolitik (Jäckh, E. u.a. [Hg.]) 1917, 2. Jg., Heft 22, S. 689-694
Weimar (Kiepenheuer) 1917
Thema: O, I
Publikation: B
Umfang: 13600 Anschläge
NACHWEISE:
SHL: (xt 152: Nr 6)
Nachweis in Hamburg: H76 (J64)
Sonstiger Nachweis:

0622
*Datensatznummer: 466*
Gedanken zum 31. 10. 1917. In:
Deutscher Wille (früher: Der Kunstwart), 1917, 31. Jg., 2. Novemberheft, S. 113-115
München 1917
Thema: E, M, Reformation, Kirche
Publikation: B
Umfang: 8300 Anschläge
NACHWEISE:
SHL: (xt 73: Nr 1)
Sonstiger Nachweis: 1a (4u8Ac7510)

0582
*Datensatznummer: 467*
Die geplante Wahlreform in England. In:
Düsseldorfer General-Anzeiger vom 1. 6. 1917, Abendausgabe, Nr. 275, S. 1-2
Düsseldorf 1917
(Ebenfalls: 0595 lt. Else Brenke)
Thema: O, I
Publikation: A
Umfang: 7000 Anschläge
NACHWEISE:
SHL: (xt 178: Nr 1)
Sonstiger Nachweis:

0589
*Datensatznummer: 468**
Boz=Dickens. In:
Ethische Kultur. Halbmonatsschrift für sozial-ethische Reformen (Gizycki, G. v. [Begründer]) 1917, 25. Jg., 1. 1. 1917, S. 5-7
Berlin (Bieber) 1917
(Auch Rezension: W. Dibelius, Charles Dickens, Berlin/Leipzig 1916)
Rezension
Thema: A, K
Publikation: B
Umfang: 14100 Anschläge
NACHWEISE:
SHL: Kopie
Sonstiger Nachweis: 16 (K3227); 1a (8u4Np17400)

0610
*Datensatznummer: 469*
Gladstone's Speeches, London 1916. In:
Europäische Staats- und Wirtschaftszeitung (Frauendorfer, H. v. + Jaffé, E. [Hg.]) 1917, 2. Jg., Nr. 25, 23. Juni, S. 639
Berlin 1917
Rezension
Thema: A, I
Publikation: Bw
Umfang: 7900 Anschläge
NACHWEISE:
SHL: (xt154: Nr 2)
Nachweis in Hamburg: 205
Sonstiger Nachweis: 7; 17; 25

0611
*Datensatznummer: 470*
Der deutsche Staat in englischem Urteil. In:
Europäische Staats- und Wirtschaftszeitung (Frauendorfer, H. v. + Jaffé, E. [Hg.]) 1917, 2. Jg., Nr. 33, 18. August, S. 807-812
Berlin 1917
Thema: O, I
Publikation: Bw
Umfang: 34300 Anschläge
NACHWEISE:
SHL: (xt 154: Nr 4)
Nachweis in Hamburg: 205
Sonstiger Nachweis: 7; 17; 25

0593
*Datensatznummer: 471*
Anglo-Indische Nöte. In:
Fränkischer Kurier, 1917
Nürnberg 1917
(Siehe Nachlaß, Kiel xt 155:Nr 2 = Korrekturfahnen; Zählung nach Korrekturfahne)
Thema: O
Publikation: A
Umfang: 19700 Anschläge
NACHWEISE:
SHL: (xt 155: Nr 2)
Sonstiger Nachweis:

_0592_
*Datensatznummer: 472**
Rußlands Brandstiftung und Englands Schande. In:
Fränkischer Kurier vom 17. 9. 1917, Abendausgabe, 85. Jg., Nr. 475, Sp. 1-2
Nürnberg 1917
Thema: K, I, O
Publikation: A
Umfang: 6000 Anschläge
NACHWEISE:
SHL: (xt 178: Nr 3)
Sonstiger Nachweis: 75

_0583_
*Datensatznummer: 473*
England in französischer Schätzung
Die Hilfe. Wochenschrift für Politik, Literatur und Kunst (Naumann, F. [Begründer]) 1917, 23. Jg., 11. November, Nr. 44, S. 661
Berlin 1917
Thema: O, I
Publikation: B
Umfang: 6100 Anschläge
NACHWEISE:
SHL: (xt 154: Nr 6)
Sonstiger Nachweis:

_0631_
*Datensatznummer: 474*
Vorwort
In: Rothenfelder, Franz, New Yorker Kampf um Wahrheit und Frieden. Aus den Kriegserinnerungen eines Deutsch-Amerikaners, Augsburg 1917, S. I-III
Augsburg (Himmer) 1917
Vorwort
Thema: W, I, K, US-Päsident
Publikation: M
Umfang: 4500 Anschläge
NACHWEISE:
SHL: (xt 41)
Nachweis in Hamburg: 18 (Sa/515)
Sonstiger Nachweis:

_0598_
*Datensatznummer: 475*
Bewährung?. In:
Konsumgenossenschaftliche Rundschau, 1917, 14. Jg., Nr 17, 28. 4., S. 263-264
Hamburg 1917
Thema: N, Genossenschaft
Publikation: B
Umfang: 10800 Anschläge
NACHWEISE:
SHL: (xt 120: Nr 2)
Nachweis in Hamburg: H3
Sonstiger Nachweis: 1a; 21; 25; 8; 206

_0599_
*Datensatznummer: 476*
Der gegenwärtige Zustand der Konsumgenossenschaften in den nordischen Ländern. Die Entwicklung in Schweden. In:
Konsumgenossenschaftliche Rundschau, 1917, 14. Jg., Nr. 34, 25. 8., S. 481-485
Hamburg 1917
Thema: N
Publikation: B
Umfang: 37000 Anschläge
NACHWEISE:
SHL: (xt 120: Nr 3-7)
Nachweis in Hamburg: H3
Sonstiger Nachweis: 1a; 21; 25; 8; 206

_0600_
*Datensatznummer: 477*
Der gegenwärtige Zustand der Konsumgenossenschaften in den nordischen Ländern. Die Entwicklung in Norwegen. In:
Konsumgenossenschaftliche Rundschau, 1917, 14. Jg., Nr. 35, 1. 9., S. 500-502
Hamburg 1917
(Siehe dazu auch 0599 ff./476 ff.)
Thema: N
Publikation: B
Umfang: 19500 Anschläge
NACHWEISE:
SHL: (xt 120: Nr 3-7)
Nachweis in Hamburg: H3
Sonstiger Nachweis: 1a; 21; 25; 8; 206

_0601_
*Datensatznummer: 478*
Der gegenwärtige Zustand der Konsumgenossenschaften in den nordischen Ländern. Die Entwicklung in Dänemark. In:
Konsumgenossenschaftliche Rundschau, 1917, 14. Jg., Nr. 36, 8. 9., S. 513-515
(Siehe dazu auch 0599 ff./476 ff.)
Hamburg 1917
Thema: N
Publikation: B
Umfang: 17700 Anschläge
NACHWEISE:
SHL: (xt 120: Nr 3-7)

Nachweis in Hamburg: H3
Sonstiger Nachweis: 1a; 21; 25; 8; 206

0602
*Datensatznummer: 479*
Der gegenwärtige Zustand der Konsumgenossenschaften in den nordischen Ländern. Die Entwicklung in Finnland. In:
Konsumgenossenschaftliche Rundschau, 1917, 14. Jg., Nr. 37, 15. 9., S. 521-523
Hamburg 1917
(Siehe dazu auch 0599 ff./476 ff.)
Thema: N
Publikation: B
Umfang: 17700 Anschläge
NACHWEISE:
SHL: (xt 120: Nr 3-7)
Nachweis in Hamburg: H3
Sonstiger Nachweis: 1a; 21; 25; 8; 206

0603
*Datensatznummer: 480*
Der gegenwärtige Zustand der Konsumgenossenschaften in den nordischen Ländern. Die Entwicklung in Russland. In:
Konsumgenossenschaftliche Rundschau, 1917, 14. Jg., Nr. 38, 22. 9., S. 533
Hamburg 1917
(Siehe dazu auch 0599 ff./476 ff., vgl. auch 0682/548)
Thema: N
Publikation: B
Umfang: 10200 Anschläge
NACHWEISE:
SHL: (xt 120: Nr 3-7)
Nachweis in Hamburg: H3
Sonstiger Nachweis: 1a; 21; 25; 8; 206

x0590
*Datensatznummer: 481*
*Der Streit um alldeutsche Worte. In:*
*Kulturkorrespondenz für deutsche Zeitungen des In- und Auslandes, 1917*
*Ort unbekannt 1917*
*(Hinweis von J. Zander, jedoch noch nicht ermittelt)*
NACHWEISE: *Zeitschrift in der ehemaligen Bundesrepublik Deutschland nicht nachgewiesen*

x0581
*Datensatznummer: 482*
*Engelske verdenspolitik. 1. Engelsk Belysning. In:*
*Nordiske Forfatteres Forlag, 1917*
*Kopenhagen 1917*
*(dän.; fraglich; nicht ermittelt, unvollständige Quellenangabe)*
NACHWEISE:

0608
*Datensatznummer: 483**
Amerikanische Volkskultur. In:
Salonblatt. Moderne illustrierte Wochenschrift (Feßler, H. P. [Hg.]) 1917, 12. Jg., Nr. 32, 11. 8. 1917, S. 705
Dresden 1917
Thema: B
Publikation: B
Umfang: 6800 Anschläge
NACHWEISE:
SHL: Kopie
Sonstiger Nachweis: 1a (4Ac7664)

0609
*Datensatznummer: 484*
Stoltenberg, Hans Lorenz: Sozialpsychologie, Teil 1, Berlin 1914. In:
Schmollers Jahrbuch für Gesetzgebung, Verwaltung und Volkswirtschaft (Schmoller, G. [Hg.]) 1917, 41. Jg., S. 1008-1011
München/Leipzig (Duncker & Humblot) 1917
Rezension
Thema: A, B
Publikation: Bw
Umfang: 7900 Anschläge
NACHWEISE:
SHL: (xt 197: Nr 2)
Nachweis in Hamburg: 18 (x1161); H3
Sonstiger Nachweis: 46; 206

0607
*Datensatznummer: 485*
Ett Fritt Finland. Fem Bref till en Svensk Politiker. In:
Statsvetenskapling Tidskrift för politik, statistik, economi, 1917, S. 282-304
Lund (Ohlsson) 1917
(Schwed. Übersetzung; vgl. 0575)
Thema: I, K
Publikation: B
Umfang: 58800 Anschläge
NACHWEISE:
SHL: (xt 174: Nr 5)
Sonstiger Nachweis: 281

0606
*Datensatznummer: 486*
Englische Stimmungen. In:
Tägliche Rundschau. Unabhängige Zeitung für nationale Politik (Rippler, H. [Hg.]) vom 2. 7. 1917, 37. Jg., Abendausgabe, Sp. 3-4
Berlin 1917
Thema: O, K, L
Publikation: A
Umfang: 6000 Anschläge
NACHWEISE:
SHL: (xt 178: Nr 2)
Sonstiger Nachweis: 188/211; 21

x0613
*Datensatznummer: 487*
*Die Erklärung der Hochschullehrer. In:*
*Das Tage-Buch (Grossmann, S. + Schwarzschild, L. [Ltg.]) 1917*
*Berlin 1917*
*(Hinweis von E. Brenke; jedoch nichts gefunden fraglich*
NACHWEISE:
*Nachweis in Hamburg: 18 (x10925)*
*Sonstiger Nachweis:*

x0614
*Datensatznummer: 488*
*Der Zarismus und seine Gönner. In:*
*Das Tage-Buch (Grossmann, S. + Schwarzschild, L. [Ltg.]) 1917, Nr. 240*
*Berlin 1917*
*(Hinweis von E. Brenke; jedoch fragliche Quellenangabe)*
NACHWEISE:

0615
*Datensatznummer: 489**
Von Organen des Geistes. In:
Der Unsichtbare Tempel. Monatsschrift zur Sammlung der Geister, 1917, 2. Jg., 8. Heft, S. 359-363
München (Reinhardt) 1917
(Betr.: Über das Wollen)
Thema: B, F
Publikation: B
Umfang: 12600 Anschläge
NACHWEISE:
SHL: (xt 62: Nr 3)
Sonstiger Nachweis: 1a; 21; 25; 93; N1

0616
*Datensatznummer: 490*
Vier Brieven over de N. O. T., Amsterdam 1916. In:
Weltwirtschaftliches Archiv (Harms, B. [Hg.]) 1917, Bd. 9, Heft 3, S. 424-428
Jena (Fischer) 1917
Rezension
Thema: I, K
Publikation: Bw
Umfang: 10900 Anschläge
NACHWEISE:
SHL: (xt 202)
Nachweis in Hamburg: 18 (x2649); H3
Sonstiger Nachweis: 8; 46; 206

0617
*Datensatznummer: 491*
Bodart, Gaston: Losses of Life in Modern Wars, + Kellog, Vernon L.: Military Selection and Race Deterioration, Oxford 1916. In:
Weltwirtschaftliches Archiv (Harms, B. [Hg.]) 1917, Bd. 10, Heft 3, S. 352-360
Jena (Fischer) 1917
Rezension
Thema: A, K, B
Publikation: Bw
Umfang: 23500 Anschläge
NACHWEISE:
SHL: (xt 203)
Nachweis in Hamburg: 18 (x2649); H3
Sonstiger Nachweis: 8; 46; 206

0619
*Datensatznummer: 492**
Jaekel, Otto, Die natürlichen Grundlagen staatlicher Organisation. Kriegsausgabe, Berlin/Brüssel 1916. In:
Weltwirtschaftliches Archiv (Harms, B. [Hg.]) 1917, 2, Bd. 11 (Abhandlungen), Heft 1, September, S. 135-138
Jena (Fischer) 1917
Rezension
Thema: A, B
Publikation: Bw
Umfang: 4000 Anschläge
NACHWEISE:
SHL: (xt 204)
Nachweis in Hamburg: 18 (x2649); H3
Sonstiger Nachweis: 8; 46; 206

*0621*
*Datensatznummer: 493**
Seipel, Ignaz: Nation und Staat, Wien/Leipzig 1916. In:
Weltwirtschaftliches Archiv (Harms, B. [Hg.]) 1917, 2, Bd. 11 (Abhandlungen), S. 137-138
Jena (Fischer) 1917
Rezension
Thema: A, B
Publikation: Bw
Umfang: 4700 Anschläge
NACHWEISE:
Nachweis in Hamburg: 18 (x2649); H3
Sonstiger Nachweis: 8; 46; 206

*0620*
*Datensatznummer: 494*
Twee Gesprekken over de N. O. T., s'Gravenhage 1916. In:
Weltwirtschaftliches Archiv ( (Harms, B. [Hg.]) 1917, Bd. 11, Heft 3, November, S. 456-458
Jena (Fischer) 1917
Rezension
Thema: I
Publikation: Bw
Umfang: 4900 Anschläge
NACHWEISE:
SHL: (xt 205)
Nachweis in Hamburg: 18 (x2649); H3
Sonstiger Nachweis: 8; 46; 206

*0627*
*Datensatznummer: 495*
Gomperz, H.: Philosophie des Krieges in Umrissen, Gotha 1915 + Jerusalem, W.: Der Krieg im Lichte der Gesellschaftslehre, Stuttgart 1915. In:
Zeitschrift für Völkerrecht (Kohler, J. + Fleischmann, M. [Hg.]) 1917, Bd. 10, Heft 3, S. 450-455
Breslau (Kern's Verlag) 1917
(Ebenfalls rezensiert: 0571/440)
Rezension
Thema: A, B, K
Publikation: Bw
Umfang: 23300 Anschläge
NACHWEISE:
SHL: (xt 191: Nr 13)
Nachweis in Hamburg: 18 (x767)
Sonstiger Nachweis: 206; 4; 7; 6

*0626*
*Datensatznummer: 496*
Das Versicherungswesen in soziologischer Betrachtung. In:
Zeitschrift für die gesamte Versicherungs-Wissenschaft (Deutscher Verein für Versicherungswissenschaft [Hg.]) 1917, Bd. 17, Heft 6, S. 603-624
Berlin (Mittler) 1917
Thema: B
Publikation: B
Umfang: 89000 Anschläge
NACHWEISE:
SHL: (xt 107: Nr 2)
Nachweis in Hamburg: 18 (x12312); 52
Sonstiger Nachweis: 1a; 83; 188; 198; 206; 4; 17
Erneut in Soziologische Studien und Kritiken: **, S. 243-265

*0623*
Datensatznummer: 497*
Lloyd George . In:
Zeit- und Streitfragen. Korrespondenz des Bundes deutscher Gelehrter und Künstler (Eltzbacher, P. u.a., [Hg.] vom 2. Februar 1917, Nr. 4
Berlin (Linden) 1917
Thema: R, O
Publikation: B
Umfang: 7800 Anschläge
NACHWEISE:
SHL: (xt 155: Nr 3)
Sonstiger Nachweis:

*0624*
*Datensatznummer: 498*
Das Direktorium in England. In:
Zeit- und Streitfragen. Korrespondenz des Bundes deutscher Gelehrter und Künstler, 1917, Nr. 16, 1. Mai
Berlin 1917
(Siehe dazu 0629/447)
Thema: O, I, George, Lloyd
Publikation: B
Umfang: 9300 Anschläge
NACHWEISE:
SHL: (xt 155: Nr 4)
Sonstiger Nachweis:

*x0625*
*Datensatznummer: 499*
*Die wirtschaftliche Lage Deutschlands. In:*

*Zeit- und Streitfragen. Korrespondenz des Bundes deutscher Gelehrter und Künstler, 1917*
*Berlin 1917*
*(Hinweis von J. Zander, nicht ermittelt)*
*fraglich*
NACHWEISE:

*0604*
*Datensatznummer: 500*
Die Zukunft des Völkerrechts. In:
Die neue Rundschau. Freie Bühne für modernes Leben, 1917, 28. Jg., Januar, S. 1-20
Berlin (Fischer) 1917
Thema: I, B, H
Publikation: B
Umfang: 65600 Anschläge
NACHWEISE:
Nachweis in Hamburg: H26
Sonstiger Nachweis: 1a (Ad5901); 188; B701; 8; 46

*0605*
*Datensatznummer: 501*
Kommende Dinge?. In:
Die neue Rundschau. Freie Bühne für modernes Leben, 1917, 28. Jg., Heft 6, S. 829-838
Berlin (Fischer) 1917
(Rezension: W. Rathenau, Von kommenden Dingen, Berlin)
Rezension
Thema: A, I, Freiheit
Publikation: B
Umfang: 25600 Anschläge
NACHWEISE:
SHL: (xt 186)
Nachweis in Hamburg: 18 (x1376)
Sonstiger Nachweis: 1a; 188; B701; 8; 46

## 1918

*0672*
*Datensatznummer: 502*
Menschheit und Volk (Separatdruck: Zeitfragen aus dem Gebiet der Soziologie, 2)
Graz/Leipzig (Leuschner & Lubensky) 1918
Monographie
Thema: B
Publikation: C
Umfang: 85400 Anschläge
NACHWEISE:
SHL: (xt 95: Nr 1)
Sonstiger Nachweis:

*x0634*
*Datensatznummer: 503*
*Polnische Ideen und Wirklichkeiten. In:*
*Berliner Börsen-Kurier vom 2. 7. 1918*
*Berlin 1918*
*(Falsche Quellenangabe; siehe dazu: 0645/515, 0669/537)*
*fraglich*
NACHWEISE:
*Sonstiger Nachweis: 206 (ZuII1); 46*

*0635*
*Datensatznummer: 504**
Briefe aus der Heimat. In:
Der Champagne-Kamerad. Feldzeitung der III. Armee vom 5. 5. 1918, Nr. 125, 4. Kriegsjahr, S. 1
Charleville 1918
Thema: K, Durchhalte-Aufruf
Publikation: A
Umfang: 4600 Anschläge
NACHWEISE:
SHL: Kopie
Sonstiger Nachweis: 21; 4

*0662*
*Datensatznummer: 505**
Konsumvereine und Lohnzahlung ohne Bargeld. In:
Deutsche Allgemeine Zeitung vom 28. 12. 1918, Nr. 659
Berlin 1918
(Erwiderung auf Rezension von 0661/532 von F. Grossmann vom 1. 11. 1918)
Thema: N, L
Publikation: A
Umfang: 11900 Anschläge
NACHWEISE:
SHL: (xt 98: Nr 5)
Nachweis in Hamburg: H3 (z7049)
Sonstiger Nachweis: B710; 188/211

*x0640*
*Datensatznummer: 506*
*Bedrohung der englischen Weltmachtstellung durch die U-Boote. In:*
*Deutsche Kriegsnachrichten, 1918*
*Berlin 1918*
*(Hinweis von E. Brenke, jedoch nicht ermittelt)*
NACHWEISE:

*0639*
*Datensatznummer: 507**
Stimmungen. In:

Deutsche Kriegsnachrichten, Nr. 291 vom
7. 10. 1918, S. 2
Berlin 1918
Thema: K, I
Umfang: 7600 Anschläge
NACHWEISE:
SHL: Kopie
Sonstige Nachweise: ??

0642
*Datensatznummer: 508*
Deutschlands wirtschaftliche Vernichtung - das Kriegsziel unserer Feinde. In:
Deutsche Kriegswochenschau (Kriegspresseamt) vom 24. 2. 1918, Nr. 64, 24. Februar, S. 961-962
Berlin 1918
(Sonderheft: Deutschlands Wirtschaftskraft)
Thema: K, L
Publikation: B
Umfang: 7900 Anschläge
NACHWEISE:
SHL: (xt 155: Nr 7)
Nachweis in Hamburg: H256[?]
Sonstiger Nachweis: 83; B232; 8; 4; 26; 16

0641
*Datensatznummer: 509*
Der Lügenkrieg unserer Feinde. In:
Deutsche Kriegswochenschau (Kriegspresseamt [Hg.]) vom 26. 8. 1918
Berlin 1918
Autopsie bisher nicht möglich
Thema:
Publikation: B
Umfang: ?
NACHWEISE:
Nachweis in Hamburg: H256[?]
Sonstiger Nachweis: 83; B232; 8; 4; 26; 16

0643
*Datensatznummer: 510*
England als Friedensstörer Europas. In:
Deutsche Kriegswochenschau (Kriegspresseamt) vom 1. 9. 1918, Nr. 91, S. 1405-1406
Berlin 1918
(Sonderheft über England)
Thema: K, I, O
Publikation: A
Umfang: 7900 Anschläge
NACHWEISE:
SHL: (xt 155: Nr 5)
Nachweis in Hamburg: H256[?]
Sonstiger Nachweis: 83; B232; 8; 4; 26; 16

0647
*Datensatznummer: 511*
Edward Grey und sein Tschinovnik. In:
Deutsche Politik. Wochenschrift für Welt- und Kulturpolitik (Jäckh, E. u.a. [Hg.]) 1918, 3. Jg., Heft 15, S. 456-460
Weimar (Kiepenheuer) 1918
Thema: O, I
Publikation: B
Umfang: 13500 Anschläge
NACHWEISE:
SHL: (xt 152: Nr 7)
Nachweis in Hamburg: H76 (J64)
Sonstiger Nachweis:

0648
*Datensatznummer: 512*
Adolph Wagner. In:
Deutsche Rundschau (Rodenberg, J. [Hg.]) 1918, Bd. 45, S. 107-116
Berlin (Paetel) 1918
(Vgl.: Kieler Zeitung vom 25. 3. 1915)
Würdigung
Thema: R
Publikation: Bw
Umfang: 40300 Anschläge
NACHWEISE:
SHL: (Cb 54. 39:39)
Nachweis in Hamburg: 18 (x2221)
Sonstiger Nachweis: 1a; 188/211; 46; 30; 5

0670
*Datensatznummer: 513*
Das statistische Jahrbuch der Schweiz, Jg. 26, Bern 1918. In:
Deutsches Statistisches Zentralblatt (Würzburger, E. u.a. [Hg.]) 1918, 10. Jg., Nr. 7/8, Sp. 151-154
Leipzig/Berlin (Teubner) 1918
Rezension
Thema: B
Publikation: Bw
Umfang: 11400 Anschläge
NACHWEISE:
SHL: (xt 210: Nr 5)
Nachweis in Hamburg: H261; 205
Sonstiger Nachweis: 206; B720; 83

0652
*Datensatznummer: 514*
Ein englischer Rückblick auf 1917. In:

Europäische Staats- und Wirtschaftszeitung (Frauendorfer, H. v. + Jaffé, E. [Hg.]) 1918, 3. Jg., Nr. 23, 15. Juni, S. 437-440
Berlin 1918
Thema: O, I
Publikation: B
Umfang: 20000 Anschläge
NACHWEISE:
SHL: (xt 154: Nr 5)
Nachweis in Hamburg: 205
Sonstiger Nachweis: 7; 17; 25

*0645*
*Datensatznummer: 515**
Polnische Ideen u. Wirklichkeiten. In:
Fränkischer Kurier vom 2. 7. 1918, 86. Jg., Dienstag, Abend-Ausgabe, S. 1
Nürnberg 1918
(Betr. Verständnis zwischen Polen und Deutschland; vgl. 0634/503; 0669/537; auch Rezension: W. Feldman, Geschichte ..., München/Berlin 1917)
Rezension
Thema: I
Publikation: A
Umfang: 9000 Anschläge
NACHWEISE:
SHL: Kopie
Sonstiger Nachweis: 75

*0663*
*Datensatznummer: 516**
Simmel als Soziologe. In:
Frankfurter Zeitung vom 9. 10. 1918, 1. Morgenblatt, 63. Jg., Nr. 280, Mittwoch
Frankfurt 1918
Thema: B, R
Publikation: A
Umfang: 8000 Anschläge
NACHWEISE:
SHL: (xt 98: Nr 1)
Sonstiger Nachweis: 188/211; 17; 30

*0649*
*Datensatznummer: 517*
Verständigung?. In:
Internationale Rundschau, 1918, 4. Jg., Heft 7, S. 257-263
Zürich (Füssli) 1918
Thema: K, I
Publikation: B
Umfang: 21300 Anschläge
NACHWEISE:
SHL: (xt 175: Nr 1)
Nachweis in Hamburg: H88
Sonstiger Nachweis:

*0637*
*Datensatznummer: 518**
England und sein Reich. In:
Jahrbuch für Verkehrswissenschaften (Götz, A, Sebba, J. + Peitgen, F. [Hg.]) 1918, 6. Jg., Sonderheft 16 vom 12. 9. 1918, S. 26-34
Schleswig 1918
Thema: O, Kriegsursachen
Publikation: Bw
Umfang: 32100 Anschläge
NACHWEISE:
SHL: (xt 151: Nr 2)
Sonstiger Nachweis: 1a; 206 (x3869)

*0638*
*Datensatznummer: 519*
Rintelen, Albert: Das Universitätsstudium der Württemberger seit der Reichsgründung, Tübingen 1918. In:
Jahrbücher für Nationalökonomie und Statistik (Elster, L. [Hg.]) 1918, 111. Bd., S. 94-98
Jena (Fischer) 1918
Rezension
Thema: A, M
Publikation: Bw
Umfang: 13000 Anschläge
NACHWEISE:
SHL: (xt 194: Nr 12)
Nachweis in Hamburg: 18 (x1311)
Sonstiger Nachweis: 1a; 188; 206; 17

*0664*
*Datensatznummer: 520**
Zur Entlarvung Rußlands. In:
Kölnische Zeitung vom 26. 7. 1918, Nr. 686, Freitag, Mittags-Ausgabe
Köln (DuMont) 1918
Thema: K
Publikation: A
Umfang: 10500 Anschläge
NACHWEISE:
SHL: Kopie
Sonstiger Nachweis: 206 (Zuix6); 24; 213; 38

*0665*
*Datensatznummer: 521**
Das Wahlrecht zum preußischen Abgeordnetenhause. In:

Königsberger Hartungsche Zeitung vom 18. 9. 1918, Mittwoch, Abendausgabe, Nr. 438, S. 1
Königsberg 1918
(Identisch mit: 0633/525?; vgl. auch: 0654/535)
Thema: I, Innenpolitik
Publikation: A
Umfang: 9000 Anschläge
NACHWEISE:
SHL: (xt 178: Nr 7)
Sonstiger Nachweis: 46

*0650*
*Datensatznummer: 522*
Die schweizerischen Konsumgenossenschaften und ihr Verband. In:
Konsumgenossenschaftliche Rundschau, 1918, 15. Jg., Nr 32, 10. 8., S. 246-250
Hamburg 1918
(Vgl. auch 0599 ff./476 ff.)
Thema: N
Publikation: B
Umfang: 35500 Anschläge
NACHWEISE:
SHL: (xt 120: Nr 8)
Nachweis in Hamburg: H3
Sonstiger Nachweis: 1a; 21; 25; 8; 206

*0651*
*Datensatznummer: 523*
Lohnzahlung ohne Bargeld. In:
Konsumgenossenschaftliche Rundschau, 1918, 15. Jg., Nr 40, 5. 10., S. 311-312
Hamburg 1918
(Zusatzbemerkung zu: 0487/363)
Thema: L, N
Publikation: B
Umfang: 15900 Anschläge
NACHWEISE:
SHL: (xt 120: Nr 9)
Nachweis in Hamburg: H3
Sonstiger Nachweis: 1a; 21; 25; 8; 206

*0644*
*Datensatznummer: 524*
Im Gedenken an das Reformationsfest. In:
Der Kunstwart (dann: Deutscher Wille). Rundschau für alle Gebiete des Schönen, 1918, 32. Jg., Oktoberheft, S. 89-92
München 1918
Thema: E, M, 400 Jahre Reformation
Publikation: B
Umfang: 13400 Anschläge
NACHWEISE:
SHL: (xt 73: Nr 2)
Nachweis in Hamburg: 18 (x6059)
Sonstiger Nachweis: 46

*0633*
*Datensatznummer: 525*
Die Herren und der König. In:
Leipziger Abendzeitung und Handelsblatt für Sachsen vom 17. 9. 1918, 32. Jg., Nr. 258, Sp. 1-2
Leipzig 1918
(Identisch mit: 0665/536?; beachte auch: 0654/535)
Thema: I
Publikation: A
Umfang: 7100 Anschläge
NACHWEISE:
SHL: (xt 178: Nr 6)
Sonstiger Nachweis:

*0636*
*Datensatznummer: 526**
Weltpolitik und Imperialismus. In:
Das Neue Deutschland. Wochenschrift für konservativen Fortschritt (Grabowsky, A. [Hg.]) 1918, 6. Jg., Heft 8, 15. Januar, S. 206-207
Gotha (Perthes) 1918
(2. Teil einer Beitragsreihe)
Thema: I, Imperialismus
Publikation: B
Umfang: 5900 Anschläge
NACHWEISE:
SHL: (Cb 54. 39:16)
Sonstiger Nachweis: 206; 21; 180; 38; 61; 281

*0660*
*Datensatznummer: 527*
Demokratie und Plutokratie. In:
Die Neue Zeit. Wochenschrift der deutschen Sozialdemokratie (Cunow, H. [Hg.]) 1918, 36. Jg., 1. Bd., Nr. 19, S. 433-441
Berlin (Dietz) 1918
Thema: B, I
Publikation: B
Umfang: 27700 Anschläge
NACHWEISE:
SHL: (xt 176: Nr 1)
Nachweis in Hamburg: H76 (J192)
Sonstiger Nachweis: 1a; 188; 18; 46; 206

<u>0659</u>
*Datensatznummer: 528*
Der Staatsgedanke des Hobbes. In:
Die Neue Zeit. Wochenschrift der deutschen Sozialdemokratie (Cunow, H. [Hg.]) 1918, 36. Jg., 2. Bd., Nr. 18/19, S. 416-422 + S. 439-443
Berlin (Dietz) 1918
(Vgl.: F. Tönnies, Thomas Hobbes, Leipzig 1912, 0144/95)
Thema: G
Publikation: B
Umfang: 36700 Anschläge
NACHWEISE:
SHL: (xt 64: Nr 5-6)
Nachweis in Hamburg: H76 (J192)
Sonstiger Nachweis: 1a; 188; 18; 46; 206

<u>0658</u>
*Datensatznummer: 529*
Gegenwartsstaat und Zukunftsstaat. In:
Die Neue Zeit. Wochenschrift der deutschen Sozialdemokratie (Cunow, H. [Hg.]) 1918, 37. Jg., Bd. 1, Nr. 12, S. 265-269
Berlin (Dietz) 1918
Thema: I
Publikation: B
Umfang: 14000 Anschläge
NACHWEISE:
SHL: (Cb 54. 39:20)
Nachweis in Hamburg: H76 (J192)
Sonstiger Nachweis: 1a; 188; 18; 46; 206

<u>x0667</u>
*Datensatznummer: 530*
*Englische Erwartungen für 1917. In:*
*Norddeutsche Allgemeine Zeitung (später: Allgemeine Deutsche Zeitung) vom 4. 2. 1918*
*Berlin 1918*
*(Hinweis von E. Brenke, jedoch nicht ermittelt; vgl.: 0653)*
*fraglich*
NACHWEISE:
*Nachweis in Hamburg: H3 (z7049)*
*Sonstiger Nachweis: 188/211 (Film); 5; 461*

<u>x0668</u>
*Datensatznummer: 531*
*Englische Nahrungssorgen. In:*
*Norddeutsche Allgemeine Zeitung (später: Deutsche Allgemeine Zeitung) vom 7. 9. 1918*
*Berlin 1918*
*(Hinweis von E. Brenke, jedoch nicht ermittelt)*
*fraglich*
NACHWEISE:
*Nachweis in Hamburg: H3 (z7049)*
*Sonstiger Nachweis: 188/211 (Film); 5; 461*

<u>0661</u>
*Datensatznummer: 532*
Lohnzahlung ohne Bargeld. In:
Norddeutsche Allgemeine Zeitung (später: Deutsche Allgemeine Zeitung) vom 7. 9. 1918, Abend-Ausgabe, Nr. 458
Berlin 1918
(Vgl. auch 0651/523)
Thema: L
Publikation: A
Umfang: 17200 Anschläge
NACHWEISE:
Nachweis in Hamburg: H3 (z7049)
Sonstiger Nachweis: Bz10; 188/211

<u>0646</u>
*Datensatznummer: 533*
"Downing Street". In:
Ostsee-Zeitung und Neue Stettiner Zeitung vom 6. 4. 1918, Abendausgabe, 84. Jg., Nr. 175, Sp 1-2
Stettin 1918
Thema: O, I
Publikation: A
Umfang: 8700 Anschläge
NACHWEISE:
SHL: (xt 178: Nr 4)
Sonstiger Nachweis: Nicht nachgewiesen in der ehemaligen Bundesrepublik Deutschland

<u>x0653</u>
*Datensatznummer: 534*
*Englische Erwartungen für 1917. In:*
*Rheinische Zeitung. Organ für das werkthätige Volk vom 7. 2. 1918*
*Köln 1918*
*(Hinweis von E. Brenke, jedoch nichts ermittelt; vgl.: 0667/530)*
*fraglich*
NACHWEISE:
*Sonstiger Nachweis: 188/211 (Film)*

<u>x0654</u>
*Datensatznummer: 535*
*Die Herren und der König. In:*
*Rheinische Zeitung. Organ für das werkthätige Volk vom 17. 9. 1918*
*Köln 1918*
*(Hinweis von E. Brenke, jedoch nichts ermittelt; vgl.: 0633/525, 0665/534)*
*fraglich*

NACHWEISE:
*Sonstiger Nachweis: 188/211 (Film)*

0655
*Datensatznummer: 536**
Haenel. In:
Der Waffenschmied. Monatshefte des Liberalen Preßvereins, 1918, 1. Jg., Nr. 3, S. 26-28
München 1918
(Nachruf; Prof. Albert Haenel, Staatsrechtlehrer in Kiel und Angehöriger des Reichstags, starb 1918)
Nachruf
Thema: R
Publikation: B
Umfang: 7900 Anschläge
NACHWEISE:
SHL: (xt 182: Nr 1; Cb 54)
Sonstiger Nachweis: 12

0669
*Datensatznummer: 537*
Polnische Ideen und Wirklichkeiten. In:
Walder Zeitung. Allgemeiner Anzeiger für die Stadtgemeinden Wald, Gräfrath und Umgebung vom 2. 7. 1918, Nr. 132, S. 1
Wald (Bergische Verlagsgesellschaft) 1918
(Vgl.: 0634/503, 0645/515)
Thema: I
Publikation: A
Umfang: 7100 Anschläge
NACHWEISE:
SHL: (xt 178: Nr 5)
Sonstiger Nachweis: Nicht nachgewiesen in der ehemaligen Bundesrepublik Deutschland

0656
*Datensatznummer: 538*
Prinzing, Friedrich: Epidemies Resulting from Wars, Oxford 1916. In:
Weltwirtschaftliches Archiv (Harms, B. [Hg.]) 1918, Bd. 12, S. 348-351
Jena (Fischer) 1918
Rezension
Thema: A, K, B
Publikation: Bw
Umfang: 10600 Anschläge
NACHWEISE:
SHL: (xt 206) + (RV36)
Nachweis in Hamburg: 18 (x2649); H3
Sonstiger Nachweis: 8; 46; 206

0657
*Datensatznummer: 539**
Vierkandt, Alfred: Staat und Gesellschaft in der Gegenwart, Leipzig 1916. In:
Weltwirtschaftliches Archiv (Harms, B. [Hg.]) 1918, Bd. 13, S. 150-151
Jena (Fischer) 1918
Rezension
Thema: A, B
Publikation: Bw
Umfang: 5500 Anschläge
NACHWEISE:
SHL: (xt 207) + (RV36)
Nachweis in Hamburg: 18 (x2649); H3 (z5071
Sonstiger Nachweis: 8; 46; 206
Erneut in Soziologische Studien und Kritiken: ***, S. 358-360

## 1919

0671
*Datensatznummer: 540**
*OHNE VERFASSERANGABE*
Der Gang der Revolution, 20 Seiten
Königsberg (Telemann) 1919
(Zur Soziologie der politischen und wirtschaftlichen Umwälzungen)
Königsberg (Telemann) 1919
(siehe auch 0745/616)
Thema: B, F, I, Revolutionstheorie
Publikation: C
Umfang: 41700 Anschläge
NACHWEISE:
SHL: (Cb 54. 39:18 + Kopie)
Sonstiger Nachweis: 1a (Rz21760)

0691
*Datensatznummer: 541*
Die Schuldfrage. Rußlands Urheberschaft nach Zeugnissen aus dem Jahre 1914
Berlin (Stilke) 1919
(Laut E. Brenke auch in engl.: Germany's Guilt Disproved)
Monographie
Thema: K, I, Rußland
Publikation: C
Umfang: 105800 Anschläge
NACHWEISE:
SHL: (xt 175: Nr 2)
Sonstiger Nachweis:

x0673
*Datensatznummer: 542*
*Selbstvertrauen. In:*
*Der Aufbau. Flugblätter der Jugend vom 6. 9. 1919*
*Ort unbekannt 1919*
*(Angabe nach E. Brenke, jedoch nicht ermittelt)*
*fragliche Quelle*
NACHWEISE:
*Nachweis in Hamburg: 18*
*Sonstiger Nachweis:*

x0674
*Datensatznummer: 543*
*Die billiger werdende Auslandsware. In:*
*Der Aufbau vom 20. 9. 1919*
*Ort unbekannt 1919*
*(Angabe nach E. Brenke)*
*nicht ermittelt*
NACHWEISE:

0677
*Datensatznummer: 544*
Metzger, Wilhelm: Gesellschaft, Recht und Staat in der Ethik des deutschen Idealismus, Heidelberg 1917. In:
Deutsche Literaturzeitung für Kritik der Internationalen Wissenschaft (Hinneberg, P. [Hg.]) 1919, 40. Jg., 25. Oktober, S. 836-839
Berlin (Weidmannsche Buchhandlung) 1919
Rezension
Thema: A, B
Publikation: Bw
Umfang: 7700 Anschläge
NACHWEISE:
SHL: (xt 208: Nr 20)
Nachweis in Hamburg: 18 (y434)
Sonstiger Nachweis: 1a; 188; 8; 46; 206; B212
Erneut in Soziologische Studien und Kritiken: ***, S. 450-453

0679
*Datensatznummer: 545**
"Das ungeheure Unrecht" - der Franzosen (in französischer Beleuchtung). In:
Deutsche Monatshefte für christliche Politik und Kultur (Dunkmann, K. u.a. [Hg.]) 1919, 1. Jg., Heft 1, Oktober, S. 39-45
Berlin (Groß) 1919
Thema: K
Publikation: B
Umfang: 37700 Anschläge
NACHWEISE:
SHL: (xt 175: Nr 3)
Sonstiger Nachweis: 46 (IXc4829); 21; 31; Frei26; N1; 38; 121

0675
*Datensatznummer: 546*
Die Logik des Generals Ludendorff. In:
Die Hilfe. Wochenschrift für Politik, Literatur und Kunst (Naumann, F. [Begründer]) 1919, 25. Jg., Nr. 89, 25. 9. 1919, S. 530-533
Berlin 1919
(auch Rezension: Erich Ludendorff)
Rezension
Thema: A, I, K
Publikation: B
Umfang: 36200 Anschläge
NACHWEISE:
Sonstiger Nachweis: 1a (8u4Fc378-Film); 188; 188/211; 206

0692
*Datensatznummer: 547*
Ethik und Bodenreform. In:
Jahrbuch der Bodenreform. Vierteljahreshefte (Damaschke, A. [Hg.]) 1919, Bd. 15, Heft 4, S. 193-216
Jena (Fischer) 1919
Thema: L, Moral
Publikation: B
Umfang: 55800 Anschläge
NACHWEISE:
SHL: (xt 74: Nr 3)
Nachweis in Hamburg: 18 (A1951/4415)
Sonstiger Nachweis: 1a; 83; 206; 4

0682
*Datensatznummer: 548*
Die Konsumgenossenschaft im heutigen Rußland. In:
Konsumgenossenschaftliche Rundschau, 1919, 16. Jg., Nr. 8, 22. 2., S. 66-67
Hamburg 1919
(Vgl. auch: 0599 ff.476 ff., 0603/480)
Thema: N, Genossenschaft
Publikation: B
Umfang: 7700 Anschläge
NACHWEISE:
SHL: (xt 120: Nr 10)
Nachweis in Hamburg: H3
Sonstiger Nachweis: 1a; 21; 25; 8; 206

*0676*
*Datensatznummer: 549**
Perspectiv. In:
Kooperatören. Organ för den Kooperativa Rörelsen i Sverge, 1919, 6. Årg., Häft 7, Juli, S. 141-144
Stockholm 1919
schwed.
Thema: N
Publikation: B
Umfang: 15400 Anschläge
NACHWEISE:
SHL: (xt 179: Nr 1)
Sonstiger Nachweis: 8 (y760-6)

*0689*
*Datensatznummer: 550*
Gemeinschaft und Gesellschaft (Grundbegriffe der reinen Soziologie). Vorwort zur 3. Aufl. Vorabdruck. In:
Die Neue Zeit. Wochenschrift der deutschen Sozialdemokratie (Cunow, H. [Hg.]) 1919, 37. Jg., Bd. 2, Nr. 14, S. 251-257
Berlin (Dietz) 1919
(Vorabdruck des Vorwortes zur 3. Auflage von 0013/7)
Thema: B
Publikation: B
Umfang: 18500 Anschläge
NACHWEISE:
Nachweis in Hamburg: H76 (J192)
Sonstiger Nachweis: 1a; 188; 18; 46; 206

*0683*
*Datensatznummer: 551*
Warum stimmt der schleswig-holsteinische Arbeiter deutsch und nicht dänisch? In:
Der Schleswig-Holsteiner. Volkswirtschaftliche Wochenschrift, 1919, 1. Jg. Nr. 18, 1. November, S. 140-141
Flensburg 1919
(Auszug aus 0681/553?)
Thema: I, B
Publikation: A
Umfang: 9500 Anschläge
NACHWEISE:
SHL: (Cb 54. 39:14)
Nachweis in Hamburg: H103
Sonstiger Nachweis: 8 (Ztgi30)

*0680*
*Datensatznummer: 552*
Ein Unterausschuß der Gesellschaft für soziale Reformen zur Beratung von Bildungsfragen. Programmatische Gedanken und Vorschläge. In:
Soziale Praxis (ab Jg. 19: und Archiv für Volkswohlfahrt) (Francke, E. + Zimmermann, W. [Hg.]) 1919, 28. Jg., 17. 4. 1919, S. 490-493
Jena (Fischer) 1919
Thema: L, M, Sozialpolitik
Publikation: B
Umfang: 13700 Anschläge
NACHWEISE:
Nachweis in Hamburg: 18 (y1486)
Sonstiger Nachweis: 1a; B232; 18; 206

*0681*
*Datensatznummer: 553*
Sozialpolitik im Deutschen Reich und Dänemark. In:
Soziale Praxis (ab Jg. 19: und Archiv für Volkswohlfahrt) (Francke, E. + Zimmermann, W. [Hg.]) 1919, 28. Jg., Nr. 45, 7. 8. 1919, Sp. 782-785
Jena (Fischer) 1919
(Siehe auch 0683/551)
Thema: L, B
Publikation: B
Umfang: 17100 Anschläge
NACHWEISE:
SHL: (xt 109: Nr 1)
Nachweis in Hamburg: 18 (y1486)
Sonstiger Nachweis: 1a; B232; 18; 206

*0678*
*Datensatznummer: 554*
Honigsheim, Paul: Die Staats- und Soziallehren der französischen Jansenisten im 17. Jahrhundert (Diss.), Heidelberg 1914. In:
Theologische Literaturzeitung (Schürer, E. + Harnack, A. [Begründer]) 1919, 44. Jg., S. 300-301
Berlin 1919
Rezension
Thema: A, B, F
Publikation: Bw
Umfang: 5300 Anschläge
NACHWEISE:
SHL: (xt 209: Nr 13)
Nachweis in Hamburg: 18
Sonstiger Nachweis: 1a; 188; B232; 8;46

0684
*Datensatznummer: 555**
Die Hebung unserer Volkskraft. In:
Volkskraft. Illustrierte Wochenschrift, 1919, Heft 7, S. 1-2 + Heft 8, S. 2, Heft 10, S. 1-2
Berlin 1919
(3 Artikel, Antwort von Tönnies auf die Rundfrage der Zeitschrift)
Umfrageantwort
Thema: I
Publikation: A
Umfang: 23400 Anschläge
NACHWEISE:
SHL: Kopie
Sonstiger Nachweis: 1a (4Ad725)

0686
*Datensatznummer: 556*
Hertel, H.: Andelsbevaegelsen in Danmark udgived af Andelsudvalget, Kobenhagen 1917. In:
Weltwirtschaftliches Archiv (Harms, B. [Hg.]) 1919, Bd. 14, S. 487-490
Jena (Fischer) 1919
Rezension
Thema: A, N, Genossenschaft
Publikation: Bw
Umfang: 7700 Anschläge
NACHWEISE:
SHL: (xt 210: Nr 4) + (Rv36)
Nachweis in Hamburg: 18 (x2649); H3
Sonstiger Nachweis: 8; 46; 206

0688
*Datensatznummer: 557*
Örne, Sekretär Anders: Kooperativ samhällssysn, 2. Aufl. Stockholm 1918. In:
Weltwirtschaftliches Archiv (Harms, B. [Hg.]) 1919/20, Bd. 15, S. 273-274
Jena (Fischer) 1919
Rezension
Thema: A, N, Genossenschaft
Publikation: Bw
Umfang: 4800 Anschläge
NACHWEISE:
SHL: (xt 210: Nr 3) + (Rv36)
Nachweis in Hamburg: 18 (x2649); H3
Sonstiger Nachweis: 8; 46; 206

0685
*Datensatznummer: 558**
Einheitsstaat oder Bundesstaat? In:
Welt-Echo. Politische-Wochenchronik vom 31. 1. 1919, Nr. 4, S. 52-54
Berlin (Ullstein) 1919
Thema: H, I
Publikation: A
Umfang: 18800 Anschläge
NACHWEISE:
Sonstiger Nachweis: 31; 1a (4Ad748); 16; 93

0690
*Datensatznummer: 559**
Der Begriff der Gemeinschaft. In:
Zeitschrift für soziale Pädagogik. Vierteljahrsschrift der Deutschen Gesellschaft für soziale Pädagogik, 1919, I, 4, S. 12-20
Langensalza 1919
Thema: B
Publikation: B
Umfang: 32800 Anschläge
NACHWEISE:
SHL: Kopie
Nachweis in Hamburg: H76
Sonstiger Nachweis: 1a
Erneut in Soziologische Studien und Kritiken: **, 266-276

## 1920

0703
*Datensatznummer: 560*
Hochschulreform und Soziologie. Kritische Anmerkungen über Beckers Gedanken zur Hochschulreform und Below's "Soziologisches Lehrfach"
Jena (Fischer) 1920
(Erweiterte Fassung von 0702/587?)
Monographie
Thema: B, M
Publikation: C
Umfang: 95600 Anschläge
NACHWEISE:
SHL: (xt 92: Nr 1)
Sonstiger Nachweis:

0694
*Datensatznummer: 561*
Bobertag, O. (Hrsg.): Mandevilles Bienenfabel, München 1914. In:
Deutsche Literaturzeitung für Kritik der Internationalen Wissenschaft (Hinneberg, P. [Hg.]) 1920, 41. Jg. vom 30. 10. 1920, S. 692-694
Berlin (Weidmannsche Buchhandlung) 1920
Rezension

Thema: A, F
Publikation: Bw
Umfang: 5400 Anschläge
NACHWEISE:
SHL: (xt 208: Nr 21)
Nachweis in Hamburg: 18 (y434)
Sonstiger Nachweis: 1a; 188; 8; 46; 206; B212

0693
*Datensatznummer: 562*
Schubert, Emmerich: Kultur und Volkswirtschaft, Heidelberg 1918. In:
Jahrbücher für Nationalökonomie und Statistik (Elster, L. [Hg.]) 1920, 114. Bd., S. 446-449
Jena/Stuttgart (Fischer) 1920
Rezension
Thema: A, B
Publikation: Bw
Umfang: 7600 Anschläge
NACHWEISE:
Nachweis in Hamburg: 18 (x1311)
Sonstiger Nachweis: 1a; 188; 206; 17

0698
*Datensatznummer: 563**
Konsumvereine und Konsumkommune. In:
Konsumgenossenschaftliche Rundschau, 1920, 17. Jg., Nr. 18, 1. Mai, S. 150-152
Hamburg (Kasch) 1920
(Beachte: ebd., 1919, S. 75-76: "Von den freien Konsumgenossenschaften zur zwangsweisen organisierten Konsumentenkommune".)
Thema: N, Genossenschaft
Publikation: B
Umfang: 21000 Anschläge
NACHWEISE:
SHL: Kopie
Nachweis in Hamburg: H3 (z8570)
Sonstiger Nachweis: 1a; 21; 25; 8; 206

0699
*Datensatznummer: 564**
Genossenschaft und Ausbeutung. In:
Konsumgenossenschaftliche Rundschau, 1920, 17. Jg., Nr. 31, 31. Juli, S. 293
Hamburg (Kasch) 1920
(Auszug aus: 0722/571)
Thema: N, F
Publikation: B
Umfang: 2800 Anschläge
NACHWEISE:
SHL: Kopie
Nachweis in Hamburg: H3 (z8570)
Sonstiger Nachweis: 1a; 21; 25; 8; 206

0700
*Datensatznummer: 565*
Die große Menge und das Volk. In:
Schmollers Jahrbuch für Gesetzgebung, Verwaltung und Volkswirtschaft (Spiethoff, A. [Hg.]) 1920, 44. Jg., Heft 2, S. 317-345
München/Leipzig (Duncker & Humblot) 1920
(Betr.: Frage des sozialen Wollens)
Thema: B
Publikation: Bw
Umfang: 78200 Anschläge
NACHWEISE:
SHL: (xt 95: Nr 2)
Nachweis in Hamburg: H3 (14AII2)
Sonstiger Nachweis: 46; 206
Erneut in Soziologische Studien und Kritiken: **, S. 277-303

0701
*Datensatznummer: 566*
Recht und Unrecht. In:
Das Tagebuch (Grossmann, St. [Hg.]) 1920, 1. Jg., Heft 6, 14. Februar, S. 198-201
Berlin (Rowohlt) 1920
Thema: H, Naturrecht
Publikation: B
Umfang: 10500 Anschläge
NACHWEISE:
SHL: (xt 148: Nr 1)
Nachweis in Hamburg: 18; H156
Sonstiger Nachweis: 18

0695
*Datensatznummer: 567*
Various writers: Property, its Duties and Rights Historically and Religiously Regarded, London 1914. In:
Theologische Literaturzeitung (Schürer, E. + Harnack, A. [Begründer]) 1920, 45. Jg., Nr. 1/2, 31. Januar, Sp. 20
Berlin 1920
Rezension
Thema: A, F, E
Publikation: Bw
Umfang: 2400 Anschläge
NACHWEISE:
SHL: (xt 209: Nr 14)
Nachweis in Hamburg: 18 (y740)

Sonstiger Nachweis: 1a; 188; B232; 8; 46
Erneut in Soziologische Studien und Kritiken:
***, S. 463-464

0696
*Datensatznummer: 568*
Cunningham, W.: Christanity and Economic Science, London 1914. In:
Theologische Literaturzeitung (Schürer, E. + Harnack, A. [Begründer]) 1920, 45. Jg., Nr. 3/4, 28. Februar, Sp. 40
Berlin 1920
Rezension
Thema: A, B, E
Publikation: Bw
Umfang: 1300 Anschläge
NACHWEISE:
SHL: (xt 209: Nr 15)
Nachweis in Hamburg: 18 (y740)
Sonstiger Nachweis: 1a; 188; B232; 8; 46
Erneut in Soziologische Studien und Kritiken:
***, S. 464

0687
*Datensatznummer: 569**
Die Statistik als Wissenschaft. In:
Weltwirtschaftliches Archiv (Harms, B. [Hg.]) 1919/20, Bd. 15, Heft 1, S. 1-28
Jena (Fischer) 1920
Thema: B
Publikation: Bw
Umfang: 81500 Anschläge
NACHWEISE:
SHL: (xt 130) + (Rv36)
Nachweis in Hamburg: 18 (x2649); H3
Sonstiger Nachweis: 8; 46; 206
Erneut in Soziologische Studien und Kritiken:
***, S. 85-116

x0697
*Datensatznummer: 570*
*Den offentlige mening og dens Kjendetegen. In: Ukens Revy, 1920, VII, S. 998-1005 + S. 1038-1046 + S. 1062-1070*
*Oslo 1920*
*norw.*
*(Hinweis von E. Brenke, nicht ermittelt)*
NACHWEISE: *Zeitschrift in der ehemaligen Bundesrepublik Deutschland nicht nachgewiesen*

## 1921

0722
*Datensatznummer: 571**
Marx. Leben und Lehre (Band 5 der Sozialistischen Bücherei)
Jena (Lichtenstein) 1921
(Franz Staudinger zum 70. Geburtstag nachträglich gewidmet)
Monographie
Thema: F
Publikation: C
Umfang: 371700 Anschläge
NACHWEISE:
SHL: (xt 16)
Sonstiger Nachweis:

x0704
*Datensatznummer: 572*
*Die Konsumgenossenschaften im Urteil führender Zeitgenossen.*
*Einsicht, Beharrlichkeit, Einigkeit, 1921, S. 46 ff*
*Ort unbekannt 1921*
*(Hinweis von J. Zander, jedoch nicht ermittelt. Wahrscheinlich jedoch 0709/575)*
NACHWEISE: *Zeitschrift in der ehemaligen Bundesrepublik Deutschland nicht nachgewiesen*

0705
*Datensatznummer: 573**
Parteikampf und Volkskampf. In:
Der Firn. Sozialistische Rundschau über das politische, wirtschaftliche und kultururelle Leben, 1921, 2. Jg., Heft 19, S. 499-500
Berlin 1921
(Antwort auf eine Umfrage)
Thema: I
Publikation: B
Umfang: 3600 Anschläge
NACHWEISE:
SHL: (xt 176: Nr 4)
Sonstiger Nachweis: 46 (ZPOL386.4/250)

0717
*Datensatznummer: 574**
Die deutsche Gesellschaft für Soziologie. In:
Kölner Vierteljahrshefte für Sozialwissenschaften (ab 1922: für Soziologie) (Eckert, C. u.a. [Hg.]) 1921, 1. Jg., S. 42-46
München/Leipzig (Duncker & Humblot) 1921
Thema: B

Publikation: Bw
Umfang: 10600 Anschläge
NACHWEISE:
SHL: (xt 100: Nr 2)
Nachweis in Hamburg: 18; H76 (Ic9)
Sonstiger Nachweis: 1a; 188; 206
Erneut in Soziologische Studien und Kritiken: **, S. 150-154

0709
*Datensatznummer: 575*
Einsicht, Beharrlichkeit, Einigkeit. In:
Konsumgenossenschaft im Urteil führender Zeitgenossen (Schloesser, R. [Hg.]) 1921, S. 46-48
Düsseldorf-Reisholz (Reichsverband deutscher Konsumgenossenschaften) 1921
Thema: N, Genossenschaft
Publikation: B
Umfang: 11900 Anschläge
NACHWEISE:
SHL: (xt 121; Cb 54. 39:03)
Sonstiger Nachweis:

0712
*Datensatznummer: 576**
Wirtschaft und Statistik. In:
Konsumgenossenschaftliche Rundschau, 1921, 18. Jg., Nr. 32, 6. August, S. 351-352
Hamburg (Kasch) 1921
(Rezension der Zeitschrift: Wirtschaft und Statistik)
Rezension
Thema: A, B, L
Publikation: B
Umfang: 4700 Anschläge
NACHWEISE:
SHL: Kopie
Nachweis in Hamburg: H3 (z8570)
Sonstiger Nachweis: 1a; 21; 25; 8; 206

0713
*Datensatznummer: 577*
Franz Staudinger. In:
Konsumgenossenschaftliche Rundschau, 1921, 18. Jg., Nr. 52, 24. Dezember, S. 557-559
Hamburg (Kasch) 1921
Nachruf
Thema: R
Publikation: B
Umfang: 14300 Anschläge
NACHWEISE:
Nachweis in Hamburg: H3 (z8570)
Sonstiger Nachweis: 1a; 21; 25; 8; 206

x0714
*Datensatznummer: 578*
*Oberschlesiens Zukunft. In:*
*Leipziger Tageblatt vom 8. 3. 1921*
*Leipzig 1921*
*nicht ermittelt*
NACHWEISE: *Zeitschrift in der ehemaligen Bundesrepublik Deutschland nicht nachgewiesen*

0721
*Datensatznummer: 579*
Spinoza und Marx. In:
Die Neue Zeit. Wochenschrift der deutschen Sozialdemokratie (Cunow, H. [Hg.]) 1921, 39. Jg., Bd. 1, Nr. 24, S. 573-576
Berlin (Dietz) 1921
(Siehe auch: 0763/634)
Thema: F, Judentum
Publikation: B
Umfang: 8200 Anschläge
NACHWEISE:
Nachweis in Hamburg: 18; H76 (J192)
Sonstiger Nachweis: 1a; 188;46; 206

0720
*Datensatznummer: 580*
Zur Schuldfrage. Ein französischer Entlastungszeuge. In:
Die Neue Zeit. Wochenschrift der deutschen Sozialdemokratie (Cunow, H. [Hg.]) 1921, 39. Jg., Bd. 2, Nr. 8, S. 169-177 + Nr. 9, S. 193-201
Berlin (Dietz) 1921
(Vorabdruck; Auszug aus 0739/588: Der Zarismus und seine Bundesgenossen 1914, 1922)
Thema: I, K
Publikation: B
Umfang: 57900 Anschläge
NACHWEISE:
SHL: (xt 176: Nr 2.3)
Nachweis in Hamburg: 18; H76 (J192)
Sonstiger Nachweis: 1a; 188;46; 206

0708
*Datensatznummer: 581**
Das Nationalitäten-Problem. In:
Preußische Jahrbücher (Schotte, W. [Hg.]) 1921, 185. Bd., S. 386-392
Berlin (Stilke) 1921

(Rezension: S. R. Steinmetz + Waldemar Mitscherlich)
Rezension
Thema: A, B
Publikation: B
Umfang: 22100 Anschläge
NACHWEISE:
SHL: (xt 176: Nr 5)
Nachweis in Hamburg: H76 (Ic199)
Sonstiger Nachweis: 1a; 188; B701; 46; 206
Erneut in Soziologische Studien und Kritiken: ***, S. 360-369

*x0719*
*Datensatznummer: 582*
*"Deutschland über alles". In:*
*Schleswig-Holsteinische Volkszeitung. Organ für das arbeitende Volk vom 15. 11. 1921*
*Kiel 1921*
*(Hinweis von E. Brenke, jedoch nichts ermittelt)*
*fraglich*
NACHWEISE:
*SHL: (Film)*
*Sonstiger Nachweis:*

*0710*
*Datensatznummer: 583*
Die obligatorischen Schiedsgerichte in Australien (nach Bryce). In:
Soziale Praxis (ab Jg. 19: und Archiv für Volkswohlfahrt) (Francke, E. [Hg.]) 1921, 30. Jg., Nr. 27, 6. 6. 1921, Sp. 712-714
Jena (Fischer) 1921
(Übersetzung von James Bryce, Modern Democracies, S. 249-254; siehe auch 0711/584)
Übersetzung
Thema: A, N
Publikation: B
Umfang: 8300 Anschläge
NACHWEISE:
SHL: (xt 117: Nr 2)
Nachweis in Hamburg: 18 (y1486)
Sonstiger Nachweis: 1a; B232;206

*0711*
*Datensatznummer: 584*
Obligatorisches Schiedsgerichtswesen in Neuseeland (nach Bryce). In:
Soziale Praxis (ab Jg. 19: und Archiv für Volkswohlfahrt) (Francke, E. [Hg.]) 1921, 30. Jg., S. 1038-1040
Jena (Fischer) 1921
(Fortsetzung von 0710/583)
Übersetzung
Thema: A, N
Publikation: B
Umfang: 20200 Anschläge
NACHWEISE:
Nachweis in Hamburg: 18 (y1486)
Sonstiger Nachweis: 1a; B232; 206

*x0716*
*Datensatznummer: 585*
*Spinoza en Marx. In:*
*De Tijdspiegel (Slesswijk, J.-G. [Red.]) 1921, 78. Jg., S. 289-294*
*Den Haag 1921*
*(Hinweis von E. Brenke, jedoch nicht nachgewiesen; vgl. 0763/634, 0769/645)*
*holl.*
NACHWEISE: *Zeitschrift in der ehemaligen Bundesrepublik Deutschland nicht nachgewiesen.*

*0715*
*Datensatznummer: 586*
Noorsche cultur. In:
De Tijdspiegel (Slesswijk, J.-G. [Red.]), 1921, 78. Jg., Nr. 10, 15. Oktober, S. 762-765
's Gravenhage 1921
(aus den Deutschen von Esther Finsch)
holl.
Thema: M
Publikation: B
Umfang: 9000 Anschläge
NACHWEISE:
SHL: (xt 115)
Sonstiger Nachweis:

*0702*
*Datensatznummer: 587**
Soziologie und Hochschulreform. In:
Weltwirtschaftliches Archiv (Harms, B. [Hg.]) 1920/21, Bd. 16, S. 212-245
Jena (Fischer) 1921
(Siehe dazu: 0703/561)
Thema: B, M, C. H. Becker
Publikation: Bw
Umfang: 98500 Anschläge
NACHWEISE:
SHL: Kopie + (Rv36)
Nachweis in Hamburg: 18 (x2649); H3
Sonstiger Nachweis: 8; 46; 206

## 1922

*0739*
*Datensatznummer: 588*
Der Zarismus und seine Bundesgenossen 1914. Neue Beiträge zur Kriegsschuldfrage, Berlin (Deutsche Verlagsgesellschaft) 1922 (Ferdinand Hansen, Hamburg, zugeeignet)
Monographie
Thema: B, K, I
Publikation: C
Umfang: 711300 Anschläge
NACHWEISE:
SHL: (xt 17)
Sonstiger Nachweis:

*0738*
*Datensatznummer: 589**
Kritik der öffentlichen Meinung (erneut: Aalen 1981, Scienta Verlag)
Berlin (Springer) 1922
Monographie
Thema: B
Publikation: C
Umfang: 1582000 Anschläge
NACHWEISE:
SHL: (xt 18)
Sonstiger Nachweis:

*0728*
*Datensatznummer: 590**
§ 166 Str. G. B. In:
Berliner Tageblatt vom 7. 11. 1922, Dienstag, Abend-Ausgabe, S. 2-3
Berlin 1922
Thema: I
Publikation: A
Umfang: 11800 Anschläge
NACHWEISE:
SHL: Kopie
Sonstiger Nachweis: 46; B701; 206

*0723*
*Datensatznummer: 591**
Vocabulaire philosophique. Socialisme utopique. In:
Bulletin de la Société Francaise de Philosophie, 1922, 22e annee, S. 50
Paris 1922
Lexikonartikel, franz.
Thema: F
Publikation: Bw
Umfang: 1200 Anschläge
NACHWEISE:
Sonstiger Nachweis: 46

*0725*
*Datensatznummer: 592**
Ferdinand Tönnies. Eutin (Holstein). In:
Deutsche Philosophie der Gegenwart in Selbstdarstellungen (Schmidt, R. [Hg.]) 1922, Bd. 3, S. 199-234 (2. ergänzte Aufl. 1923)
Leipzig (Meiner) 1922
Thema: U, B, F
Publikation: M
Umfang: 88000 Anschläge
NACHWEISE:
SHL: (xt 215: Nr 2)
Nachweis in Hamburg: 18
Sonstiger Nachweis:

*0735*
*Datensatznummer: 593*
Das Erbrecht im deutschen bürgerlichen Recht. In:
Finanzpolitische Zeitfragen (Deutsche Gesellschaft für Reichserbrecht [Hg.]) 1922, Heft 1, S. 5-8
Stuttgart (Moritz) 1922
Thema: H
Publikation: B
Umfang: 12300 Anschläge
NACHWEISE:
SHL: (xt 148: Nr 3)
Nachweis in Hamburg: H3
Sonstiger Nachweis:

*0724*
*Datensatznummer: 594*
Füllkrug, Gerhard: Der Selbstmord, Schwerin 1919. In:
Jahrbücher für Nationalökonomie und Statistik (Elster, L. [Hg.]) 1922, 119. Bd., S. 184-186
Jena (Fischer) 1922
Rezension
Thema: A, B, Statistik
Publikation: Bw
Umfang: 7300 Anschläge
NACHWEISE:
Nachweis in Hamburg: 18 (x1311)
Sonstiger Nachweis: 1a; 188; 206; 17

*x0737*
*Datensatznummer: 595*
*Die Schuldfrage. In:*

*Kieler Zeitung vom 7. 2. 1922*
*Kiel 1922*
*(Hinweis von E. Brenke, jedoch falsch; beachte: 0720/580)*
NACHWEISE:
*Sonstiger Nachweis: 8*

*0730*
*Datensatznummer: 596*
Zum Gedächtnis an Paul Barth (Geb. 1. 8. 1858 in Barathe in N.-Schlesien, gest. 30. 9. 1922 in Leipzig)
Kölner Vierteljahrshefte für Sozialwissenschaften (ab 1922: für Soziologie) (Eckert, C. u.a. [Hg.]) 1922, 2. Jg., Heft 4, S. 57-60
München/Leipzig (Duncker & Humblot) 1922
Thema: R
Publikation: Bw
Umfang: 8500 Anschläge
NACHWEISE:
SHL: (Cb 54. 39:43)
Nachweis in Hamburg: 18; H76 (Ic9)
Sonstiger Nachweis: 1a; 188; 206

*0718*
*Datensatznummer: 597*
Zum Gedächtnis an Franz Staudinger. In:
Kölner Vierteljahrshefte für Sozialwissenschaften (ab 1922: für Soziologie) (Eckert, C. u.a. [Hg.]) 1922, 2. Jg., S. 66-70
München/Leipzig (Duncker & Humblot) 1922
Nachruf
Thema: R
Publikation: Bw
Umfang: 11300 Anschläge
NACHWEISE:
SHL: (Cb 54. 39:45)
Nachweis in Hamburg: 18; H76 (Ic9)
Sonstiger Nachweis: 1a; 188; 206

*0727*
*Datensatznummer: 598*
Genossenschaftswesen. In:
Konsumgenossenschaftliche Rundschau, 1922, 19. Jg., Nr 16, 22. April, S. 186-187
Hamburg 1922
Thema: N
Publikation: B
Umfang: 19500 Anschläge
NACHWEISE:
SHL: (xt 120: Nr 11)
Nachweis in Hamburg: H3
Sonstiger Nachweis: 1a; 21; 25; 8; 206

*0734*
*Datensatznummer: 599*
Die Sozialdemokratie in der öffentlichen Meinung. In:
Die Neue Zeit. Wochenschrift der deutschen Sozialdemokratie (Cunow, H. [Hg.]) 1922, 40. Jg., S. 155-161
Berlin (Dietz) 1922
(Auszug aus: 0738/589, Kritik der öffentlichen Meinung, Stuttgart 1922)
Thema: B
Publikation: B
Umfang: 20200 Anschläge
NACHWEISE:
Nachweis in Hamburg: 18; H76 (J192)
Sonstiger Nachweis: 1a; 188; 46; 206

*0726*
*Datensatznummer: 600*
Zur Jubiläumstagung der Eisenacher Versammlung vom 6. + 7. Oktober 1872 ("Zur Besprechung der sozialen Frage"). In:
Soziale Praxis (ab Jg. 19: und Archiv für Volkswohlfahrt) (Heyde, L. [Hg.]) 1922, 31. Jg., 13./20. 9. 1922, S. 987-990
Jena (Fischer) 1922
Thema: L, Verein für Sozialpolitik
Publikation: B
Umfang: 19200 Anschläge
NACHWEISE:
Nachweis in Hamburg: 18 (y1486)
Sonstiger Nachweis: 1a; B232; 206

*0729*
*Datensatznummer: 601*
Gotteslästerung. In:
Das Tagebuch (Grossmann, St. [Hg.]) 1922, 3. Jg., Heft 41, 14. Oktober, S. 1438-1439
Berlin (Rowohlt) 1922
(Kommentar zum 'Gotteslästerungsprozeß' gegen C. Einstein + E. Rowohlt)
Stellungsnahme
Thema: M, I, Strafgesetzbuch
Publikation: B
Umfang: 1700 Anschläge
NACHWEISE:
SHL: (xt 148: Nr 2)
Nachweis in Hamburg: 18 (x10925)
Sonstiger Nachweis:

0731
*Datensatznummer: 602*
Hurwicz, Elias: Die Seelen der Völker, Gotha 1920. In:
Weltwirtschaftliches Archiv (Harms, B. [Hg.]) 1922, Bd. 17, 567-568
Jena (Fischer) 1922
Rezension
Thema: A, B
Publikation: Bw
Umfang: 4100 Anschläge
NACHWEISE:
SHL: (xt 212: Nr 1) + (Rv36)
Nachweis in Hamburg: 18 (x2649); H3
Sonstiger Nachweis: 8; 46; 206

0732
*Datensatznummer: 603*
Schmidt, Max: Die soziale Organisation der menschlichen Wirtschaft, Stuttgart 1920. In:
Weltwirtschaftliches Archiv (Harms, B. [Hg.]) 1922, Bd. 18, S. 201-203
Jena (Fischer) 1922
Rezension
Thema: A, B, Ethnologie
Publikation: Bw
Umfang: 6400 Anschläge
NACHWEISE:
SHL: (xt 212: Nr 2) + (Rv36)
Nachweis in Hamburg: 18 (x2649); H3
Sonstiger Nachweis: 8; 46; 206

0733
*Datensatznummer: 604*
Schmidt, Max: Der soziale Wirtschaftsprozeß der Menschheit, Stuttgart 1921. In:
Weltwirtschaftliches Archiv (Harms, B. [Hg.]) 1922, Bd. 18, S. 585-588
Jena (Fischer) 1922
Rezension
Thema: A, B, Ökonomie
Publikation: Bw
Umfang: 6400 Anschläge
NACHWEISE:
SHL: (xt 211: Nr 1) + (Rv36)
Nachweis in Hamburg: 18 (x2649); H3
Sonstiger Nachweis: 8; 46; 206

## 1923

0756
*Datensatznummer: 605*
Innere Kolonisation in Preußen insbesondere der ehemaligen Provinzen Posen und Westpreußen
Berlin (Vahlen) 1923
Monographie
(Autorisation lt. E. G. Jacoby fraglich)
Thema: I
Publikation: C
Umfang: 41400 Anschläge
NACHWEISE:
SHL: (xt 123: Nr 3)
Sonstiger Nachweis:

x0740
*Datensatznummer: 606*
*Die soziale Frage ehedem und heute. In:*
*Der Aufbau, 1923, S. 165-166 + S. 171-172*
*Ort unbekannt 1923*
*(Angabe nach E. Brenke; jedoch mehrere Zeitschriften dieses Namens)*
*fraglich*
NACHWEISE:

0751
*Datensatznummer: 607**
Professor Aulard. In:
Deutsche Allgemeine Zeitung vom 18. 2. 1923, 62. Jg., Nr. 80/81, Sonntags-Beilage
Berlin 1923
Thema: K, Taine
Publikation: A
Umfang: 15000 Anschläge
NACHWEISE:
SHL: (Cb 54. 39:25) + Foto
Nachweis in Hamburg: H3 (z7049)
Sonstiger Nachweis: B710; 188/211

0753
*Datensatznummer: 608**
Harald Höffding. Zum 80. Geburtstag, 11. März. In:
Deutsche Allgemeine Zeitung vom 11. 3. 1923, Jg. 62, Nr. 116/117, Sonntag
Berlin 1923
(Identisch mit 0753a/613a)
Thema: R
Publikation: A
Umfang: 8100 Anschläge
NACHWEISE:

SHL: (xt 98: Nr 6; Cb 54. 39:29)
Nachweis in Hamburg: H3 (z7049)
Sonstiger Nachweis: B710; 188/211

0752
*Datensatznummer: 609**
Wiederaufnahme des Verfahrens. In:
Deutsche Allgemeine Zeitung vom 11. 3. 1923, 62. Jg., Nr. 116/117, Sonntags-Beilage
Berlin 1923
Thema: I
Publikation: A
Umfang: 9500 Anschläge
NACHWEISE:
SHL: Foto
Nachweis in Hamburg: H3 (z7049)
Sonstiger Nachweis: B710; 188/211

x0754
*Datensatznummer: 610*
*Repressalien. In:*
*Deutsche Allgemeine Zeitung vom 18. 3. 1923, 62. Jg.*
*Berlin 1923*
*(Hinweis von E. Brenke, fragliche Quellenangabe, nicht gefunden)*
*fraglich*
NACHWEISE:
*Nachweis in Hamburg: H3 (z7049)*
*Sonstiger Nachweis: B710; 188/211*

0755
*Datensatznummer: 611*
Enthüllte Diplomatie. In:
Deutsche Allgemeine Zeitung vom 19. 8. 1923, 62. Jg., Beiblatt, Morgenausgabe
Berlin 1923
(Rezension G. P. Gooch, Recent Revolutions or European Diplomacy, 1923)
Rezension
Thema: I, K, A
Publikation: A
Umfang: 9300 Anschläge
NACHWEISE:
SHL: (xt 178: Nr 10)
Nachweis in Hamburg: H3 (z7049)
Sonstiger Nachweis: B710; 188/211

0741
*Datensatznummer: 612**
Macht und Wert der öffentlichen Meinung. In:
Die Dioskuren. Jahrbuch für Geisteswissenschaften (Strich, W. [Hg.]) 1923, 2. Bd., S. 72-99
München (Meyer + Jessen) 1923
(Separate Abhandlung; siehe dazu: 0738/589, Kritik der öffentlichen Meinung, Berlin 1922)
Thema: B
Publikation: B
Umfang: 65400 Anschläge
NACHWEISE:
SHL: (xt 110: Nr 2)
Nachweis in Hamburg: 18 (A1950/4397)
Sonstiger Nachweis: 1a; 83; 188; B701

0742
*Datensatznummer: 613*
Zweck und Mittel im sozialen Leben. In:
In: Hauptprobleme der Soziologie. Erinnerungsgabe für Max Weber, Bd. 1, S. 235-270
München/Leipzig 1923
Buchbeitrag
Thema: B
Publikation: M
Umfang: 108600 Anschläge
NACHWEISE:
Nachweis in Hamburg: H76 (Id1)
Sonstiger Nachweis:
Erneut in Soziologische Studien und Kritiken: ***, S. 1-39

0753a
*Datensatznummer: 613a**
*F. T.*
Harald Höffding. Zum 80. Geburtstage. (11. März). In:
Kieler Zeitung vom 11. 3. 1923, Nr. 118, Sonntag, morgens, 3. Blatt
Berlin 1923
(Unter 'F. T.' veröffentlicht; identisch mit 753/608)
Thema: R
Publikation: A
Umfang: 8100 Anschläge
NACHWEISE:
SHL: Film, Kopie
Sonstiger Nachweis:

0744
*Datensatznummer: 614*
Egoismus und Gemeinschaftsgeist. In:
Konsumgenossenschaftliche Rundschau, 1923, 20. Jg., S. 235-236
Hamburg 1923
(Siehe dazu auch: 0894/747)
Thema: B
Publikation: B

Umfang: 9200 Anschläge
NACHWEISE:
SHL: (xt 120: Nr 12)
Nachweis in Hamburg: H3
Sonstiger Nachweis: 1a; 21; 25; 8; 206

0743
*Datensatznummer: 615*
Sozialreform ehedem und heute. In:
Soziale Praxis (ab Jg. 19: und Archiv für Volkswohlfahrt) (Heyde, L. [Hg.]) 1923, 32. Jg., Nr. 29, 19. 7. 1903, S. 659-666
Jena (Fischer) 1923
Thema: L, Kathedersozialismus
Publikation: B
Umfang: 31600 Anschläge
NACHWEISE:
SHL: (xt 109: Nr 2)
Nachweis in Hamburg: 18 (y1486)
Sonstiger Nachweis: 1a; B232; 206

0745
*Datensatznummer: 616**
Principielle bemerkninger til revolutionsteorien. In:
Tidsskrift fo Bank- og Finanzvaesen, 1923, 9. Jg., Nr. 1, Januar, S. 17-19
Kristiania 1923
norweg.
(Siehe auch 0671/540)
Thema: B, Revolutionstherie
Publikation: B
Umfang: 16700 Anschläge
NACHWEISE:
SHL: Kopie
Sonstiger Nachweis: 206 (y3820)

0746
*Datensatznummer: 617*
Ansprache des Präsidenten, Geheimrats Prof. Dr. Tönnies zur Eröffnung des III. Deutschen Soziologentages. In:
Verhandlungen des 3. Deutschen Soziologentages am 24.+ 25. 9. 1922 in Jena, 1923, 1. Serie, S. 1-5
Tübingen (Mohr) 1923
Ansprache
Thema: U
Publikation: Bw
Umfang: 8800 Anschläge
NACHWEISE:
SHL: (xt 100: Nr 3)
Nachweis in Hamburg: H76 (Ic8)
Sonstiger Nachweis:

0747
*Datensatznummer: 618**
Eberle, Franz X.: Katholische Wirtschaftsmoral, Freiburg/Br. 1921. In:
Weltwirtschaftliches Archiv (Harms, B. [Hg.]) 1923, Bd. 19, S. 439-441
Jena (Fischer) 1923
Rezension
Thema: A, B, L
Publikation: Bw
Umfang: 3900 Anschläge
NACHWEISE:
SHL: (xt 211: Nr 2) + (Rv36)
Nachweis in Hamburg: 18 (x2649); H3 (z5071)
Sonstiger Nachweis: 8; 46; 206
Erneut in Soziologische Studien und Kritiken: ***, S. 464-466

0748
*Datensatznummer: 619**
Zur Soziologie des demokratischen Staates. In:
Weltwirtschaftliches Archiv (Harms, B. [Hg.]) 1923, Bd. 19, S. 540-584
Jena (Fischer) 1923
(Auch 20 Rezensionen: Alexis de Tocqueville, Eduard Alletz, G. G. Gervinus, Henry S. Maine, James Bryce, Emile Laveleye, W. E. H. Lecky, Georg Jellinek, Wilhelm Hasbach, N. Bucharin, A. T. Hadley, J. Dowd, Heinrich Cunow, Max Weber, Richard Thoma, Karl Schmitt, Brinkmann, Karl Landauer)
Rezension
Thema: B, Demokratie
Publikation: Bw
Umfang: 140600 Anschläge
NACHWEISE:
SHL: (Rv36)
Nachweis in Hamburg: 18 (x2649); H3 (z5071)
Sonstiger Nachweis: 8; 46; 206
Erneut in Soziologische Studien und Kritiken: **, S. 304-352

0736
*Datensatznummer: 620**
Hertwig, Oscar: Der Staat als Organismus. Gedanken zur Entwicklung der Menschheit, Jena 1922, 264 Seiten. In:
Zeitschrift für Internationales Recht (Niemeyer, T. [Hg.]) 1923, 30. Bd., S. 303-304
München/Leipzig (Duncker & Humblot) 1923

Rezension
Thema: A, B
Publikation: Bw
Umfang: 4400 Anschläge
NACHWEISE:
SHL: Kopie
Nachweis in Hamburg: 18 (x2335); H3
Sonstiger Nachweis: 206; 20; 355; 7

0749
*Datensatznummer: 621**
Rosenzweig, Franz: Hegel und der Staat. 2 Bde., München/Leipzig 1920. In:
Zeitschrift für Politik (Schmidt, R. + Grabowsky, A. [Hg.]) 1923, 16. Bd., S. 172-176
Berlin (Heymann) 1923
Rezension
Thema: A, F
Publikation: Bw
Umfang: 9100 Anschläge
NACHWEISE:
SHL: (xt 193: Nr 2)
Nachweis in Hamburg: H88; H40
Sonstiger Nachweis: 188; 46; 206; 4; 6; 7

0750
*Datensatznummer: 622*
Hobbes und das zoon politicon. In:
Zeitschrift für Völkerrecht (Kohler, J. + Fleischmann, M. [Hg.]) 1923, Bd. 12, Heft 4, S. 471-488
Breslau (Kern's Verlag) 1923
Thema: G
Publikation: Bw
Umfang: 53400 Anschläge
NACHWEISE:
SHL: (xt 64: Nr 7)
Nachweis in Hamburg: 18 (x767)
Sonstiger Nachweis: 206; 4; 6; 7

## 1924

0757
*Datensatznummer: 623*
Antikritik. In:
Archiv für Politik und Geschichte. Monatsschrift/Neue Folge der "Hochschule" (Mahrholz, W. + Roeseler, H. [Hg.]) 1924, Nr. 7, S. 108-110
Berlin 1924
(Replik auf Rezension von F. T., Der Zarismus und seine Bundesgenossen 1914, Berlin 1922, von G. v. Frantzius)
Thema: A, K, I, K. Kautsky
Publikation: Bw
Umfang: 8200 Anschläge
NACHWEISE:
SHL: (xt 176: Nr 6)
Nachweis in Hamburg: 18 (x1298)
Sonstiger Nachweis:

0759
*Datensatznummer: 624*
Verbrechertum in Schleswig-Holstein. 3 Stücke. In:
Archiv für Sozialwissenschaft und Sozialpolitik, 1924-1927, Bde. 5?, 58 + 61, S. 761-805; S. 608-628; S. 322-359
Tübingen (Mohr) 1924
(mit 2 Graphiken und vielen Tabellen)
Thema: D, P, Z
Publikation: Bw
Umfang: 265200 Anschläge
NACHWEISE:
SHL: (xt 135: Nr 3-5)
Nachweis in Hamburg: 18 (x479)
Sonstiger Nachweis:

0785
*Datensatznummer: 625**
Jahreswende - Schicksalswende? In:
Deutsche Allgemeine Zeitung vom 13. 1. 1924, 63 Jg., Nr. 19/20, Sonntag-Beilage
Berlin 1924
Thema: I, U
Publikation: A
Umfang: 9500 Anschläge
NACHWEISE:
SHL: Foto
Nachweis in Hamburg: H3 (z7049)
Sonstiger Nachweis: B710; 188/211

*x0786*
*Datensatznummer: 626*
*Idee, Ideen, Variationen. In:*
*Deutsche Allgemeine Zeitung vom 9. 3. 1924, 63. Jg.*
*Berlin 1924*
*(Hinweis von E. Brenke, nichts gefunden)*
*fraglich*
NACHWEISE:
*Nachweis in Hamburg: H3 (z7049)*
*Sonstiger Nachweis: B710; 188/211*

0787
*Datensatznummer: 627*
Zur Krise der Sozialpolitik. In:
Deutsche Allgemeine Zeitung vom 9. 3. 1924, 63. Jg., Nr. 115/116, Beiblatt
Berlin 1924
Thema: L
Publikation: A
Umfang: 13900 Anschläge
NACHWEISE:
SHL: (xt98 Nr. 3)
Nachweis in Hamburg: H3 (z7049)
Sonstiger Nachweis: B710; 188/211

0768
*Datensatznummer: 628*
Aall, Herman Harris: Interessen som normativ idé, Teil 3, Christiania 1920. In:
Deutsche Literaturzeitung für Kritik der Internationalen Wissenschaft (Verband der deutschen Akademie der Wissenschaften [Hg.]) 1924, 45. Jg. vom 16. 8. 1924, S. 1460-1463
Berlin (De Gruyter) 1924
(Siehe auch 0594/463)
Rezension
Thema: A, B, H
Publikation: Bw
Umfang: 8000 Anschläge
NACHWEISE:
SHL: (xt 208: Nr 22)
Nachweis in Hamburg: 18 (y434)
Sonstiger Nachweis: 1a; 188; 8; 46; 206; B212

0792
*Datensatznummer: 629**
Statistik und Mathematik. In:
Deutsches Statistisches Zentralblatt (Würzburger, E. u.a. [Hg.]) 1924, 16. Jg., Nr. 7/8, Oktober/Dezember, Sp. 118
Leipzig/Berlin (Teubner) 1924
(Titel von der Redaktion; siehe dazu ebd., S. 89-92; darauf bezogen schriftliche Äußerung von F. Tönnies)
Thema: B
Publikation: Bw
Umfang: 500 Anschläge
NACHWEISE:
SHL: Kopie
Nachweis in Hamburg: H261 (14KbD1); 205
Sonstiger Nachweis: 206; 83

0760
*Datensatznummer: 630**
Immanuel Kants Weltbedeutung. In:
Der Firn. Sozialistische Rundschau über das politische, wirtschaftliche und kulturuelle Leben, 1924, 5. Jg., Heft 13/15, S. 244-245
Berlin 1924
Thema: F
Publikation: B
Umfang: 6100 Anschläge
NACHWEISE:
SHL: (xt 62: Nr 4)
Sonstiger Nachweis: 46 (Zpol386.4/250-5)

0788
*Datensatznummer: 631**
Ein Soziologenkongreß. In:
Frankfurter Zeitung vom 11. 6. 1924, Nr. 429, S. 1-2
Frankfurt 1924
(Betr.: Internationaler soziologische Kongreß in Rom, 1924)
Thema: B, M
Publikation: A
UMFANG: 13900 Anschläge
NACHWEISE:
SHL: Kopie
Sonstiger Nachweis: 188/211 (Film); 17; 30

0761
*Datensatznummer: 632*
Eine Umfrage zum Weltfriedenskongreß. In:
Die Friedens-Warte. Blätter für internationale Verständigung (Fried, A. v. [Begründer]) 1924, 24. Jg., Heft 8/9, S. 211
Basel 1924
(Antwort von Tönnies)
Thema: I
Publikation: B
UMFANG: Autopsie bisher nicht möglich
NACHWEISE:
SHL: (xt 172: Nr 2)
Nachweis in Hamburg: H88
Sonstiger Nachweis: 206; 7; 16; 24; 292

0762
*Datensatznummer: 633*
Korrelation der Parteien in Statistik der Kieler Reichstagswahl. In:
Jahrbücher für Nationalökonomie und Statistik (Hildebrandt, B. [Begründer]) 1924, Bd. 122, S. 663-672
Jena (Fischer) 1924

(mehrere Tabellen)
Thema: B, P, Statistik
Publikation: Bw
Umfang: 32600 Anschläge
NACHWEISE:
SHL: (xt 136: Nr 2)
Nachweis in Hamburg: 18 (x1311)
Sonstiger Nachweis: 1a; 188; 206; 17

*0763*
*Datensatznummer: 634*
Spinoza und Marx. In:
Judentum - Judenvolk - Judenland. Eine Sammelbroschüre-Reihe (Selden, R. [Hg.]) 1924, 1. Folge, S. 34-38
Brünn/Wien (Hickl) 1924
(Vgl. auch: 0721/579; 0716/585; 0769/645)
Thema: F, Judentum
Publikation: B
Umfang: 9900 Anschläge
NACHWEISE:
SHL: (xt 62: Nr 5)
Sonstiger Nachweis:

*x0764*
*Datensatznummer: 635*
*Empfehlenswerte Bücher. In:*
*Judentum - Judenvolk - Judenland. Eine Sammelbroschüre-Reihe (Selden, R. [Hg.]) 1924, 1. Folge, S. 40*
*Brünn/Wien 1924*
*(Vorschlagsliste; nicht ermittelt, vielleicht in: Der unsichtbare Tempel, München, Reinhardt-Verlag?)*
NACHWEISE: *Zeitschrift in der ehemaligen Bundesrepublik Deutschland nicht nachgewiesen*

*0789*
*Datensatznummer: 636*
Kieler Begebenheiten und Betrachtungen. In:
Kieler Zeitung vom 2. 3. 1924
Kiel 1924
Thema: P, I, L, Werften
Publikation: A
Umfang: 16600 Anschläge
NACHWEISE:
SHL: (xt 98: Nr 4 <Korrekturex.>)
Sonstiger Nachweis: 8

*0790*
*Datensatznummer: 637**
Deutsch-nordische Kulturpflege. In:
Kieler Zeitung vom 23. 3. 1924
Kiel 1924
(Rezension: Nordische Blätter, Lübeck und Nordland, Keitum/Sylt)
Rezension
Thema: P, A
Publikation: A
Umfang: 4900 Anschläge
NACHWEISE:
SHL: (Film 104 + Kopie)
Sonstiger Nachweis: 8

*0772*
*Datensatznummer: 638*
Branford, Victor: Science and Sanctity, London 1923. In:
Kölner Vierteljahrshefte für Sozialwissenschaften (ab 1922: für Soziologie) (Eckert, C. u.a. [Hg.]) 1924/25, 4. Jg., Heft 1/2, S. 107-108
München/Leipzig (Duncker & Humblot) 1924
Rezension
Thema: A, B
Publikation: Bw
Umfang: 4200 Anschläge
NACHWEISE:
SHL: (xt 194: Nr 18)
Nachweis in Hamburg: 18; H76 (Ic9)
Sonstiger Nachweis: 1a; 188; 206

*0773*
*Datensatznummer: 639*
Der internationale Soziologentag in Rom. In:
Kölner Vierteljahrshefte für Sozialwissenschaften (ab 1922: für Soziologie) (Eckert, C. u.a. [Hg.]) 1924/25, 4. Jg., Heft 1/2, S. 118-121
München/Leipzig (Duncker & Humblot) 1924
Thema: B
Publikation: Bw
Umfang: 11100 Anschläge
NACHWEISE:
Nachweis in Hamburg: 18; H76 (Ic9)
Sonstiger Nachweis: 1a; 188; 206

*0791*
*Datensatznummer: 640**
Das Journalistengesetz. Eine Entgegung. In:
Kölnische Zeitung vom 22. 12. 1924, Montag, Beilage zur Abend-Ausgabe
Köln (DuMont) 1924
(Replik auf Rezension der 'Kritik der Öffentlichen Meinung' [0738/589] durch Ernst Posse; Entgegung ebd., 22. 11. 1924)
Leserbrief
Thema: I

Publikation: A
Umfang: 10000 Anschläge
NACHWEISE:
SHL: Kopie
Sonstiger Nachweis: 206 (ZuIX6)

x0767
*Datensatznummer: 641*
*Kant und die Monarchie. In:*
*Kulturfragen-Korrespondenz, 1924*
*Ort unbekannt 1924*
*(Hinweis von E. Brenke, jedoch noch nicht ermittelt)*
NACHWEISE: *Zeitschrift in der ehemaligen Bundesrepublik Deutschland nicht nachgewiesen*

0771
*Datensatznummer: 642**
Kulturbedeutung der Religionen. In:
Schmollers Jahrbuch für Gesetzgebung, Verwaltung und Volkswirtschaft (Spiethoff, A. [Hg.]) 1924, 48. Jg., Heft 1/2, S. 1-30
München/Leipzig (Duncker & Humblot) 1924
Thema: B, E
Publikation: Bw
Umfang: 77400 Anschläge
NACHWEISE:
SHL: (xt 74: Nr 4)
Nachweis in Hamburg: H76 (Ic64); H3
Sonstiger Nachweis: 46; 206
Erneut in Soziologische Studien und Kritiken: **, S. 353-380

0770
*Datensatznummer: 643*
Sozialpolitik und Staatssozialismus. In:
Soziale Praxis (ab Jg. 19: und Archiv für Volkswohlfahrt) (Heyde, L. [Hg.]) 1924, 33. Jg., Nr. 18, 1. 5. 1924, Sp. 366-367
Jena (Fischer) 1924
(auch Rezension: H. Herkner, Titel wie oben, in: Der Arbeitgeber, 1924)
Thema: L, Sozialpolitik
Publikation: B
Umfang: 7600 Anschläge
NACHWEISE:
SHL: (xt 109: Nr 3)
Nachweis in Hamburg: 18 (y1486)
Sonstiger Nachweis: 1a; B232; 206

0775
*Datensatznummer: 644*
Neuere soziologische Literatur. In:
Weltwirtschaftliches Archiv (Harms, B. [Hg.]) 1924, Bd. 20, Heft 2, S. 259-273
Jena (Fischer) 1924
(8 Rezensionen: Franz Oppenheimer, Max Weber, R. Wilbrandt, Alfred Vierkandt, Werner Sombart, Hans L. Stoltenberg, Ernst Troeltsch, Karl Nötzel)
Rezension
Thema: A, B
Publikation: Bw
Umfang: 44700 Anschläge
NACHWEISE:
SHL: (xt 190: Nr 2) + (Rv36)
Nachweis in Hamburg: 18 (x2649); H3
Sonstiger Nachweis: 8; 46; 206

0784
*Datensatznummer: 644a*
Skalweit, A., Das Pachtproblem, Bonn/Leipzig 1922. In:
Weltwirtschaftliches Archiv (Harms, B. [Hg.]) 1924, Bd. 20, Heft 2, S. 276
Jena (Fischer) 1924
Rezensionen
Thema: L
Publikation: Bw
Umfang: 3000 Anschläge
NACHWEISE:
Nachweis in Hamburg: 18 (x2649); H3
Sonstiger Nachweis: 8; 46; 206

x0769
*Datensatznummer: 645*
*Spinoza und Marx. In:*
*Wiener Morgenzeitung vom 14. 10. 1924*
*Wien 1924*
*(Quellenangabe nicht korrekt. Vgl.: 0716/585, 0763/634)*
*fraglich*
NACHWEISE:
*Sonstiger Nachweis: 46*

## 1925

0816
*Datensatznummer: 646*
Soziologische Studien und Kritiken, Sammlung I, 374 Seiten
Jena (Fischer) 1925

(Vorwort; sonst erneuter Abdruck früherer Veröffentlichungen)
Aufsatzsammlung
Thema: B
Publikation: C
Umfang: 4000 Anschläge
NACHWEISE:
SHL: (Rv37 + xt27)
Nachweis in Hamburg: H76
Sonstiger Nachweis:

_0793_
*Datensatznummer: 647*
Die Gewerkschaften in soziologischer Hinsicht. In:
Die Arbeit. Zeitschrift für Gewerkschaftspolitik und Wirtschaftskunde (Leipart, Th. [Hg.]), 1925, 2. Jg., 4. Heft S. 193-201
Berlin 1925
Thema: B, N
Publikation: B
Umfang: 29100 Anschläge
NACHWEISE:
SHL: (xt 107: Nr 3)
Nachweis in Hamburg: 18 (Ic74)
Sonstiger Nachweis:

_0758_
*Datensatznummer: 648*
August Sturm (1852-1923). In:
Archiv für Rechts- und Wirtschaftsphilosophie (Kohler, J. + Berolzheimer, F. [Begründer]) 1925, Bd. 18, S. 143-149
Berlin/Leipzig (Rothschild) 1925
Thema: R
Publikation: Bw
Umfang: 16800 Anschläge
NACHWEISE:
SHL: (Cb 54. 39:36)
Nachweis in Hamburg: H76 (J53)
Sonstiger Nachweis:

_0794_
*Datensatznummer: 649*
Begriff und Gesetz menschlichen Fortschritts. In:
Archiv für Sozialwissenschaft und Sozialpolitik, 1925, Bd. 53, Heft 1, S. 1-10
Tübingen (Mohr) 1925
(Referat für den 3. Kongreß des italienischen Instituts für Soziologie, 1924)
Thema: B
Publikation: Bw
Umfang: 24700 Anschläge
NACHWEISE:
SHL: (xt 90: Nr 8)
Nachweis in Hamburg: 18 (x479)
Sonstiger Nachweis:

_0815_
*Datensatznummer: 650**
Wahlstatistische Untersuchungen. In:
Deutsches Statistisches Zentralblatt (Würzburger, E. u.a. [Hg.]) 1925, 17. Jg., Nr. 1/2, Januar/März, Sp. 13-14
Leipzig/Berlin (Teubner) 1925
(Siehe dazu: 0762/633)
Thema: B, Reichstagswahl
Publikation: Bw
Umfang: 3600 Anschläge
NACHWEISE:
SHL: Kopie
Nachweis in Hamburg: H261 (14KbD1); 205
Sonstiger Nachweis: 206; 83

_0765_
*Datensatznummer: 651**
Der Kampf um die Wahrheit. In:
Ethische Kultur. Halbmonatsschrift für sozial-ethische Reformen (Gizycki, G. v. [Begründer]) 1925, 33. Jg., 15. 3. 1925, S. 19-22
Berlin (Bieber) 1925
Thema: I
Publikation: B
Umfang: 20300 Anschläge
NACHWEISE:
SHL: Kopie
Sonstiger Nachweis: 1a (8u4Np17400)

_0766_
*Datensatznummer: 652*
Reform der Presse. In:
Ethische Kultur. Halbmonatsschrift für sozial-ethische Reformen (Gizycki, G. v. [Begründer]) 1925, 33. Jg., Nr. 4, 15. 4. 1925, S. 26-27
Berlin (Bieber) 1925
(Rezension: Karl Bücher + Ernst Posse)
Rezension
Thema: A, I
Publikation: B
Umfang: 7100 Anschläge
NACHWEISE:
SHL: (xt 113: Nr 1)
Sonstiger Nachweis: 1a (8u4Np17400)

*0795*
*Datensatznummer: 653*
Die Tendenzen des heutigen sozialen Lebens. In:
Ethos. Vierteljahrsschrift für Soziologie, Geschichts- und Kulturphilosophie (Koigen, D. [Hg.]) 1925/1926, 1. Jg., Hefte 1, 2, + 4,
S. 54-67 + S. 202-215 + S. 548-556
Karlsruhe (Braun) 1925
(mit mehreren Tabellen)
Thema: B, I, Geist der Neuzeit
Publikation: Bw
Umfang: 90500 Anschläge
NACHWEISE:
SHL: (xt 105)
Nachweis in Hamburg: H76 (Ic14)
Sonstiger Nachweis: 1a; 188; 206

*0796*
*Datensatznummer: 654*
Moral und Recht - Gemeinschaft und Gesellschaft. In:
Die Gemeinschaft. Monatsschrift für soziale Kultur (Augustiny, W. [Hg.]) 1925, 1. Jg., März,
S. 2
Hamburg 1925
Thema: B, H
Publikation: B
Umfang: 3600 Anschläge
NACHWEISE:
SHL: (xt 73: Nr 3)
Nachweis in Hamburg: H46
Sonstiger Nachweis:

*0797*
*Datensatznummer: 655*
Moralstatistik. In:
Handwörterbuch der Staatswissenschaften (Elster, L. u.a. [Hg.]) 1925, Bd. 6, 4. Aufl.,
S. 637-645
Jena 1925
Thema: B
Publikation: M
Umfang: 44900 Anschläge
NACHWEISE:
SHL: (xt 136: Nr 1)
Nachweis in Hamburg: H76 (Ie59)
Sonstiger Nachweis:
Erneut in Soziologische Studien und Kritiken: ***, S. 117-131

*0817*
*Datensatznummer: 656**
Vorwort
In: Weber, Reinhard, Konsumgenossenschaften und Klassenkampf (Das Neutralitätsprinzip der konsumgenossenschaftlichen Bewegung),
S. VII-IX
Halberstadt (Meyer's Buchdruckerei) 1925
Vorwort
Thema: W, N
Publikation: M
Umfang: 6500 Anschläge
NACHWEISE:
SHL: Kopie
Nachweis in Hamburg: H261 (14FXIII27); 205
Sonstiger Nachweis:

*0798*
*Datensatznummer: 657*
Richtlinien für das Studium des Fortschritts und der sozialen Entwicklung. In:
Jahrbuch für Soziologie. Eine internationale Sammlung (Salomon, G. [Hg.]) 1925, 1. Bd.,
S. 166-221
Karlsruhe (Braun) 1925
Thema: B, Geschichte
Publikation: Bw
Umfang: 153700 Anschläge
NACHWEISE:
Nachweis in Hamburg: 18; H76 (Ic12)
Sonstiger Nachweis: 1a; 188; 188/211; 46; 206

*0799*
*Datensatznummer: 658**
Gemeinschaft und Gesellschaft. (Theorem der Kultur-Philosophie.) Entwurf von 1880/91. In:
Kant-Studien. Philosophische Zeitschrift (Vaihinger, H. [Begründer]) 1925, 30. Jg.,
S. 149-179
Berlin (De Gruyter) 1925
(Entwurf zu 0013/7 aus dem Jahre 1880, zuerst in: Soziologische Studien und Kritiken, 1925 [816/646])
Thema: B
Publikation: Bw
Umfang: 90600 Anschläge
NACHWEISE:
Nachweis in Hamburg: 18 (x2859)
Sonstiger Nachweis: 1a; 8; 46
Erneut in Soziologische Studien und Kritiken: *,
S. 1-33

*0774*
*Datensatznummer: 659*
Zum Gedächtnis von Paul Natorp (geb. 24. Jan. 1854, gest. 17. Aug. 1924). In:

Kölner Vierteljahrshefte für Sozialwissenschaften (ab 1922: für Soziologie) (Eckert, C. u.a. [Hg.]) 1924/25, 4. Jg., S. 309-313
München/Leipzig (Duncker & Humblot) 1925
Nachruf
Thema: R
Publikation: Bw
Umfang: 17100 Anschläge
NACHWEISE:
Nachweis in Hamburg: 18; H76 (Ic9)
Sonstiger Nachweis: 1a; 188; 206

0807
*Datensatznummer: 660*
C. N. Starcke † (1858-1925). In:
Kölner Vierteljahrshefte für Sozialwissenschaften (ab 1922: für Soziologie) (Eckert, C. u.a. [Hg.]) 1924/25, 5. Jg., S. 490-491
München/Leipzig (Duncker & Humblot) 1925
Nachruf
Thema: R
Publikation: Bw
Umfang: 1500 Anschläge
NACHWEISE:
Nachweis in Hamburg: 18; H76 (Ic9)
Sonstiger Nachweis: 1a; 188; 206

0803
*Datensatznummer: 661*
Ökonomie und Vergeudung. In:
Konsumgenossenschaftliche Rundschau, 1925, 22. Jg., Nr. 49, 5. Dezember, S. 597-599
Hamburg 1925
(Vgl.: 0800/667; 0808/664; auch in Finnland und Schweden publiziert)
Thema: L
Publikation: B
Umfang: 14200 Anschläge
NACHWEISE:
Nachweis in Hamburg: H3
Sonstiger Nachweis: 1a; 21; 25; 8; 206

0825
*Datensatznummer: 662*
Aus einem englischen Bericht aus Paris vom 16. 6. 1914. In:
Die Kriegsschuldfrage (später: Berliner Monatshefte) (Wegerer, A. v. [Hg.]) 1925, 3. Jg., S. 762-765
Berlin 1925
(Siehe dazu: New Statesman vom 20.6.1914)
Thema: O, K
Publikation: B
Umfang: 6900 Anschläge
NACHWEISE:
Nachweis in Hamburg: 18 (x3682)
Sonstiger Nachweis: 1a; 188; 206

0811
*Datensatznummer: 663*
Lüders, E. V.: Minna Cauer, Leben und Werk, Gotha 1925. In:
Literarische Wochenschrift. Kritisches Zentralblatt für die gesamte Wissenschaft (Zarncke, E. [Begründer]) 1925, Nr. 7 vom 18. 6. 1925, S. 212
Weimar (Wagner + Sohn) 1925
Rezension
Thema: A, U
Publikation: Bw
Umfang: 1700 Anschläge
NACHWEISE:
Nachweis in Hamburg: 18 (B13349)
Sonstiger Nachweis:

x0808
*Datensatznummer: 664*
*Ökonomie und Vergeudung. In:*
*Schleswig-Holsteinische Volkszeitung. Organ für das arbeitende Volk, 1925*
*Kiel 1925*
*(Hinweis von E. Brenke, jedoch nicht ermittelt; vgl. auch 0800/667, 0803/661; auch in Finnland + Schweden publiziert?)*
*Thema:*
*Publikation: A*
NACHWEISE:
*SHL: (Film)*
*Sonstiger Nachweis: 8 (Ztgi30)*

0804
*Datensatznummer: 665**
Tröltsch und die Philosophie der Geschichte. In:
Schmollers Jahrbuch für Gesetzgebung, Verwaltung und Volkswirtschaft (Spiethoff, A. [Hg.]) 1925, 49. Jg., Heft 1, S. 147-191
München/Leipzig (Duncker & Humblot) 1925
(Rezension: Ernst Troeltsch, Gesammelte Schriften, 3. Bd.: Der Historismus und seine Probleme, Tübingen 1922)
Rezension
Thema: A, F
Publikation: Bw
Umfang: 128500 Anschläge
NACHWEISE:
SHL: (xt 80: Nr 13)

Nachweis in Hamburg: H76; H3
Sonstiger Nachweis: 46; 206
Erneut in Soziologische Studien und Kritiken: **, S. 381-429

*0805*
*Datensatznummer: 666*
Kantorowicz, Ludwig: Die sozialdemokratische Presse Deutschlands, Tübingen 1922. In: Schmollers Jahrbuch für Gesetzgebung, Verwaltung und Volkswirtschaft (Spiethoff, A. [Hg.]) 1925, 49. Jg., S. 963-964
Leipzig/Berlin (Duncker & Humblot) 1925
Rezension
Thema: A, B
Publikation: Bw
Umfang: 5000 Anschläge
NACHWEISE:
SHL: (xt 197: Nr 3)
Nachweis in Hamburg: H76 (Ic64); H3
Sonstiger Nachweis: 46; 206

*0800*
*Datensatznummer: 667**
Oekonomie und Vergeudung. In:
Schweiz. Konsum-Verein. Organ des Verbandes schweiz. Konsumvereine, 1925, 25. Jg., Nr. 50, 12. Dezember, S. 597-600
Basel 1925
(Vgl.: 0803/661; 0808/664; auch in Schweden und Finnland publiziert?)
Thema: L
Publikation: B
Umfang: 14400 Anschläge
NACHWEISE:
SHL: Kopie
Sonstiger Nachweis: 38

*0801*
*Datensatznummer: 668*
Die Arbeitszeitfrage in Deutschland. In:
Soziale Praxis (ab Jg. 19: und Archiv für Volkswohlfahrt) (Heyde, L. [Hg.]) 1925, 34. Jg., Nr. 5 (29. 1.) + 6 (5. 2. 1925), S. 92-95 + S. 127-130 + S.
Jena (Fischer) 1925
(Rezension: Titel s. o. Eine Denkschrift, Hg.: Vereinigung der Arbeitgeberverbände)
Rezension
Thema: A, L, Arbeiterschutz
Publikation: B
Umfang: 37100 Anschläge
NACHWEISE:
SHL: (xt 109: Nr 4-5)
Nachweis in Hamburg: 18 (y1486)
Sonstiger Nachweis: 1a; B232; 206

*0802*
*Datensatznummer: 669*
Der Klassengegensatz. In:
Soziale Praxis (ab Jg. 19: und Archiv für Volkswohlfahrt) (Heyde, L. [Hg.]) 1925, 34. Jg., Nr. 19, 7. 5. 1925, Sp. 402-404
Jena (Fischer) 1925
Thema: I, B, Soziale Schichtung
Publikation: B
Umfang: 13100 Anschläge
NACHWEISE:
SHL: (xt 80: Nr 15)
Nachweis in Hamburg: 18 (y1486)
Sonstiger Nachweis: 1a; B232; 206

*0806*
*Datensatznummer: 670*
Eröffnungsrede des Präsidenten. In:
Verhandlungen des 4. Deutschen Soziologentages am 29. + 30. 9. 1924 in Heidelberg, 1925, 1. Serie, Bd. 4, S. 1-7
Tübingen (Mohr) 1925
Ansprache
Thema: U
Publikation: Bw
Umfang: 4800 Anschläge
NACHWEISE:
SHL: (xt 100: Nr 4)
Nachweis in Hamburg: H76 (Ic8)
Sonstiger Nachweis:

*x0814*
*Datensatznummer: 671*
*Unternehmer und Gewerkschaften. Eine Umfrage. In:*
*Vossische Zeitung vom 17. 9. 1925*
*Berlin 1925*
*(Hinweis von E. Brenke, jedoch nichts ermittelt)*
*fraglich*
NACHWEISE:
*Sonstiger Nachweis: 188/211 (Film); 46*

*x0809*
*Datensatznummer: 672*
*Die Protokolle der Weisen von Zion. Offener Brief an Benjamim Segel. In:*
*Die Wahrheit. Halbmonatschrift zur Vertiefung in die Fragen und Aufgaben des Menschenlebens, 1925, Bd. 37/38*
*Stuttgart 1925*

*(Hinweis von J. Zander, nicht ermittelt)*
NACHWEISE:

*0810*
*Datensatznummer: 673*
Huggins, Williams L.: Labour and Democracy, New York 1922. In:
Weltwirtschaftliches Archiv (Harms, B. [Hg.]) 1925, Bd. 21 (Chronik und Archivalien), Heft 1, S. 84-87
Jena (Fischer) 1925
Rezension
Thema: A, B, I
Publikation: Bw
Umfang: 8100 Anschläge
NACHWEISE:
SHL: (xt 211: Nr 4) + (Rv36)
Nachweis in Hamburg: 18 (x2649); H3
Sonstiger Nachweis: 8; 46; 206

*0812*
*Datensatznummer: 674**
Einteilung der Soziologie. In:
Zeitschrift für die gesamte Staatswissenschaft (Brodnitz, G. [Hg.]) 1925, Bd. 79, S. 1-15
Tübingen (Mohr) 1925
(Ebenfalls: 0819/681; Referat für den 5. Internationalen Philosophen-Kongreß in Neapel, 5. - 9. 5. 1924)
Thema: B
Publikation: Bw
Umfang: 36500 Anschläge
NACHWEISE:
Nachweis in Hamburg: 18; H76 (Ic63); H3
Sonstiger Nachweis: 1a; B701; 8; 46; 206; B212; 4
Erneut in Soziologische Studien und Kritiken: **, S. 430-443

## 1926

*0846*
*Datensatznummer: 675**
Das Eigentum, 50 Seiten
Wien/Leipzig (Braumüller) 1926
(Schriften der Soziologischen Gesellschaft in Wien, Bd. V.)
Monographie
Thema: B, H
Publikation: C
Umfang: 85000 Anschläge
NACHWEISE:
SHL: (xt19)
Sonstiger Nachweis:

*0843*
*Datensatznummer: 676*
Fortschritt und soziale Entwicklung. Geschichtsphilosophische Ansichten
Karlsruhe (Braun) 1926
Monographie
Thema: B
Publikation: C
Umfang: 372600 Anschläge
NACHWEISE:
SHL: (xt 20 + Rp634)
Nachweis in Hamburg: H76
Sonstiger Nachweis:

*0845*
*Datensatznummer: 677*
Soziologische Studien und Kritiken, II. Sammlung, 457 Seiten
Jena (Fischer) 1926
(Vorwort; sonst erneuter Abdruck früherer Veröffentlichungen)
Aufsatzsammlung
Thema: B
Publikation: C
Umfang: 2400 Anschläge
NACHWEISE:
SHL: (Rv37) + (xt 27)
Nachweis in Hamburg: H76
Sonstiger Nachweis:

*0844*
*Datensatznummer: 678*
Thomas Hobbes: Naturrecht und allgemeines Staatsrecht in den Anfangsgründen (Elements of Law). Mit einer Einführung von F. Tönnies, 211 Seiten
Berlin (Hobbing) 1926
(Vorwort, Einf. + Hrsg.; zuerst: London 1889: The Elements of Law and politics, vgl. 0022/14)
Herausgabe
Thema: G, H
Publikation: C
Umfang: 56100 Anschläge
NACHWEISE:
SHL: (xt 42)
Sonstiger Nachweis:

*0841*
*Datensatznummer: 679*
Wege zu dauerndem Frieden?

Leipzig (Hirschfeld) 1926
(Erweiterte Umarbeitung von Menschheit und Volk, 0672/502)
Monographie
Thema: B
Publikation: C
Umfang: 91900 Anschläge
NACHWEISE:
SHL: (Rv49)
Nachweis in Hamburg: H261 (14Ba15)
Sonstiger Nachweis:

0818
*Datensatznummer: 680*
Selbstanzeige der Soziologische Studien und Kritiken, 1. Sammlung, Jena 1925. In:
Archiv für Rechts- und Wirtschaftsphilosophie (Kohler, J. + Berolzheimer, F. [Begründer]) 1925/26, Bd. 19, S. 331-332
Berlin/Leipzig (Rothschild) 1926
Thema: U, B
Publikation: Bw
Umfang: 4000 Anschläge
NACHWEISE:
Nachweis in Hamburg: H76 (J53)
Sonstiger Nachweis:

0819
*Datensatznummer: 681*
Einteilung der Soziologie. In:
Atti del V. Congresso Internazionale de Filosofia (5. - 9. maggio 1924) (Valle, G. della [Hg.]) 1926, S. 885-898
Napoli (Perrella) 1926
(Ebenfalls: 0812/674)
Thema: B
Publikation: Bw
Umfang: 35200 Anschläge
NACHWEISE:
SHL: (xt 90: Nr 7; Cb 54. 39:48)
Nachweis in Hamburg: 18 (x10801); H45
Sonstiger Nachweis:

0821
*Datensatznummer: 682*
Soziologie und ihr Wert. In:
Borsig-Zeitung, 1926, 3. Jg., Nr. 1/2, S. 1-2
Berlin-Tegel (A. Borsig GmbH) 1926
Thema: B
Publikation: A
Umfang: 12100 Anschläge
NACHWEISE:
SHL: (xt 97)
Nachweis in Hamburg: H51
Sonstiger Nachweis: 1a; 83

0820
*Datensatznummer: 683**
Baumgarten und Schleswig=Holstein. In:
Deutsche Blätter für Einigkeit und Recht und Freiheit vom 27. 2. 1926, Nr. 9, S. 53-54
Kiel 1926
(Beachte dazu: Schlewig-Holsteinisches Kirchenblatt vom 9. 5. 1926, Pastor Schröder)
Thema: P, E, I
Publikation: A
Umfang: 7200 Anschläge
NACHWEISE:
SHL: Kopie
Sonstiger Nachweis: 68

0826
*Datensatznummer: 684**
Kottler, Wilhelm: Der Rätegedanke als Staatsgedanke, Teil 1, Leipzig 1925. In:
Deutsche Literaturzeitung für Kritik der Internationalen Wissenschaft (Verband der deutschen Akademie der Wissenschaften [Hg.]) 1926, 47. Jg. vom 13. 9. 1926, S. 2292-2294
Berlin (De Gruyter) 1926
Rezension
Thema: A, B
Publikation: Bw
Umfang: 3500 Anschläge
NACHWEISE:
SHL: (xt 208: Nr 23)
Nachweis in Hamburg: 18 (y434)
Sonstiger Nachweis: 1a; 188; 8; 46; 206; B212

0828
*Datensatznummer: 685*
Leitsätze. In:
Deutsche Presse. Zeitschrift für die gesamten Interessen des Zeitungswesens, 1926, 16. Jg., Nr. 50/51, 25. 12., S. 4
Berlin (Staatspolitischer Verlag) 1926
Thema: L, M, Journalismus
Publikation: A
Umfang: 5100 Anschläge
NACHWEISE:
SHL: (xt 113: Nr 2)
Sonstiger Nachweis: 1a; 206; 61

0840
*Datensatznummer: 686*
Selbstmord in Japan. In:

Deutsches Statistisches Zentralblatt
(Würzburger, E. u.a. [Hg.]) 1926, 18. Jg.,
Nr. 11/12, Sp. 169-171
Leipzig/Berlin (Teubner) 1926
(Rezension eines Artikels in: Kyoto University Economic Review, 1. Bd., S. 173-187)
Rezension
Thema: A, B
Publikation: Bw
Umfang: 7100 Anschläge
NACHWEISE:
SHL: (xt 210: Nr 6)
Nachweis in Hamburg: H261; 205
Sonstiger Nachweis: 206; 83

*x0822*
*Datensatznummer: 687*
*Sozialwissenschaftliche Bibliographie. In:*
*Der Handelsteil, 1926, XXVII, S. 933-936*
*Ort unbekannt 1926*
*(Hinweis von E. Brenke; jedoch noch nicht ermittelt, wohl auch nur Fragment des Namens der Zeitschrift; ebenfalls [?]: 0837/701)*
NACHWEISE: *Zeitschrift in der ehemaligen Bundesrepublik Deutschland nicht nachgewiesen*

*0842*
*Datensatznummer: 688**
Vorwort und Nachwort
In: Stoltenberg, Hans Lorenz, Soziologie als Lehrfach an deutschen Hochschulen, S. III-IV + S. 19-23
Karlsruhe (Braun) 1926
Vorwort
Thema: W, M
Publikation: M
Umfang: 9800 Anschläge
NACHWEISE:
SHL: (Rv47) + Kopie
Nachweis in Hamburg: H261 (21S21/173)
Sonstiger Nachweis:

*x0839*
*Datensatznummer: 689*
*Das Gemeindebestimmungsrecht. In:*
*Kieler Zeitung, 1926*
*Kiel 1926*
*(Hinweis von E. Brenke; vgl. 0832/695; nicht ermittelt)*
*fraglich*
NACHWEISE:
*SHL: (Film)*
*Sonstiger Nachweis: 8*

*0831*
*Datensatznummer: 690**
Pleßner, Helmuth: Grenzen der Gemeinschaft. Eine Kritik des sozialen Radikalismus, Bonn 1924. In:
Kölner Vierteljahrshefte für Sozialwissenschaften (ab 1922: für Soziologie) (Eckert, C. u.a. [Hg.]) 1926, 5. Jg., Heft 4, S. 456-458
München/Leipzig (Duncker & Humblot) 1926
Rezension
Thema: A, B
Publikation: Bw
Umfang: 8300 Anschläge
NACHWEISE:
SHL: (xt 194: Nr 19)
Nachweis in Hamburg: 18; H76 (Ic9)
Sonstiger Nachweis: 1a; 188; 206
Erneut in Soziologische Studien und Kritiken: ***, S. 369-371

*0835*
*Datensatznummer: 691*
Erb, Remigius: Vom Wesen des Rechts und der Sittlichkeit, Basel 1925. In:
Literarische Wochenschrift. Kritisches Zentralblatt für die gesamte Wissenschaft (Zarncke, E. [Begründer]) 1926, Nr. 17 vom 24. 4. 1924, S. 477-478
Weimar (Wagner + Sohn) 1926
Rezension
Thema: A, B, H
Publikation: Bw
Umfang: 4400 Anschläge
NACHWEISE:
SHL: (xt 209: Nr 8)
Nachweis in Hamburg: 18 (B13349)
Sonstiger Nachweis:

*0836*
*Datensatznummer: 692*
Balás, Karl v.: Die Grundlage der Sozialpolitik, Jena 1926. In:
Literarische Wochenschrift. Kritisches Zentralblatt für die gesamte Wissenschaft (Zarncke, E. [Begründer]) 1926, Nr. 50 vom 11. 12. 1926, S. 1508
Weimar (Wagner + Sohn) 1926
Rezension
Thema: A, B
Publikation: Bw
Umfang: 2200 Anschläge
NACHWEISE:
SHL: (xt 209: Nr 7)

Nachweis in Hamburg: 18 (B13349)
Sonstiger Nachweis:

0823
*Datensatznummer: 693*
Die deutschen Minderheiten. Eine kulturelle, aber keine staatsrechtliche Frage. In:
Neues Wiener Journal. Unparteiisches Tagblatt vom 28. 9. 1926, Dienstag
Wien 1926
(Interview mit F. Tönnies)
Thema: B
Publikation: A
Umfang: 4700 Anschläge
NACHWEISE:
SHL: (Cb 54. 39:46)
Sonstiger Nachweis:

0829
*Datensatznummer: 694**
Soziale Reform als Grundlage der modernen Demokratie. In:
Prager Presse vom 1. Januar 1926, Beilage, S. 18-19
Prag 1926
Thema: H, L, Parlamentarismus
Publikation: A
Umfang: 9000 Anschläge
NACHWEISE:
SHL: (Cb 54. 39:24 + Kopie)
Sonstiger Nachweis: 188/211 (Film)

x0832
*Datensatznummer: 695*
*Das Gemeindebestimmungsrecht. In:*
*Schleswig-Holsteinische Volkszeitung. Organ für das arbeitende Volk, 1926*
*Kiel 1926*
*(Hinweis von E. Brenke, nicht ermittelt; vgl. 0840/686)*
*fraglich*
NACHWEISE:
*SHL: (Film)*
*Sonstiger Nachweis: 8 (Ztgi30)*

0824
*Datensatznummer: 696*
Offene Antwort an Herrn Pastor Schröder. In:
Schleswig-Holsteinisches Kirchenblatt (Volk und Kirche) vom 24. 10. 1926, Nr. 27, Sp. 233-235
Lunden 1926
(Siehe dazu: 0820/683)
Thema: E
Publikation: A
Umfang: 4300 Anschläge
NACHWEISE:
SHL: (xt 75: Nr 1.2; Cb 54.39:03)
Sonstiger Nachweis: 8; 68

0830
*Datensatznummer: 697*
Rachfahl, F.: Staat, Gesellschaft, Kultur und Geschichte, Jena 1924. In:
Schmollers Jahrbuch für Gesetzgebung, Verwaltung und Volkswirtschaft (Spiethoff, A. [Hg.]) 1926, 50. Jg., S. 318-320
Leipzig/Berlin (Duncker & Humblot) 1926
Rezension
Thema: A, B
Publikation: Bw
Umfang: 8800 Anschläge
NACHWEISE:
Nachweis in Hamburg: H76 (Ic64); H3
Sonstiger Nachweis: 46; 206
Erneut in Soziologische Studien und Kritiken: ***, S. 466-469

0827
*Datensatznummer: 698*
Verringerung der Arbeitslosigkeit durch Notstandsarbeiten. Eine Antwort an Cassel. In:
Soziale Praxis (ab Jg. 19: und Archiv für Volkswohlfahrt) (Heyde, L. [Hg.]) 1926, 35. Jg., Nr. 45, 11. 11. 1926, Sp. 1137-1140
Jena (Fischer) 1926
(Siehe dazu: Cassel, ebd., S. 1057-1060)
Thema: L, Arbeitslosigkeit
Publikation: B
Umfang: 11100 Anschläge
NACHWEISE:
SHL: (xt 109: Nr 6)
Nachweis in Hamburg: 18 (y1486)
Sonstiger Nachweis: 1a; B232; 206

0833
*Datensatznummer: 699*
Aulard, Alphonse, Politische Geschichte der französichen Revolution, München/Leipzig 1924. In:
Weltwirtschaftliches Archiv (Harms, B. [Hg.]) 1926, Bd. 24, Teil 2, S. 183**-185**
Jena (Fischer) 1926
Rezension
Thema: A, B
Publikation: Bw
Umfang: 5900 Anschläge

NACHWEISE:
SHL: (xt 212: Nr 3) + (Rv36)
Nachweis in Hamburg: 18 (x2649); H3
Sonstiger Nachweis: 8; 46; 206

_0834_
*Datensatznummer: 700*
Penman, John S.: The Irresistible Movement of Democracy, London 1923. In:
Weltwirtschaftliches Archiv (Harms, B. [Hg.]) 1926, Bd. 25, Heft 2, S. 200**-202**
Jena (Fischer) 1926
Rezension
Thema: A, B
Publikation: Bw
Umfang: 4900 Anschläge
NACHWEISE:
SHL: (xt 212: Nr 4) + (Rv36)
Nachweis in Hamburg: 18 (x2649); H3
Sonstiger Nachweis: 8; 46; 206

_0837_
*Datensatznummer: 701*
Sozialwissenschaftliche Bibliographie. In:
Zeitschrift für die gesamte Staatswissenschaft (Brodnitz, G. [Hg.]) 1926, Bd. 81, Heft 2, S. 332-335
Tübingen (Mohr) 1926
(Vg.: 0822/687)
Thema: B
Publikation: Bw
Umfang: 9200 Anschläge
NACHWEISE:
SHL: (xt 90: Nr 9)
Nachweis in Hamburg: 18; H76 (Ic63); H3
Sonstiger Nachweis: 1a; B701; 8; 46; 206; B212; 4

_0813_
*Datensatznummer: 702*
Verhandlungen des 4. Deutschen Soziologentages am 29. + 30. 9. 1924 in Heidelberg, Tübingen 1925. In:
Zeitschrift für die gesamte Staatswissenschaft (Brodnitz, G. [Hg.]) 1926, Bd. 81, S. 543-546
Tübingen (Mohr) 1926
Thema: B, M
Publikation: Bw
Umfang: 11900 Anschläge
NACHWEISE:
SHL: (xt 194: Nr 13)
Nachweis in Hamburg: 18; H76 (Ic63); H3
Sonstiger Nachweis: 1a; B701; 8; 46; 206; B212; 4

## 1927

_0889_
*Datensatznummer: 703*
Der Selbstmord in Schleswig-Holstein. Eine statistisch-soziologische Studie
Breslau (Hirt) 1927
(viele Tabellen; Veröffentlichungen der Schleswig-Holsteinische Universitätsgesellschaft, Bd. 9)
Monographie
Thema: D, P, Lebensverhältnisse, Suizid
Publikation: C
Umfang: 204700 Anschläge
NACHWEISE:
SHL: (xt 22)
Sonstiger Nachweis:

_0847_
*Datensatznummer: 704*
Die Bekämpfung des Alkoholismus. Blätter für praktische Trinkerfürsorge, Berlin-Dahlem. In:
Die Arbeit. Zeitschrift für Gewerkschaftspolitik und Wirtschaftskunde (Leipart, Th. [Hg.]) 1927, 4. Jg., S. 353-354
Berlin 1927
Rezension
Thema: A, L
Publikation: B
Umfang: 4700 Anschläge
NACHWEISE:
SHL: (xt 212: Nr 7 <Korrekturbl.>)
Nachweis in Hamburg: 18 (Ic74)
Sonstiger Nachweis:

_0848_
*Datensatznummer: 705*
Kraus, Herbert: Gedanken über Staatsethos im internationalen Verkehr, 1926. In:
Archiv für Rechts- und Wirtschaftsphilosophie (Kohler, J. + Berolzheimer, F. [Begründer]) 1926/27, Bd. 20, S. 328-337
Berlin/Leipzig (Rothschild) 1927
Thema: A, B
Publikation: Bw
Umfang: 31100 Anschläge
NACHWEISE:

SHL: (xt 191: Nr 15)
Nachweis in Hamburg: H76 (J53)
Sonstiger Nachweis:

0850
*Datensatznummer: 706*
Der 31. Bodenreformtag in Schwerin i. M. In:
Bodenreform. Deutsche Volksstimme. Organ der deutschen Bodenreformer (Damaschke, A. [Ltg.]) 1927, 38. Jg., Nr. 19, S. 153-158
Berlin 1927
(Referat mit Diskussion; F. Tönnies' Beitrag nur 1 Seite)
Thema: I, M, L
Publikation: B
Umfang: 4100 Anschläge
NACHWEISE:
SHL: (Cb 54. 39:09)
Nachweis in Hamburg: 18 (y1329)
Sonstiger Nachweis: 1a; 83; 83/182; 188/211; B198, B232; B720; 206

0883
*Datensatznummer: 707*
Die Zukunft der Soziologie. In:
Deutsche Allgemeine Zeitung vom 26. 6. 1927, 66. Jg. (Sonntagsbeilage 'Welt und Werk')
Berlin 1927
(Bericht über den 5. Deutschen Soziologentag)
Thema: B
Publikation: A
Umfang: 17700 Anschläge
NACHWEISE:
SHL: (xt 98: Nr 2)
Nachweis in Hamburg: H3 (z7049)
Sonstiger Nachweis: B710; 188/211

0885
*Datensatznummer: 708*
Arthur Pfungst. Zu seinen gesammelten Werken. In:
Deutsche Allgemeine Zeitung vom 14. 12. 1927, 66. Jg., Mittwochabend
Berlin 1927
Thema: R
Publikation: A
Umfang: 8100 Anschläge
NACHWEISE:
SHL: (Cb 54. 39:27) + Foto
Nachweis in Hamburg: H3 (z7049)
Sonstiger Nachweis: B710; 188/211

0861
*Datensatznummer: 709*
Führeraufgaben im Werden der öffentlichen Meinung. In:
Deutsche Presse. Zeitschrift für die gesamten Interessen des Zeitungswesens, 1927, Sondernummer 'Schlesien und die Gugali', S. 267-269
Berlin (Verlag der deutschen Presse) 1927
Thema: B
Publikation: Bw
Umfang: 21200 Anschläge
NACHWEISE:
SHL: (xt 113: Nr 4)
Sonstiger Nachweis: 1a; 206; 61

0873
*Datensatznummer: 710*
Geistiges Eigentum und Schutzfrist. In:
Der Deutsche Volkswirt. Zeitschrift für Politik und Wirtschaft (Stolper, G. [Hg.]) 1927, 1. Jg., 2. Halbband, S. 908-912
Berlin 1927
(Am Beispiel Theodor Storms erläutert)
Thema: L
Publikation: Bw
Umfang: 8700 Anschläge
NACHWEISE:
SHL: (87B342: Nr 6)
Nachweis in Hamburg: 18; H3; H261; H88; 205
Sonstiger Nachweis: 1a; 188; 206; B212

0855
*Datensatznummer: 711**
Zum Reichsschulgesetzentwurf. In:
Ethische Kultur. Monatsblatt für sozial-ethische Reformen (Gizycki, G. v. [Begründer]) 1927, 35. Jg., 15. 12. 1927, S. 89
Berlin (Bieber) 1927
(Titel von der Redaktion; zuerst in: 0866/721)
Thema: M
Publikation: B
Umfang: 11300 Anschläge
NACHWEISE:
SHL: Kopie
Sonstiger Nachweis: 1a (8u4Np17400)

0851
*Datensatznummer: 712**
Offener Brief an Herrn Dr. Franz Boese, Berlin. In:
Der Igel. Aus der Studentenschaft für jedermann, 1927, 1. Jg., Heft 4, S. 5-7
Kiel 1927

(Vgl. Deutsche Zeitung v. 28.4.1927, Dr. Nonnenbruch)
Thema: B, L
Publikation: B
Umfang: 7800 Anschläge
NACHWEISE:
SHL: (xt 176: Nr 7)
Sonstiger Nachweis: 8; 68; 11a

0888
*Datensatznummer: 713*
Zur Einführung
In: Lips, Julius, Die Stellung des Thomas Hobbes zu den politischen Parteien der großen englischen Revolution, Leipzig 1927, 287 Seiten
Leipzig (Wiegandt) 1927
Vorwort
Thema: W, G
Publikation: M
Umfang: 18700 Anschläge
NACHWEISE:
SHL: (xt 43)
Nachweis in Hamburg: 18 (A121711)
Sonstiger Nachweis:

0863
*Datensatznummer: 714**
Ethik und Genossenschaft. 3 Teile. In:
Konsumgenossenschaftliche Rundschau, 1927, 24. Jg., S. 631-632 + S. 650-651 + S. 663-664
Hamburg 1927
(Vgl.: 0852/726; 0894/747)
Thema: N
Publikation: B
Umfang: 17000 Anschläge
NACHWEISE:
Nachweis in Hamburg: H3
Sonstiger Nachweis: 1a; 21; 25; 8; 206

0853
*Datensatznummer: 715*
Ein englisches Urteil über Barnes. In:
Die Kriegsschuldfrage (später: Berliner Monatshefte) (Wegerer, A. v. [Hg.]), 1927, 5. Jg., Nr. 2, S. 145-151
Berlin 1927
(Siehe dazu 0854/716; Auseinandersetzung mit George Lowes Dickinson)
Thema: O, Edw. Grey, Poincaré
Publikation: B
Umfang: 17100 Anschläge
NACHWEISE:
SHL: (xt 153: Nr 1)
Nachweis in Hamburg: 18 (x3682)
Sonstiger Nachweis: 1a; 188; 206

0854
*Datensatznummer: 716*
"Ein englisches Urteil über Barnes". Ein Brief von Lowes Dickinson und eine Entgegnung von Ferdinand Tönnies. In:
Die Kriegsschuldfrage (später: Berliner Monatshefte) (Wegerer, A. v. [Hg.]) 1927, 5. Jg., S. 355-357
Berlin 1927
(Siehe dazu 0853/715)
Thema: O, I
Publikation: B
Umfang: 4600 Anschläge
NACHWEISE:
Nachweis in Hamburg: 18 (x3682)
Sonstiger Nachweis: 1a; 188; 206

0856
*Datensatznummer: 717*
Der Selbstmord in Schleswig-Holstein als eine soziale Erscheinung. In:
Kultur und Leben. Monatsschrift für kulturgeschichtliche und biologische Familienkunde (Hornschuh, W. [Hg.]) 1927, 4. Jg., Heft 10, Oktober, S. 305-308
Schorndorf (Hofer) 1927
(Eine eingehendere Darstellung wird von Tönnies angekündigt; vgl. 0889/703)
Thema: B, P, D, empirische Studie
Publikation: B
Umfang: 14000 Anschläge
NACHWEISE:
SHL: (xt 136: Nr: 3)
Nachweis in Hamburg: 18 (x566)
Sonstiger Nachweis: 1a; 6; 7; 16

0857
*Datensatznummer: 718*
Freyer, Hans: Der Staat. Staat und Geist. Arbeiten im Dienste der Besinnung und des Aufbaus, Bd. 1, 2. Aufl., Leipzig 1926. In:
Monatsschrift für Kriminalpsychologie und Strafrechtsreform (Aschaffenburg, G. + Hentig, H. v. [Hg.]) 1927, 18. Jg., S. 218-219
Heidelberg (Winter) 1927
(Kritik an H. Freyers Auffassung von 'Gemeinschaft und Gesellschaft', 0013/7)
Rezension
Thema: A, I
Publikation: Bw

Umfang: 4600 Anschläge
NACHWEISE:
SHL: (xt 191: Nr 14)
Nachweis in Hamburg: 18 (x1114)
Sonstiger Nachweis: 1a; 4; 7; 38

0858
*Datensatznummer: 719*
Halten Sie die Schaffung/das Zustandekommen der Vereinigten Staaten von Europa für notwendig/möglich?" (Rundfrage). In:
Paneuropa (Coudenhove-Kalergi, R. N. [Hg.]) 1927, 2. Jg., Heft 6/7, S. 51
Wien (Paneuropa-Verlag) 1927
(Antwort von Tönnies auf eine Umfrage mit diesen Titel: jeweils ja)
Thema: I
Publikation: B
Umfang: 1100 Anschläge
NACHWEISE:
SHL: (xt 177: Nr 6)
Sonstiger Nachweis: 188; 6; 25; 180

x0862
*Datensatznummer: 720*
*Volkstum und Staat. In:*
*Der Reichsbanner. Wochenzeitung der Eisernen Front vom 15. 2. 1927*
*Magdeburg 1927*
*(nichts gefunden)*
*fraglich*
NACHWEISE:
*Sonstiger Nachweis: 1a,188/211; 18; 4*

x0866
*Datensatznummer: 721*
*Zum Reichsschulgesetzentwurf. In:*
*Sächische Schulzeitung. Zeitung des sächsischen Lehrervereins,*
*Dresden 1927*
*(Nicht ermittelt; vgl. auch 0855/711)*
NACHWEISE: *Sonstiger Nachweis: Zeitschrift in der ehemaligen Bundesrepublik Deutschland nicht nachgewiesen*

0874
*Datensatznummer: 722**
Jugendweihe und Konfirmation. In:
Schleswig-Holsteinische Volkszeitung. Organ für das arbeitende Volk vom 19. 4. 1927, 35. Jg., Nr. 90, Dienstag, S. 1-2
Kiel 1927
Thema: E, M
Publikation: A
Umfang: 11400 Anschläge
NACHWEISE:
SHL: (Film) + Kopie
Sonstiger Nachweis:

0875
*Datensatznummer: 723**
Die Universität in Kiel. In:
Schleswig-Holsteinische Volkszeitung. Organ für das arbeitende Volk vom 21. 5. 1927, 35. Jg., Sonderbeilage, Blatt 8
Kiel 1927
(Siehe dazu 0875a/724)
Thema: M
Publikation: A
Umfang: 14100 Anschläge
NACHWEISE:
SHL: (Film) + Kopie
Sonstiger Nachweis:

0875a
*Datensatznummer: 724**
Erklärung. In:
Schleswig-Holsteinische Volkszeitung. Organ für das arbeitende Volk vom 2. 6. 1927, 35. Jg.
Kiel 1927
(Titel von der Redaktion; siehe dazu: Die Universität in Kiel, 0875/723)
Leserbrief
Thema: M
Publikation: A
Umfang: 6900 Anschläge
NACHWEISE:
SHL: (Film) + Kopie
Nachweis in Hamburg: H3
Sonstiger Nachweis:

0864
*Datensatznummer: 725*
Demokratie und Parlamentarismus. In:
Schmollers Jahrbuch für Gesetzgebung, Verwaltung und Volkswirtschaft (Spiethoff, A. [Hg.]) 1927, 51. Jg., S. 173-216
Leipzig/Berlin (Duncker & Humblot) 1927
(Rezension: C. Schmitt, Die geistesgeschichtliche Lage des heutigen Parlamentarismus)
Rezension
Thema: A, B
Publikation: Bw
Umfang: 129500 Anschläge
NACHWEISE:
SHL: (xt 177: Nr 1)

Nachweis in Hamburg: H3 (14AII2)
Sonstiger Nachweis: 46; 206
Erneut in Soziologische Studien und Kritiken: ***, S. 40-84

0852
*Datensatznummer: 726**
Ethik und Genossenschaft. In:
Schweiz. Konsum-Verein. Organ des Verbandes schweiz. Konsumvereine (Faucherrre, H. [Red.]) 1927, 27. Jg., 15. Oktober, S. 485-487 + S. 497-499 + S. 509-511
Basel 1927
(3 Teile; vgl.: 0863/714; 0894/747)
Thema: B, N, L
Publikation: B
Umfang: 41300 Anschläge
NACHWEISE:
SHL: Kopie
Sonstiger Nachweis: 38

0859
*Datensatznummer: 727*
Zur Cassel-Kontroverse. In:
Soziale Praxis (ab Jg. 19: und Archiv für Volkswohlfahrt) (Heyde, L. [Hg.]) 1927, 36. Jg., 14. 4. 1927, S. 372-376
Jena (Fischer) 1927
(Siehe auch: 0827/698)
Thema: L, Arbeitslosigkeit
Publikation: B
Umfang: 17200 Anschläge
NACHWEISE:
Nachweis in Hamburg: 18 (y1486)
Sonstiger Nachweis: 1a; B232; 206

0860
*Datensatznummer: 728*
Notstandsarbeiten oder Lohnabbau? In:
Soziale Praxis (ab Jg. 19: und Archiv für Volkswohlfahrt) (Heyde, L. [Hg.]) 1927, 36. Jg., Nr. 32, 11. 8. 1927, Sp. 785-787
Jena (Fischer) 1927
(Siehe dazu: Adolf Lampe, Titel w. o., und: 0827/ 698 59/0859/727)
Thema: L, Arbeitslosigkeit
Publikation: B
Umfang: 8400 Anschläge
NACHWEISE:
SHL: (xt 109: Nr 7)
Nachweis in Hamburg: 18 (y1486)
Sonstiger Nachweis: 1a; B232; 206

0867
*Datensatznummer: 729*
Ansprache von Ferdinand Tönnies zum 5. Soziologentag. In:
Verhandlungen des 5. Deutschen Soziologentages vom 26. - 29. 9. 1926 in Wien, 1927, 1. Serie, Bd. 5, S. 1-3
Tübingen (Mohr) 1927
Ansprache
Thema: W
Publikation: Bw
Umfang: 6200 Anschläge
NACHWEISE:
SHL: (xt 100: Nr 5)
Nachweis in Hamburg: H76 (Ic8)
Sonstiger Nachweis:

0868
*Datensatznummer: 730*
Über die Demokratie (Referat). In:
Verhandlungen des 5. Deutschen Soziologentages vom 26.-29. 9. 1926 in Wien, 1927, 1. Serie, Bd. 5, S. 12-36
Tübingen (Mohr) 1927
Vortrag
Thema: B
Publikation: Bw
Umfang: 53000 Anschläge
NACHWEISE:
SHL: (xt 100: Nr 6)
Nachweis in Hamburg: H76 (Ic8)
Sonstiger Nachweis:

0869
*Datensatznummer: 731*
Schlußwort. In:
Verhandlungen des 5. Deutschen Soziologentages vom 26.-29. 9. 1926 in Wien, 1927, 1. Serie, Bd. 5, S. 112-113
Tübingen (Mohr) 1927
Ansprache
Thema: W
Publikation: Bw
Umfang: 1900 Anschläge
NACHWEISE:
Nachweis in Hamburg: H76 (Ic8)
Sonstiger Nachweis:

0870
*Datensatznummer: 732*
Diskussionsbeitrag über Methodologie. In:

Verhandlungen des 5. Deutschen Soziologentages vom 26.-29. 9. 1926 in Wien, 1927, 1. Serie, Bd. 5, S. 130-131
Tübingen (Mohr) 1927
Diskussionsbeitrag
Thema: S, B
Publikation: Bw
Umfang: 1400 Anschläge
NACHWEISE:
Nachweis in Hamburg: H76 (Ic8)
Sonstiger Nachweis:

0871
*Datensatznummer: 733*
Diskussionsbeitrag zum Referat von Rudolf Goldscheid. In:
Verhandlungen des 5. Deutschen Soziologentages vom 26.-29. 9. 1926 in Wien, 1927, 1. Serie, Bd. 5, S. 188
Tübingen (Mohr) 1927
Diskussionsbeitrag
Thema: S, B
Publikation: Bw
Umfang: 1100 Anschläge
NACHWEISE:
Nachweis in Hamburg: H76 (Ic8)
Sonstiger Nachweis:

0872
*Datensatznummer: 734**
Necker asupra opiniei publice. In:
Viata Romineascâ. Rivista Literara Si Stiintifica, 1927, anul 19, No. 10, S. 15-18
Jasi 1927
rumän.
(Vgl.: 0886/739)
Thema: B
Publikation: Bw
Umfang: 12000 Anschläge
NACHWEISE:
SHL: Kopie
Sonstiger Nachweis: 1a

0877
*Datensatznummer: 735**
Amerikanische Soziologie. In:
Weltwirtschaftliches Archiv (Harms, B. [Hg.]) 1927, Bd. 26, Literatur, S. 1**-11**
Jena (Fischer) 1927
(Rezension: Walter Lippmann, New York 1922 + Edward L. Bernays, Crystallizing Public Opinion)
Rezension
Thema: A, B
Publikation: Bw
Umfang: 39300 Anschläge
NACHWEISE:
SHL: (xt 92: Nr 2 + Rv36)
Nachweis in Hamburg: 18 (x2649); H3 (z5071)
Sonstiger Nachweis: 8; 46; 206

0879
*Datensatznummer: 736*
Ellwood, Charles A.: Das seelische Leben der menschlichen Gesellschaft, Karlsruhe 1927. In:
Weltwirtschaftliches Archiv (Harms, B. [Hg.]) 1927, Bd. 27, Teil 2, S. 276**-278**
Jena (Fischer) 1927
Rezension
Thema: A, B
Publikation: Bw
Umfang: 8000 Anschläge
NACHWEISE:
SHL: (xt 212: Nr 5) + (Rv36)
Nachweis in Hamburg: 18 (x2649); H3
Sonstiger Nachweis: 8; 46; 206

0882
*Datensatznummer: 737*
Das Haarlemer Meer. Eine soziographische Studie. In:
Zeitschrift für Völkerpsychologie und Soziologie (Thurnwald, R. [Hg.]) 1927, 3. Jg., Heft 2, S. 183-196
Stuttgart (Hirschfeld) 1927
(auch Rezension: H. N. ter Veen, De Haarlemer Meer)
Rezension
Thema: A, B
Publikation: Bw
Umfang: 35100 Anschläge
NACHWEISE:
SHL: (xt 95: Nr 4)
Nachweis in Hamburg: H76 (Ic41)
Sonstiger Nachweis: 188; 188/211; 8; 46; 206; 4; 30

0838
*Datensatznummer: 738*
Kulemann, W.: Genossenschaftsbewegung, 2. Bd., Berlin 1925. In:
Zeitschrift für die gesamte Staatswissenschaft (Brodnitz, G. [Hg.]) 1927, Bd. 82, S. 213-215
Tübingen (Mohr) 1927
Rezension
Thema: A, N

Publikation: Bw
Umfang: 5900 Anschläge
NACHWEISE:
SHL: (xt 194: Nr 14)
Nachweis in Hamburg: 18; H76 (Ic63); H3
Sonstiger Nachweis: 1a; B701; 8; 46; 206; B212; 4

0886
*Datensatznummer: 739*
Necker über die öffentliche Meinung. In:
Zeitungswissenschaft. Monatsschrift für internationale Zeitungsforschung, 15. 6. 1927, 2. Jg., Nr. 6, S. 81-82
Berlin (Staatspolit. Verlag) 1927
(Vgl. rumänisch: 0872/734)
Thema: B
Publikation: Bw
Umfang: 10500 Anschläge
NACHWEISE:
SHL: (xt 113: Nr 3)
Nachweis in Hamburg: 18 (y2822)
Sonstiger Nachweis: 1a; 4; 38; 61,21

## 1928

0890
*Datensatznummer: 740**
Die öffentliche Meinung in unserer Klassik. In:
Archiv für Buchgewerbe und Gebrauchgraphik (Waldow, A. [Begründer]) 1928, Heft 4, S. 31-49
Leipzig (Verlag des deutschen Buchgewerbevereins zu Leipzig) 1928
Thema: B, M. Wieland, C. Garve
Publikation: B
Umfang: 66100 Anschläge
NACHWEISE:
SHL: Kopie
Nachweis in Hamburg: 18 (y4320)
Sonstiger Nachweis:

0891
*Datensatznummer: 741*
Die öffentliche Meinung Deutschlands in ihren jüngsten Phasen. In:
Die Böttcherstraße. Internationale Zeitschrift (Roselius, L. [Hg.]) 1928, 1. Jg., 1. Heft, Mai, S. 36-42
Bremen (Angelsachsen-Verlag) 1928
Thema: B, Presse
Publikation: B
Umfang: 32200 Anschläge
NACHWEISE:
Sonstiger Nachweis: 1a (4Ac8515); 188; 46; 206

0911
*Datensatznummer: 742**
Statistik und Soziografie. In:
Deutsches Statistisches Zentralblatt (Würzburger, E. u.a. [Hg.]) 1928, 20. Jg., September, Sp. 135-138
Leipzig/Berlin (Teubner) 1928
(Siehe auch: 0892/743; 0898/752; 0912/765)
Thema: B
Publikation: Bw
Umfang: 5300 Anschläge
NACHWEISE:
SHL: Kopie
Nachweis in Hamburg: H261 (14KbD1); 205
Sonstiger Nachweis: 206; 83

0892
*Datensatznummer: 743*
Statistik und Soziografie. In:
Forschungen und Fortschritte. Nachrichtenblatt der deutschen Wissenschaft und Technik (Kerkhof, K. [Hg.]) 1928, 4. Jg., Nr. 16 vom 1. 6. 1928, S. 161
Berlin (Akademie-Verlag) 1928
(Vgl.: 0898/752; 0911/742; 0912/765)
Thema: B
Publikation: Bw
Umfang: 4100 Anschläge
NACHWEISE:
Nachweis in Hamburg: 18 (y1176); H140
Sonstiger Nachweis: 1a; 83; 188; 46; Pn1

0909
*Datensatznummer: 744**
Lujo Brentanos neuestes Werk. In:
Frankfurter Zeitung vom 20. 5. 1928, 61. Jg., Nr. 21, Literaturblatt, S. 1
Frankfurt 1928
(Rezension: Lujo Brentano, Eine Geschichte der wirtschaftlichen Entwicklung Englands, 3 Bde., Jena)
Rezension
Thema: A, I
Publikation: A
Umfang: 8700 Anschläge
NACHWEISE:
SHL: Kopie
Sonstiger Nachweis: 188/211 (Film); 17; 30

*0895*
*Datensatznummer: 745**
Antisemitismus. In:
Der Igel. Aus der Studentenschaft für jedermann, 1928, 1. Jg., Heft 7, S. 6-8
Kiel 1928
Thema: I
Publikation: B
Umfang: 6400 Anschläge
NACHWEISE:
SHL: Kopie
Sonstiger Nachweis: 8; 1a

*0893*
*Datensatznummer: 746**
Egoismus und Gemeinschaftsgeist. In:
Internationales Handwörterbuch des Genossenschaftswesen (Totomianz, V. [Hg.]) 1928, S. 207-221
Berlin (Struppe & Winckler) 1928
(Vgl.: 0744/614)
Thema: B
Publikation: M
Umfang: 12500 Anschläge
NACHWEISE:
SHL: Kopie
Nachweis in Hamburg: H73; H261 (14FXIII40)
Sonstiger Nachweis:

*0894*
*Datensatznummer: 747**
Ethik und Genossenschaft. In:
Internationales Handwörterbuch des Genossenschaftswesen (Totomianz, V. [Hg.]) 1928, S. 225-233
Berlin (Struppe & Winckler) 1928
(Siehe dazu auch: 0852/726)
Thema: N
Publikation: M
Umfang: 39300 Anschläge
NACHWEISE:
SHL: Kopie
Nachweis in Hamburg: H73; H261 (14FXIII40)
Sonstiger Nachweis:

*0896*
*Datensatznummer: 748*
Volkstum und Staat. In:
Jahrbuch des Zentralverbandes deutscher Kriegsbeschädigter und Kriegshinterbliebener (Wuttke, M. J. [Hg.]) 1928, S. 73-81
Berlin 1928
Thema: B, Sitte
Publikation: B
Umfang: 16000 Anschläge
NACHWEISE:
SHL: (xt 76)
Sonstiger Nachweis: Frei26

*x0910*
*Datensatznummer: 749*
*Der Verein für Sozialpolitik. In:*
*Sankt Galler Zeitung, im September 1928*
*St. Gallen 1928*
*(Hinweis von E. Brenke, jedoch nicht ermittelt)*
NACHWEISE: *Zeitschrift in der ehemaligen Bundesrepublik Deutschland nicht nachgewiesen*

*0899*
*Datensatznummer: 750*
Die eheliche Fruchtbarkeit in Deutschland. In:
Schmollers Jahrbuch für Gesetzgebung, Verwaltung und Volkswirtschaft (Spiethoff, A. [Hg.]) 1928, 52. Jg., S. 581-609
München/Leipzig (Duncker & Humblot) 1928
(mehrere Tabellen)
Thema: B, empirische Studie
Publikation: Bw
Umfang: 77100 Anschläge
NACHWEISE:
SHL: (xt 136: Nr 4)
Nachweis in Hamburg: 18 (x1161); H3
Sonstiger Nachweis: 46; 206

*0897*
*Datensatznummer: 751*
Gemeinschaft und Werkgemeinschaft. In:
Soziale Praxis. Zentralblatt für Sozialpolitik und Wohlfahrtspflege (Heyde, L. [Hg.]) 1928, 37. Jg., Heft 7, 16. 2. 1928, Sp. 151-154
Jena (Fischer) 1928
Thema: B, N
Publikation: B
Umfang: 14100 Anschläge
NACHWEISE:
SHL: (xt 109: Nr 8)
Nachweis in Hamburg: 18 (y1486)
Sonstiger Nachweis: 188; B232; 206

*0898*
*Datensatznummer: 752*
Statistik und Soziografie. In:
Soziale Praxis. Zentralblatt für Sozialpolitik und Wohlfahrtspflege (Heyde, L. [Hg.]) 1928, 37 Jg., Heft 32, 9. 8. 1928, S. 751-752

Jena (Fischer) 1928
(Vgl. 0893/746, 0922/777)
Thema: B, G. v. Mayr
Publikation: B
Umfang: 4000 Anschläge
NACHWEISE:
SHL: (xt 131: Nr 3)
Nachweis in Hamburg: 18 (y1486)
Sonstiger Nachweis: 188; B232; 206

*x0900*
*Datensatznummer: 753*
*Marxismus. In:*
*Der Student in der Politik. Flugblatt der Sozialistischen Studentenschaft an der Universität, 1928*
*Kiel 1928*
*(Hinweis von E. G. Jacoby; nicht ermittelt)*
NACHWEISE: *Zeitschrift in der ehemaligen Bundesrepublik Deutschland nicht nachgewiesen*

*0901*
*Datensatznummer: 754*
Eröffnungsrede des Präsidenten
Verhandlungen des 6. Deutschen Soziologentages vom 17.-19. 9. 1928 in Zürich, 1928, 1. Serie, Bd. 6, S. 1-5 + S. 14
Tübingen (Mohr) 1928
Ansprache
Thema: W
Publikation: Bw
Umfang: 11300 Anschläge
NACHWEISE:
Nachweis in Hamburg: H76 (Ic8)
Sonstiger Nachweis:

*0902*
*Datensatznummer: 755*
Diskussionsbeitrag über 'Konkurrenz'. In:
Verhandlungen des 6. Deutschen Soziologentages vom 17.-19. 9. 1928 in Zürich, 1928, 1. Serie, Bd. 6, S. 84-88
Tübingen (Mohr) 1928
Diskussionsbeitrag
Thema: B, S
Publikation: Bw
Umfang: 13000 Anschläge
NACHWEISE:
Nachweis in Hamburg: H76 (Ic8)
Sonstiger Nachweis:

*0903*
*Datensatznummer: 756*
Diskussionsbeitrag über 'Die Wanderung'. In:
Verhandlungen des 6. Deutschen Soziologentages vom 17.-19. 9. 1928 in Zürich, 1928, 1. Serie, Bd. 6, S. 173-175
Tübingen (Mohr) 1928
(Siehe dazu auch: 0324/ 227)
Diskussionsbeitrag
Thema: B, S
Publikation: Bw
Umfang: 7200 Anschläge
NACHWEISE:
Nachweis in Hamburg: H76 (Ic8)
Sonstiger Nachweis:

*0904*
*Datensatznummer: 757*
Die Bedeutung der Presse für die öffentliche Meinung. In:
Der Weg zur Freiheit. Halbmonatschrift des Arbeiterausschusses deutscher Verbände (Schnee, H. + Draeger, H. [Hg.]) 1928, 8. Jg., Nr. 17, 1. September, S. 257-260
Berlin 1928
(Mit einem Bild von F. Tönnies)
Thema: B
Publikation: B
Umfang: 7100 Anschläge
NACHWEISE:
SHL: (xt 113: Nr 5)
Sonstiger Nachweis: 16; 21; 25; 90; 30; 61

*0905*
*Datensatznummer: 758*
Ross, Edward A.: Das Buch der Gesellschaft. Grundlagen der Soziologie und Sozialreform, Karlsruhe 1927. In:
Weltwirtschaftliches Archiv (Harms, B. [Hg.]) 1928, Bd. 27, S. 125**-130**
Jena (Fischer) 1928
Rezension
Thema: A, B
Publikation: Bw
Umfang: 16900 Anschläge
NACHWEISE:
SHL: (xt 207: Nr 2) + (Rv36)
Nachweis in Hamburg: 18 (x2649); H3
Sonstiger Nachweis: 8; 46; 206

*0906*
*Datensatznummer: 759**
Die Bedeutung internationaler Kongresse. In:

Zeitschrift für Deutschlands Buchdrucker und verwandte Gewerbe, 1928, 40. Jg., Nr. 71, 4. September 1928, S. 600-606
Berlin 1928
(Festausgabe zur Hauptversammlung, 6. 9. 1928 zu Köln; hier auch engl. und franz. Übersetzungen)
Thema: M
Publikation: B
Umfang: 18000 Anschläge
NACHWEISE:
SHL: Kopie
Sonstiger Nachweis: 1a (2u4An332); 38

0880
*Datensatznummer: 760*
Vering, Carl: Platons Staat; Platons Gesetze, Frankfurt/M. 1925/1926, 2 Bde. In
Zeitschrift für Politik (Schmidt, R. + Grabowsky, A. [Hg.]) 1928, 17. Bd., Heft 3, S. 262-265
Berlin (Heymann) 1928
Rezension
Thema: A, F
Publikation: Bw
Umfang: 15000 Anschläge
NACHWEISE:
SHL: (xt 193: Nr 3)
Nachweis in Hamburg: H76 (J39)
Sonstiger Nachweis: 188; 46; 206; 3; 4; 6; 7

0908
*Datensatznummer: 761*
Bentley, Arthur F.: Relativity in Man and Society, New York/London 1926. In:
Zeitschrift für die gesamte Staatswissenschaft (Brodnitz, G. [Hg.]) 1928, Bd. 85, S. 161-162
Tübingen (Mohr) 1928
Rezension
Thema: A, B
Publikation: Bw
Umfang: 4800 Anschläge
NACHWEISE:
SHL: (xt 194: Nr 16)
Nachweis in Hamburg: 18; H76 (Ic63); H3
Sonstiger Nachweis: 1a; B701; 8; 46; 206; B212; 4

0907
*Datensatznummer: 762*
Kuczynski, Jürgen: Zurück zu Marx, Leipzig 1926. In:
Zeitschrift für die gesamte Staatswissenschaft (Brodnitz, G. [Hg.]) 1928, Bd. 84, S. 616-617
Tübingen (Mohr) 1928
Rezension
Thema: A, F
Publikation: Bw
Umfang: 3800 Anschläge
NACHWEISE:
SHL: (xt 194: Nr 15)
Nachweis in Hamburg: 18; H76 (Ic63); H3
Sonstiger Nachweis: 1a; B701; 8; 46; 206; B212; 4

## 1929

0930
*Datensatznummer: 763**
Der Kampf um das Sozialistengesetz 1878, 73 Seiten
Berlin (Springer) 1929
(Karl Vorländer zum Andenken)
Monographie
Thema: B, F, I
Publikation: C
Umfang: 174000 Anschläge
NACHWEISE:
SHL: (Rp638)
Sonstiger Nachweis:

0929
*Datensatznummer: 764*
Soziologische Studien und Kritiken, III. Sammlung, 474 Seiten
Jena (Fischer) 1929
(Vorwort; sonst erneuter Abdruck früherer Veröffentlichungen)
Aufsatzsammlung
Thema: B
Publikation: C
Umfang: 7100 Anschläge
NACHWEISE:
SHL: (Rv37 + xt 27)
Nachweis in Hamburg: H76
Sonstiger Nachweis:

0912
*Datensatznummer: 765*
Statistik und Soziographie. In:
Allgemeines Statistisches Archiv. Organ der Deutschen Statistischen Gesellschaft (Zahn, F. [Hg.]) 1928/29,, 18. Bd., 4. Heft, S. 546-558

Jena 1929
(Vgl. verkürzte Darstellungen: 0892/743; 0898/752; 0911/742)
Thema: B
Publikation: Bw
Umfang: 38800 Anschläge
NACHWEISE:
SHL: (xt 138)
Nachweis in Hamburg: 18 (x6666); H76
Sonstiger Nachweis:

*0919*
*Datensatznummer: 766*
Deutsche Kriegsschuldforscher. In:
Berliner Monatshefte für Internationale Aufklärung (früher: Die Kriegsschuldfrage) (Wegerer, A. v. [Hg.]) 1929, 7. Jg., Heft 6, Juni, S. 588
Berlin 1929
(Auszug aus der Vorrede von 0739/588; mit einem Bild von F. Tönnies)
Thema: K
Publikation: B
Umfang: 1900 Anschläge
NACHWEISE:
Sonstiger Nachweis: 1a (Zsn1055); 188; 188/211; B720; 206 (x543)

*0914*
*Datensatznummer: 767*
Über den "Entwurf eines Wohnheimstättengesetzes". Brief an Damaschke. In:
Bodenreform. Deutsche Volksstimme. Organ der deutschen Bodenreformer (Damaschke, A. [Ltg.]) 1929, 40. Jg., Nr. 49, S. 417-418
Berlin 1929
Thema: L, I, Enteignung
Publikation: B
Umfang: 3000 Anschläge
NACHWEISE:
SHL: (Cb 54. 39:08)
Nachweis in Hamburg: 18 (y1329)
Sonstiger Nachweis: 1a; 83; 83/182; 188/211; B198; B232; B720; 206

*0891a*
*Datensatznummer: 768*
USA und Europa. Internationale Umfrage. In:
Die Böttcherstraße. Internationale Zeitschrift (Roselius, L. [Hg.]) 1929, 1. Jg., 12. Heft, S. 18-20
Bremen (Angelsachsen-Verlag) 1929
Thema: B
Publikation: B
Umfang: 9100 Anschläge
NACHWEISE:
Sonstiger Nachweis: 1a (4Ac8515); 188; 46; 206

*0917*
*Datensatznummer: 769*
Metz, Rudolf: David Hume, Stuttgart 1929. In:
Deutsche Literaturzeitung für Kritik der Internationalen Wissenschaft (Verband der deutschen Akademie der Wissenschaften [Hg.]) 1929, 50. Jg. vom 12. 10. 1929, S. 1951-1954
Berlin (De Gruyter) 1929
Rezension
Thema: A, F
Publikation: Bw
Umfang: 9600 Anschläge
NACHWEISE:
SHL: (xt 208: Nr 24)
Nachweis in Hamburg: 18 (y434)
Sonstiger Nachweis: 1a; 188; 8; 46; 206; B212

*0918*
*Datensatznummer: 770*
Lehmann, Gerhard: Das Kollektivbewußtsein, Berlin 1928. In:
Deutsche Literaturzeitung für Kritik der Internationalen Wissenschaft (Verband der deutschen Akademie der Wissenschaften [Hg.]) 1929, 50. Jg. vom 2. 11. 1929, S. 2119-2121
Berlin (De Gruyter) 1929
Rezension
Thema: A, B
Publikation: Bw
Umfang: 7400 Anschläge
NACHWEISE:
SHL: (xt 208: Nr 25)
Nachweis in Hamburg: 18 (y434)
Sonstiger Nachweis: 1a; 188; 8; 46; 206; B212

*0928*
*Datensatznummer: 771**
Ortsherkunft von Verbrechern in Schleswig-Holstein. In:
Deutsches Statistisches Zentralblatt (Würzburger, E. u.a. [Hg.]) 1929, 21. Jg., Heft 9/10, August, Sp. 145-150
Leipzig/Berlin (Teubner) 1929
(Siehe dazu 0759/624)
Thema: D, P
Publikation: Bw
Umfang: 1200 Anschläge
NACHWEISE:

SHL: (Cb 54.39:21) + Kopie
Nachweis in Hamburg: H261 (14KbD1); 205
Sonstiger Nachweis: 206; 83

0916
*Datensatznummer: 772**
Hobbes' Religionsphilosophie. In:
Ethische Kultur. Monatsblatt für sozial-ethische Reformen (Gizycki, G. v. [Begründer]) 1929, 37. Jg., 15. 12. 1929, S. 90-92
Berlin (Bieber) 1929
(Abriß eines am 26. 9. 1929 in Oxford gehaltenen Vortrages)
Thema: G, E
Publikation: B
Umfang: 17500 Anschläge
NACHWEISE:
Sonstiger Nachweis: 1a (8u4Np17400)

0915
*Datensatznummer: 773*
Partei und Staat. In:
Die Gesellschaft. Internationale Revue für Sozialismus und Politik (Hilferding, R. [Hg.]) 1929, 2. Bd., Heft 9, S. 193-197
Berlin (Dietz) 1929
Thema: B
Publikation: B
Umfang: 13600 Anschläge
NACHWEISE:
SHL: (xt 177: Nr 3)
Sonstiger Nachweis: 1a; 18; 46; 206; 83; 188

0924
*Datensatznummer: 774**
Nordisch-deutsche Kulturtagung. In:
Schleswig-Holsteinische Volkszeitung. Organ für das arbeitende Volk vom 15. 6. 1929, 37. Jg., Nr. 137, Sonnabend, S. 1-2
Kiel 1929
Thema: M, I
Publikation: A
Umfang: 7200 Anschläge
NACHWEISE:
SHL: (Film) + Kopie
Sonstiger Nachweis:

0921
*Datensatznummer: 775*
Plenge, Johann: Das Forschungsinstitut für Organisationslehre und allgemeine und vergleichende Soziologie bei der Universität Münster. In:
Schmollers Jahrbuch für Gesetzgebung, Verwaltung und Volkswirtschaft (Spiethoff, A. [Hg.]) 1929, 53. Jg., Heft 3, S. 511-513
Leipzig/Berlin (Duncker & Humblot) 1929
Rezension
Thema: A, B
Publikation: Bw
Umfang: 9200 Anschläge
NACHWEISE:
SHL: (xt 197: Nr 4)
Nachweis in Hamburg: H3
Sonstiger Nachweis: 46; 206

0920
*Datensatznummer: 776*
"Arbeitslohn und Zwangsschiedsspruch". In:
Soziale Praxis. Zentralblatt für Sozialpolitik und Wohlfahrtspflege (Heyde, L. [Hg.]) 1929, 38. Jg., Heft 11, 14. 3. 1929, Sp. 249-255
Jena (Fischer) 1929
(dazu: Adolf Weber, Titel w.o., in: ebd., S. 81-88)
Thema: L
Publikation: B
Umfang: 29400 Anschläge
NACHWEISE:
SHL: (xt 109: Nr 9)
Nachweis in Hamburg: 18 (y1486)
Sonstiger Nachweis: 188; B232; 206

x0922
*Datensatznummer: 777*
*Statistik und Soziografie. In:*
*Városi Szemle, 1929, S. 114-126*
*Budapest 1929*
*(Ungar. Übersetzung von 0898/752?)*
*nicht ermittelt*
NACHWEISE: *Zeitschrift in der ehemaligen Bundesrepublik Deutschland nicht nachgewiesen*

0927
*Datensatznummer: 778**
Die drei Fragen. In:
Vossische Zeitung vom 26. 10. 1929, Sonnabend, S. 1-2
Berlin 1929
Thema: I, Patriotismus
Publikation: A
Umfang: 9300 Anschläge
NACHWEISE:
SHL: Kopie
Sonstiger Nachweis: 188; 188/211 (Film); 25; B701; 46

0925
*Datensatznummer: 779*
Das Abrüstungsproblem. In:
Zeitschrift für Politik (Schmidt, R. + Grabowsky, A. [Hg.]) 1929, 18. Bd., S. 721-732
Berlin (Heymann) 1929
(Rezension des Handwörterbuch des Abrüstungsproblems, Berlin 1928)
Rezension
Thema: A, I
Publikation: Bw
Umfang: 29900 Anschläge
NACHWEISE:
SHL: (xt 177: Nr 2)
Nachweis in Hamburg: H76 (J39); H3
Sonstiger Nachweis: 188; 46; 206; 4; 6; 7

0926
*Datensatznummer: 780*
Die schwere Kriminalität von Männern in Schleswig-Holstein in den Jahren 1899-1914 (zusammen mit Ernst Jurkat). In:
Zeitschrift für Völkerpsychologie und Soziologie (Thurnwald, R. [Hg.]) 1929, 5. Jg., Heft 1, S. 26-39
Stuttgart (Hirschfeld) 1929
(mehrere Tabellen)
Thema: D, P, empirische Studie
Publikation: Bw
Umfang: 34300 Anschläge
NACHWEISE:
SHL: (xt 137)
Sonstiger Nachweis: 188; 188/211; 8; 46; 206; 4; 30

## 1930

0931
*Datensatznummer: 781*
Reichtum und seine Verteilung. In:
Die Arbeit. Zeitschrift für Gewerkschaftspolitik und Wirtschaftskunde (Leipart, Th. [Hg.]) 1930, Jg. 7, 6. + 7. Heft, Juni + Juli, S. 405-411 + S. 483-492
Berlin 1930
(Mehrere Tabellen)
Thema: B, empirische Studie
Publikation: B
Umfang: 52400 Anschläge
NACHWEISE:
SHL: (xt 124)
Sonstiger Nachweis: 1a, 188, 46, 5, 7, 206

0936
*Datensatznummer: 782*
MacDougall, William: Grundlagen einer Sozialpsychologie, Jena 1928. In:
Deutsche Literaturzeitung für Kritik der Internationalen Wissenschaft (Verband der deutschen Akademie der Wissenschaften [Hg.]) 1930, 51. Jg., 18. 1. 1930, S. 132-137
Leipzig (Quelle + Mayer) 1930
Rezension
Thema: A, B
Publikation: Bw
Umfang: 14100 Anschläge
NACHWEISE:
SHL: (xt 208: Nr 26)
Nachweis in Hamburg: 18 (y434)
Sonstiger Nachweis: 1a; 188; 8; 46; 206; B212

0933
*Datensatznummer: 783*
Sozialwissenschaftliche Forschungsinstitute. In:
Forschungsinstitute. Ihre Geschichte, Organsisation und Ziele (Brauer, L., Bartholdy, M., Meyer, A. [Hg.]), 1930, S. 425-440
Hamburg (Hartung) 1930
Thema: B, M, Hochschulpolitik
Publikation: M
Umfang: 62900 Anschläge
NACHWEISE:
Nachweis in Hamburg: 18 (B/13390); H48; H155; H11; H235; H2; 205
Sonstiger Nachweis:

0934
*Datensatznummer: 784*
Soziale Bezugsgebilde in ihren Wechselwirkungen. In:
Forum Philosophicum (Schmidt, R. [Hg.]) 1930, Bd. 1, Heft 1, S. 143-169
Leipzig 1930
(Engl. Übersetzung: Practical objects of sociology ..., in ebd., S. 160-169)
Thema: B, reine Soziologie
Publikation: Bw
Umfang: 42700 Anschläge
NACHWEISE:
SHL: (xt 92: Nr 4 <Handexempl.>)
Sonstiger Nachweis: 1a; 188

0951
*Datensatznummer: 785**
Über die Gesellschaft

In: Reichhandbuch der deutschen Gesellschaft. Handbuch der Persönlichkeiten in Wort und Bild (Deutscher Wirtschaftsverlag [Hg.]), 1930, Bd. 1, 6Seiten
Berlin (1930
(beachte in Bd. 2, Berlin 1931, S. 1917-1918, den Lebensabriß von F. Tönnies aufgrund zugeleiteten Lebenslaufes)
Vorwort
Thema: W
Publikation: M
Umfang: 30700 Anschläge
NACHWEISE:
Nachweis in Hamburg: 18 (Pers4300)
Sonstiger Nachweis:

0932
*Datensatznummer: 786**
Inleiding tot zuivere sociologie. In:
Jong Dietschland. Algemeen Tijdschrift voor dietsch-national Leven (Grabowsky, A. [Hg.]) 1930, 4. Jg., S. 503-505
holl.
Langemark 1930
Thema: B
Publikation: B
Umfang: 17600 Anschläge
NACHWEISE:
SHL: Kopie
Sonstiger Nachweis: 1a

0935
*Datensatznummer: 787*
Soziographie und ihre Bedeutung. In:
Die Justiz. Monatsschrift für Erneuerung des deutschen Rechtswesens (Kroner, W. u.a. [Hg.]) 1930, Bd. 6, Heft 2, S. 69-77
Berlin (Rothschild) 1930
(Siehe auch 0941/789; 0973/826)
Thema: B
Publikation: Bw
Umfang: 20300 Anschläge
NACHWEISE:
SHL: (xt 136: Nr 6)
Nachweis in Hamburg: 18 (x6100)
Sonstiger Nachweis: 1a; 188; B720; 46; 206; B12

0940
*Datensatznummer: 788*
Mutius, G. v.: Wort, Wert, Gemeinschaft, München 1929. In:
Kölner Vierteljahrshefte für Sozialwissenschaften (ab 1922: für Soziologie) (Eckert, C. u.a. [Hg.]) 1930, 9. Jg., Heft 1/2, S. 196-197
München/Leipzig (Duncker & Humblot) 1930
Rezension
Thema: A, B
Publikation: Bw
Umfang: 3400 Anschläge
NACHWEISE:
SHL: (xt 100: Nr 7)
Nachweis in Hamburg: 18; H76 (Ic9)
Sonstiger Nachweis: 1a; 188; 206

0941
*Datensatznummer: 789*
Leitsätze (zu der Untergruppe für Soziographie). In:
Kölner Vierteljahrshefte für Sozialwissenschaften (ab 1922: für Soziologie) (Eckert, C. u.a. [Hg.]) 1930, 9. Jg., Heft 1/2, S. 231-232
München/Leipzig (Duncker & Humblot) 1930
(Vgl.: 0935/787; 0973/826)
Thema: B
Publikation: Bw
Umfang: 3400 Anschläge
NACHWEISE:
SHL: (xt 100: Nr 8)
Nachweis in Hamburg: 18; H76 (Ic9)
Sonstiger Nachweis: 1a;188; 206

0923
*Datensatznummer: 790*
Bij, T. v. d.: Ontstaan en eerste Ontwikkeling van den Oorlog, Groningen/Den Haag 1929. In:
Kölner Vierteljahrshefte für Sozialwissenschaften (ab 1922: für Soziologie) (Eckert, C. u.a. [Hg.]) 1930/29, 8. Jg., S. 333-335
München/Leipzig (Duncker & Humblot) 1930
Rezension
Thema: A, B
Publikation: Bw
Umfang: 7500 Anschläge
NACHWEISE:
SHL: (xt 194: Nr 20)
Nachweis in Hamburg: 18; H76 (Ic9)
Sonstiger Nachweis: 1a; 188; 206

0938
*Datensatznummer: 791**
Profitwirtschaft oder Genossenschaft? In:
Konsumgenossenschaftliche Rundschau, 1930, 27. Jg., Nr 12, 22. 3., S. 216-217
Hamburg 1930

Thema: L, N
Publikation: B
Umfang: 12800 Anschläge
NACHWEISE:
SHL: (xt 120: Nr 13)
Sonstiger Nachweis: 206; 1a; 21; 25; 8

*x0942*
*Datensatznummer: 792*
*Marxismus. In:*
*Schleswig-Holsteinische Volkszeitung. Organ für das arbeitende Volk vom Mai 1930, 38. Jg.*
*Kiel 1930*
*(Hinweis von J. Zander, jedoch nicht ermittelt)*
*fraglich*
NACHWEISE:
*SHL: (Film)*
*Sonstiger Nachweis:*

*0943*
*Datensatznummer: 793**
Ist es wirklich so schlimm?. In:
Schleswig-Holsteinische Volkszeitung. Organ für das arbeitende Volk vom 9. 9. 1930, 38. Jg., Nr. 209, Dienstag, S. 1-2
Kiel 1930
Thema: I, Wahlaufruf
Publikation: A
Umfang: 6900 Anschläge
NACHWEISE:
SHL: (Film) + Kopie
Sonstiger Nachweis: Bo133

*0944*
*Datensatznummer: 794**
Das Flugblatt der Verleumdung. Ein Denkmal der Schmach für den nationalsozialistischen Studentenbund. In:
Schleswig-Holsteinische Volkszeitung. Organ für das arbeitende Volk vom 2. 12. 1930, 38. Jg., 2. Beilage zur Nr. 280
Kiel 1930
(Betr.: Geheimrat Baumgarten)
Thema: I
Publikation: A
Umfang: 8500 Anschläge
NACHWEISE:
SHL: (Film) + Kopie
Sonstiger Nachweis:

*0939*
*Datensatznummer: 795*
Die besten Bücher des Jahres. In:
Das Tagebuch (Schwarzschild, L. [Hg.]) 1930, 11. Jg., Heft 50, 13. Dezember, S. 2002
Berlin (Tagebuchverlag GmbH) 1930
(Umfrageantwort: J. Galsworthy, Emil Ludwig, Hans Freyer, Gerhard Albrecht, Rudolf Heberle)
Thema: U
Publikation: B
Umfang: 2400 Anschläge
NACHWEISE:
SHL: (xt 182: Nr 2)
Sonstiger Nachweis: 30, 38, 61

*0948*
*Datensatznummer: 796*
Leonard Nelson und die Philosophie. In:
Vossische Zeitung vom 26. 1. 1930, Nr. 22 (Sonntagsbeilage)
Berlin 1930
(Rezension: Leonard Nelson, Abhandlung der Fries'schen Schule)
Rezension
Thema: A, F
Publikation: A
Umfang: 9300 Anschläge
NACHWEISE:
SHL: (xt 98: Nr 7)
Sonstiger Nachweis: 188; 188/211; 25; B701; 46

*0949*
*Datensatznummer: 797**
Reform des Wahlrechts?. In:
Vossische Zeitung vom 30. 9. 1930, Dienstag, S.1-2
Berlin 1930
Thema: I, Innenpolitik, Wahlrecht
Publikation: A
Umfang: 4900 Anschläge
NACHWEISE:
SHL: Kopie
Sonstiger Nachweis: 188; 188/211 (Film); 25; B701; 46

*0945*
*Datensatznummer: 798*
Sozialpolitik als soziale Idee. In:
Weltwirtschaftliches Archiv (Harms, B. [Hg.]) 1930, Bd. 31, Heft 2: Literatur, S. 161*-175*
Jena (Fischer) 1930
(Rezension: E. Heimann, Soziale Theorie des Kapitalismus, Tübingen 1929)
Rezension
Thema: A, B
Publikation: Bw

Umfang: 48300 Anschläge
NACHWEISE:
SHL: (xt 92: Nr 3) + (Rv36)
Nachweis in Hamburg: 18 (x2649); H3
Sonstiger Nachweis: 8; 46; 206

0946
*Datensatznummer: 799*
Steinmetz, S. R.: Gesammelte kleinere Schriften zur Ethnologie und Soziologie, II, Groningen 1930. In:
Weltwirtschaftliches Archiv (Harms, B. [Hg.]) 1930, Bd. 32, Teil 2, S. 303*-305*
Jena (Fischer) 1930
Rezension
Thema: A, B
Publikation: Bw
Umfang: 7200 Anschläge
NACHWEISE:
SHL: (xt 212: Nr 6) + (Rv36)
Nachweis in Hamburg: 18 (x2649); H3
Sonstiger Nachweis: 8; 46; 206

0947
*Datensatznummer: 800*
Die Lehre von den Volksversammlungen und die Urversammlung in Hobbes' Leviathan. In:
Zeitschrift für die gesamte Staatswissenschaft (Brodnitz, G. [Hg.]) 1930, Bd. 89, Heft 1, S. 1-22
Tübingen (Mohr) 1930
Thema: G
Publikation: Bw
Umfang: 52400 Anschläge
NACHWEISE:
SHL: (xt 65)
Nachweis in Hamburg: 18; H76 (Ic63); H3
Sonstiger Nachweis: 1a; B701; 4; 8; 46; 206; B212

## 1931

0988
*Datensatznummer: 801**
Einführung in die Soziologie, 328 Seiten
Stuttgart (Enke) 1931
(auch: Oslo 1932; siehe auch 0989a/836a; 2. unverändert. Auflage 1981)
Monographie
Thema: B
Publikation: C
Umfang: 697000 Anschläge
NACHWEISE:
SHL: (xt 24 + 82A48)
Sonstiger Nachweis:

0953
*Datensatznummer: 802*
Parteipolitische Prognosen. In:
Die Arbeit. Zeitschrift für Gewerkschaftspolitik und Wirtschaftskunde (Leipart, Th. [Hg.]) 1931, 8. Jg., Heft 10, S. 774-785
Berlin 1931
(Rezension: Theodor Geiger, in: ebd., S. 619 ff.)
Rezension
Thema: A, B
Publikation: B
Umfang: 35600 Anschläge
NACHWEISE:
SHL: (xt 171: Nr 5)
Nachweis in Hamburg: 18 (Ic74)
Sonstiger Nachweis:

0954
*Datensatznummer: 803*
Gargas, S.: Le suicide aux Pays-Bas, Torino 1930 + Halbwachs, M.: Les Causes du Suicide, Paris 1930. In:
Archiv für Sozialwissenschaft und Sozialpolitik, 1931, Bd. 66, S, 411-416
Tübingen (Mohr) 1931
(2 Rezensionen)
Rezension
Thema: A, B
Publikation: Bw
Umfang: 17600 Anschläge
NACHWEISE:
Nachweis in Hamburg: 18 (x479)
Sonstiger Nachweis:

0963
*Datensatznummer: 804*
Menzel, Adolf: Beiträge zur Geschichte der Staatslehre, Wien/Leipzig 1929. In:
Deutsche Literaturzeitung für Kritik der Internationalen Wissenschaft (Verband der deutschen Akademie der Wissenschaften [Hg.]) 1931, 52. Jg. vom 2. 8. 1931, S. 1479-1480
Leipzig (Quelle + Mayer) 1931
Rezension
Thema: A, B, G, Hobbes, Spinoza
Publikation: Bw
Umfang: 1100 Anschläge
NACHWEISE:

SHL: (xt 208: Nr 27)
Nachweis in Hamburg: 18 (y434)
Sonstiger Nachweis: 1a; 188; 8; 46; 206; B212

0987
*Datensatznummer: 805**
Zur Statistik der Deutschen Reichstagswahlen. In:
Deutsches Statistisches Zentralblatt (Würzburger, E. u.a. [Hg.]) 1931, 23. Jg., Heft 2, März, Sp. 33-40
Leipzig/Berlin (Teubner) 1931
(Vergleich der Wahlen Mai + Dezember 1924, Mai + September 1930)
Thema: B
Publikation: Bw
Umfang: 22100 Anschläge
NACHWEISE:
SHL: Kopie
Nachweis in Hamburg: H261 (14KbD1); 205
Sonstiger Nachweis: 206; 83

0956
*Datensatznummer: 806**
Bülow und der Ausbruch des Krieges. In:
Die Gesellschaft. Internationale Revue für Sozialismus und Politik (Hilferding, R. [Hg.]) 1931, 1. Bd., S. 231-236
Berlin (Dietz) 1931
(auch Rezension: B. Bülow, Deutsche Politik, 1916; dazu: Vossische Zeitung vom 8. 1. 1931)
Thema: K
Publikation: B
Umfang: 15100 Anschläge
NACHWEISE:
SHL: Kopie
Nachweis in Hamburg: 18
Sonstiger Nachweis: 1a; 46; 206; 83; 188

0958
*Datensatznummer: 807*
Eigentum. In:
Handwörterbuch der Soziologie (Vierkandt, A. [Hg.]) 1931, S. 106-112
Stuttgart (Enke) 1931
Lexikonartikel
Thema: B
Publikation: M
Umfang: 33400 Anschläge
NACHWEISE:
SHL: (xt 93: Nr 2)
Nachweis in Hamburg: H76 (Ie80)
Sonstiger Nachweis:

0959
*Datensatznummer: 808**
Die moderne Familie. In:
Handwörterbuch der Soziologie (Vierkandt, A. [Hg.]) 1931, S. 122-131
Stuttgart (Enke) 1931
Lexikonartikel
Thema: B
Publikation: M
Umfang: 23500 Anschläge
NACHWEISE:
SHL: (xt 93: Nr 3)
Nachweis in Hamburg: H76 (Ie80)
Sonstiger Nachweis:

0960
*Datensatznummer: 809*
Gemeinschaft und Gesellschaft. In:
Handwörterbuch der Soziologie (Vierkandt, A. [Hg.]) 1931, S. 180-191
Stuttgart (Enke) 1931
Lexikonartikel
Thema: B
Publikation: M
Umfang: 66200 Anschläge
NACHWEISE:
SHL: (xt 85: Nr 1)
Nachweis in Hamburg: H76 (Ie80)
Sonstiger Nachweis:

0961
*Datensatznummer: 810*
Stände und Klassen. In:
Handwörterbuch der Soziologie (Vierkandt, A. [Hg.]) 1931, S. 617-638
Stuttgart (Enke) 1931
Lexikonartikel
Thema: B
Publikation: M
Umfang: 123800 Anschläge
NACHWEISE:
SHL: (xt 85: Nr 2)
Nachweis in Hamburg: H76 (Ie80)
Sonstiger Nachweis:

0980
*Datensatznummer: 811*
Michels, Robert, Der Patriotismus. Prolegomena einer soziologischen Analyse, München 1929. In:
Historische Zeitschrift (Sybel, H. v. [Begründer]) 1931, Bd. 143, S. 87-91
München/Berlin (Oldenbourg) 1931

Rezension
Thema: A, B
Publikation: Bw
Umfang: 10100 Anschläge
NACHWEISE:
SHL: (xt 192: Nr 7)
Nachweis in Hamburg: H76 (Ic86)
Sonstiger Nachweis: 8; 46; 68; 206

0957
*Datensatznummer: 812*
Historischer Materialismus. In:
Internationales Handwörterbuch des Gewerkschaftswesens (Heyde, L. [Hg.]) 1931, S. 770-775
Berlin 1931
Lexikonartikel
Thema: F
Publikation: M
Umfang: 27300 Anschläge
NACHWEISE:
SHL: (xt 80: Nr 14)
Nachweis in Hamburg: H3
Sonstiger Nachweis:

0952
*Datensatznummer: 813**
Einbegleitung. In:
Bab, Julius, Das Theater im Lichte der Soziologie. In den Grundlinien dargestellt, 1 Seite
Leipzig (Hirschfeld) 1931
Vorwort
Thema: B
Publikation: M
Umfang: 1500 Anschläge
NACHWEISE:
SHL: Kopie
Nachweis in Hamburg: 18 (x9014:4,1)
Sonstiger Nachweis:

0967
*Datensatznummer: 814**
Handel und Konsumverein. In:
Konsumgenossenschaftliche Rundschau, 1931, 28. Jg., S. 294-295
Hamburg 1931
Thema: B, N
Publikation: B
Umfang: 12100 Anschläge
NACHWEISE:
SHL: Kopie
Sonstiger Nachweis: 206; 1a; 21; 25; 8

0969
*Datensatznummer: 815**
Philosophische und ökonomische Schätzung der Konsumgenossenschaften. In:
Konsumgenossenschaftliche Rundschau, 1931, 28. Jg., S. 661-662
Hamburg 1931
Thema: N, B
Publikation: B
Umfang: 18800 Anschläge
NACHWEISE:
SHL: Kopie
Sonstiger Nachweis: 206; 1a; 21; 25; 8

0968
*Datensatznummer: 816**
Die Britische Frauengenossenschaftsgilde. In:
Konsumgenossenschaftliche Rundschau, 1931, 28. Jg., Nr. 47, 21. November, S. 907-908
Hamburg 1931
(Rezension: Margret Llewelyn Davies, Das Leben wie wir es gekannt haben)
Rezension
Thema: A, O, N
Publikation: B
Umfang: 12100 Anschläge
NACHWEISE:
SHL: Kopie
Sonstiger Nachweis: 206; 1a; 21; 25; 8

0962
*Datensatznummer: 817**
Vetenskapsmännen och Kooperationen. In:
Kooperatören. Organ för den Kooperativa Rörselsen i Sverge, 1931, 18. Årg., S. 356-359
Stockholm 1931
schwed.
(Mit einem Bild von Harald Höffding)
Thema: N
Publikation: B
Umfang: 14000 Anschläge
NACHWEISE:
SHL: Kopie
Sonstiger Nachweis: 8 (y760-18)

0965
*Datensatznummer: 818*
Societas Hobbesiana-Societas Spinozana. In:
Das Monistische Monatshefte. Monatsschrift für wissenschaftliche Weltanschauung und Lebensgestalt. (Deutscher Monistenbund [Hg.]) 1931, 16. Jg., April-Heft, S. 78-82
München 1931

Thema: G, F
Publikation: B
Umfang: 14600 Anschläge
NACHWEISE:
SHL: (xt 62: Nr 6)
Sonstiger Nachweis: 1a; B232; 46; 30; 6; 7

*0937*
*Datensatznummer: 819*
Der Selbstmord in Schleswig-Holstein (alten Umfanges) 1885-1914. In:
Nordelbingen. Beiträge zur Heimatforschung in Schleswig-Holstein, Hamburg u. Lübeck (Dammann, W. H. [Begründer]) 1930/1931, Bd. 8, S. 447-472
Flensburg 1931
(Auszug aus: F. Tönnies, Der Selbstmord in Schleswig-Holstein; Schleswig-Holsteinische Universitätsgesellschaft, Nr. 9, 0889/703; vgl. auch 0856/717)
Thema: D, P
Publikation: B
Umfang: 59300 Anschläge
NACHWEISE:
SHL: (xt 139+136: Nr 5)
Nachweis in Hamburg: 18 (x668)
Sonstiger Nachweis: 1a; 46; Pn1; 56; 6; 61

*0977*
*Datensatznummer: 820*
In zwölfter Stunde. In:
Schleswig-Holsteinische Volkszeitung. Organ für das arbeitende Volk vom 7. 8. 1931, 39. Jg., Nr. 182, Sp. 5
Kiel 1931
Thema: I
Publikation: A
Umfang: 4600 Anschläge
NACHWEISE:
SHL: (xt 178: Nr 8)
Sonstiger Nachweis: 8 (Ztgi30)

*0970*
*Datensatznummer: 821*
Salomon, Alice (Hrsg.): Forschungen über Bestand und Erschütterung der Familie in der Gegenwart, Berlin 1930/31. In:
Schmollers Jahrbuch für Gesetzgebung, Verwaltung und Volkswirtschaft (Spiethoff, A. [Hg.]) 1931, 55. Jg., Heft 6, S. 1107-1109
München/Leipzig (Duncker & Humblot) 1931
Rezension
Thema: A, B
Publikation: Bw
Umfang: 7200 Anschläge
NACHWEISE:
SHL: (xt 197: Nr 5)
Nachweis in Hamburg: H3
Sonstiger Nachweis: 46; 206

*0971*
*Datensatznummer: 822**
Hobbes und Spinoza. In:
Septimama Spinozana. Acta conventus, 1931, S. 226-243
Den Haag 1931
(Vgl. 0991/841)
Thema: G, F
Publikation: Bw
Umfang: 47300 Anschläge
NACHWEISE:
SHL: (xt 64: Nr 8)
Sonstiger Nachweis: 291

*0966*
*Datensatznummer: 823*
Kapital und Kapital. In:
Soziale Praxis. Zentralblatt für Sozialpolitik und Wohlfahrtspflege (Heyde, L. u.a. [Hg.]) 1931, 40. Jg., 3. 12. 1931, S. 1639
Jena (Fischer) 1931
(Rezension: Franz Oppenheimer, Das Kapital und der Lohn. in: ebd., S. 1137-1144)
Rezension
Thema: A, B
Publikation: B
Umfang: 8800 Anschläge
NACHWEISE:
Nachweis in Hamburg: 18 (y1486)
Sonstiger Nachweis: 188; B232; 206

*0972*
*Datensatznummer: 824*
Eröffnungsrede des Präsidenten. In:
Verhandlungen des 7. Deutschen Soziologentages vom 28. 9.-1. 10. 1930 in Berlin, 1931, 1. Serie, Bd. 7, S. 1-4 + S. 8
Tübingen (Mohr) 1931
Ansprache
Thema: W
Publikation: Bw
Umfang: 7200 Anschläge
NACHWEISE:
Nachweis in Hamburg: H76 (Ic8)
Sonstiger Nachweis:

0974
*Datensatznummer: 825*
Diskussionsbeitrag über 'Presse und öffentliche Meinung'. In:
Verhandlungen des 7. Deutschen Soziologentages vom 28. 9.-1. 10. 1930 in Berlin, 1931, 1. Serie, Bd. 7, S. 72-74
Tübingen (Mohr) 1931
Diskussionsbeitrag
Thema: S, B
Publikation: Bw
Umfang: 9300 Anschläge
NACHWEISE:
Nachweis in Hamburg: H76 (Ic8)
Sonstiger Nachweis:

0973
*Datensatznummer: 826*
Vortrag in der Untergruppe 'Soziographie'. In:
Verhandlungen des 7. Deutschen Soziologentages vom 28. 9.-1. 10. 1930 in Berlin, 1931, 1. Serie, Bd. 7, S. 196-206
Tübingen (Mohr) 1931
(Vgl.: 0941/789)
Thema: B
Publikation: Bw
Umfang: 25000 Anschläge
NACHWEISE:
SHL: (xt 100: Nr 9)
Nachweis in Hamburg: H76 (Ic8)
Sonstiger Nachweis:

0975
*Datensatznummer: 827*
Diskussionsschlußwort der Untergruppe 'Soziographie'. In:
Verhandlungen des 7. Deutschen Soziologentages vom 28. 9.-1. 10. 1930 in Berlin, 1931, 1. Serie, Bd. 7, S. 231-232
Tübingen (Mohr) 1931
Diskussionsbeitrag
Thema: S, B
Publikation: Bw
Umfang: 4400 Anschläge
NACHWEISE:
Nachweis in Hamburg: H76 (Ic8)
Sonstiger Nachweis:

0976
*Datensatznummer: 828*
Schlußwort des 7. Soziologentages. In:
Verhandlungen des 7. Deutschen Soziologentages vom 28. 9.-1. 10. 1930 in Berlin, 1931, 1. Serie, Bd. 7, S. 278
Tübingen (Mohr) 1931
Ansprache
Thema: W
Publikation: Bw
Umfang: 1100 Anschläge
NACHWEISE:
Nachweis in Hamburg: H76 (Ic8)
Sonstiger Nachweis:

0978
*Datensatznummer: 829*
Das 'kleinere Uebel'. Die rettende Tat der Sozialdemokratie.
Vorwärts. Berliner Volksblatt vom 26. 6. 1931, 48. Jg., Morgenausgabe, S. 1-2
Berlin (Vorwärts-Verlag) 1931
Thema: I, Reichstagswahl
Publikation: A
Umfang: 5800 Anschläge
NACHWEISE:
SHL: Kopie
Sonstiger Nachweis: 206 (ZuVI2); 46

0979
*Datensatznummer: 830**
In letzter Stunde. In
Vorwärts. Berliner Volksblatt vom 7. 8. 1931, 48. Jg., Freitag, Abend-Ausgabe
Berlin (Vorwärts-Verlag) 1931
(Tönnies warnt vor der Teilnahme am Volksentscheid am 9. 8. 31)
Thema: I
Publikation: A
Umfang: 5700 Anschläge
NACHWEISE:
SHL: Kopie
Sonstiger Nachweis: 206 (ZuVI2); 46

0983
*Datensatznummer: 831**
Kein Kompromiß? In:
Vossische Zeitung vom 8. 10. 1931, Nr. 475, Abend-Ausgabe, S. 1-2
Berlin 1931
Thema: I, Soziale Reform
Publikation: A
Umfang: 5900 Anschläge
NACHWEISE:

SHL: (Cb 54. 39:07 + Kopie)
Sonstiger Nachweis: 188/211 (Film); 25; B701; 46

0982
*Datensatznummer: 832**
Die revolutionäre Situation. In:
Vossische Zeitung vom 2. 12. 1931, Mittwoch, Abend-Ausgabe, S. 1
Berlin 1931
Thema: I, Nationalsozialismus
Publikation: A
Umfang: 4100 Anschläge
NACHWEISE:
SHL: Kopie
Sonstiger Nachweis: 188; 188/211 (Film); 25; B701; 46

0981
*Datensatznummer: 833*
Soziologisches Symposium X. In:
Zeitschrift für Völkerpsychologie und Soziologie (Thurnwald, R. [Hg.]) 1931, 7. Jg., Heft 2, S. 129-148
Stuttgart (Hirschfeld) 1931
(Auch intellektuelle Biographie Tönnies')
Thema: B
Publikation: Bw
Umfang: 50100 Anschläge
NACHWEISE:
SHL: (xt 95: Nr 5)
Nachweis in Hamburg: H76 (Ic41)
Sonstiger Nachweis: 188; 188/211; 8; 46; 206; 4; 30

0984
*Datensatznummer: 834*
Offene Antwort (an Hans A. Münster). In:
Zeitungswissenschaft. Monatsschrift für internationale Zeitungsforschung, 1931, 6. Jg., Nr. 1 vom 15. 1. 1931, S. 1-2
Berlin 1931
(Bezug: Artikel von H. A. Münster, ebd. vom 15. 1. 1930)
Thema: U
Publikation: Bw
Umfang: 3100 Anschläge
NACHWEISE:
SHL: (xt 112: Nr 1)
Nachweis in Hamburg: 18 (y2822)
Sonstiger Nachweis: 1a; 4; 38; 61; 121

0985
*Datensatznummer: 835*
Enquete betreffend Groth: Die Zeitung. In:
Zeitungswissenschaft. Zweimonatsschrift für internationale Zeitungsforschung (d'Ester, K. + Heide, W. [Hg.]) 1931, 6. Jg., 15. 3. 1931, S. 65-66
Berlin/Leipzig (De Gruyter) 1931
(Rezension: O. Groth, Die Zeitung, 4 Bde., Mannheim)
Rezension
Thema: B
Publikation: Bw
Umfang: 4500 Anschläge
NACHWEISE:
Nachweis in Hamburg: 18 (y2822)
Sonstiger Nachweis: 1a; 4; 38; 61; 121

0986
*Datensatznummer: 836*
Zwei Philosophen über die öffentliche Meinung. In:
Zeitungswissenschaft. Zweimonatsschrift für internationale Zeitungsforschung (d'Ester, K. + Heide, W. [Hg.]) 1931, 6. Jg., Nr. 6, 11. 12. 1931, S. 450-455
Berlin/Leipzig (De Gruyter) 1931
Thema: B
Publikation: Bw
Umfang: 20300 Anschläge
NACHWEISE:
SHL: (xt 112: Nr 2)
Nachweis in Hamburg: 18 (y2822)
Sonstiger Nachweis: 1a; 4; 38; 61; 121

## 1932

0989a
*Datensatznummer: 836a**
Vorwort. In:
Innledning til Sociologien av Ferdinand Tönnies. Norsk Utgave ved Ewald Bosse, 1932, S. XVI-XVIII
Olso (Fabritius & Sonners Forlag) 1932
(Deutsches Vorwort zur norwegischen Ausgabe von 0988/801)
Buchbeitrag
Thema: W
Publikation: M
Umfang: 4000 Anschläge
NACHWEISE:

SHL: (Kopie)
Sonstiger Nachweis: 206

0989
*Datensatznummer: 837*
Cunow, Heinrich: Allgemeine Wirtschaftsgeschichte, Bde. 3 u. 4, Berlin 1929-1931. In:
Die Arbeit. Zeitschrift für Gewerkschaftspolitik und Wirtschaftskunde (Leipart, Th. [Hg.]) 1932, 9. Jg., S. 569-572
Berlin 1932
Rezension
Thema: A, B
Publikation: B
Umfang: 12100 Anschläge
NACHWEISE:
SHL: (xt 210: Nr 7)
Nachweis in Hamburg: 18 (Ic74)
Sonstiger Nachweis:

0990
*Datensatznummer: 838*
Der Sinn der Familie. In:
Bundesblatt für den Reichsbund der Kinderreichen Deutschlands, 1932, 12. Jg., Nr. 6, S. 42-43
Berlin 1932
Thema: B, M, soziale Frage
Publikation: B
Umfang: 15500 Anschläge
NACHWEISE:
SHL: (xt 109: Nr 14)
Sonstiger Nachweis: 1a; B232

0997
*Datensatznummer: 839*
Synder, Alice D.: Coleridge on logic and learning, New Haven/London 1929. In:
Deutsche Literaturzeitung für Kritik der Internationalen Wissenschaft (Verband der deutschen Akademie der Wissenschaften [Hg.]) vom 7. 2. 1932, 53. Jg., S. 265-266
Leipzig (Quelle + Mayer) 1932
Rezension
Thema: A, B, F
Publikation: Bw
Umfang: 2200 Anschläge
NACHWEISE:
SHL: (xt 208: Nr 28)
Sonstiger Nachweis: 1a; 188; 8; 46; 206; B212

1000
*Datensatznummer: 840**
Der Philosoph Thomas Hobbes in Deutschland. In:
Deutsch-britische Rundschau. Monatsschrift der Deutsch-Britischen Gesellschaft, 1932, Nr. 4, S. 76-78
Wiesbaden 1932
Thema: F
Publikation: B
Umfang: 7400 Anschläge
NACHWEISE:
SHL: Kopie
Sonstiger Nachweis: 38; 1a; 26

0849
*Datensatznummer: 840a**
Erhebung? In:
Deutsche Republik (Haas, L.;Loebe, P., Wirth, J. [Hg.]), 1931/32, Bd. 6, S. 1168-1170
Frankfurt am Main 1932
Thema: I, Adolf Hitler, Nationalsozialismus
Publikation: B
Umfang: 6100 Anschläge
NACHWEISE:
SHL: Kopie
Nachweis in Hamburg: 18 (A/81052)
Sonstiger Nachweis: 1a; 188; 7; 16; 21; 66

0991
*Datensatznummer: 841*
Hobbes und Spinoza. In:
Forschungen und Fortschritte. Nachrichtenblatt der deutschen Wissenschaft und Technik (Kerkhof, K. [Hg.]) 1932, 8. Jg., Nr. 33 vom 20. 11. 1932, S. 421-422
Berlin (Akademie-Verlag) 1932
(Vgl.: 0971/822)
Thema: G, F
Publikation: Bw
Umfang: 6000 Anschläge
NACHWEISE:
Nachweis in Hamburg: 18 (y1176)
Sonstiger Nachweis: 1a; 83; 188; 46; H140; Pn1

0996
*Datensatznummer: 842**
Dienst am Vaterland? Phrasen! Blecherne Waffen! In:
Vom Frohen Leben. Monatsschrift zur deutschen Lebens- und Volksaufartung, 1932, 12. Jg., S. 117-118
Berlin 1932

Thema: B, I
Publikation: B
Umfang: 900 Anschläge
NACHWEISE:
SHL: Kopie
Sonstiger Nachweis: 7

*0992*
*Datensatznummer: 843**
Höffding und die Sozialdemokratie. In:
Gesellschaft <Die>. Internationale Revue für Sozialismus und Politik (Hilferding, R. [Hg.]) 1932, Bd. 1, S. 75-79
Berlin (Dietz) 1932
Nachruf
Thema: R
Publikation: B
Umfang: 14400 Anschläge
NACHWEISE:
SHL: (xt 177: Nr 4)
Nachweis in Hamburg: H76
Sonstiger Nachweis: 1a; 118; 46; 206; 83; 188

*0995*
*Datensatznummer: 844*
"Ich betrachte das Dasein des Theaters als ein wesentliches Element veredelter Gesittung" (Artikel ohne Titel, Textanfang). In:
Hessisches Landestheater Darmstadt. Blätter des Hessischen Landestheater Darmstadt, 1932/1933, 1. Jg., S. 2-3
Leipzig (Beck) 1932
Thema: M
Publikation: B
Umfang: 2300 Anschläge
NACHWEISE:
SHL: (xt 183: Nr 2)
Sonstiger Nachweis: 30; 16

*x1016*
*Datensatznummer: 845*
*Indroduction*
*In: Lichtenberger, Henri, Le temoignage des Elites, 1932*
*Ort unbekannt 1932*
*Vorwort, franz.*
NACHWEISE: *Titel in der ehemaligen Bundesrepublik Deutschland nicht nachgewiesen*

*0993*
Datensatznummer: 846
Brandt, Frithjof: Thomas Hobbes' Mechanical Conception of Nature, Kopenhagen/London 1928. In:
Kant-Studien. Philosophische Zeitschrift (Vaihinger, H. [Begründer]) 1932, 37. Jg., Heft 11, S. 165
Berlin (De Gruyter) 1932
Rezension
Thema: A, G
Publikation: Bw
Umfang: 3100 Anschläge
NACHWEISE:
SHL: (xt 191: Nr 16)
Nachweis in Hamburg: 18
Sonstiger Nachweis: 1a; 8; 46

*1008*
*Datensatznummer: 847**
Zu Harald Höffdings Gedächtnis
Kölner Vierteljahrshefte für Sozialwissenschaften (ab 1922: für Soziologie) (Eckert, C. u.a. [Hg.]) 1931/32, 10. Jg., S. 275-277
München/Leipzig (Duncker & Humblot) 1932
(Siehe auch 1057/890)
Nachruf
Thema: R
Publikation: Bw
Umfang: 12300 Anschläge
NACHWEISE:
SHL: (Cb 54. 39:42)
Nachweis in Hamburg: 18; H76 (Ic9)
Sonstiger Nachweis: 1a; 188; 206

*1010*
*Datensatznummer: 848*
Rudolf Goldscheid (1870-1931). In:
Kölner Vierteljahrshefte für Sozialwissenschaften (ab 1922: für Soziologie) (Wiese, L. v. [Red.]) 1931/32, 10. Jg., S. 430-433
München/Leipzig (Duncker & Humblot) 1932
Nachruf
Thema: R
Publikation: Bw
Umfang: 15800 Anschläge
NACHWEISE:
SHL: (Cb 54. 39:41)
Nachweis in Hamburg: 18; H76 (Ic9)
Sonstiger Nachweis: 1a; 188; 206

*1009*
*Datensatznummer: 849*
Ladislaus von Bortkiewicz (1868-1931). In:

Kölner Vierteljahrshefte für Sozialwissenschaften (ab 1922: für Soziologie) (Eckert, C. u.a. [Hg.]) 1931/32, 10. Jg., S. 433-436
München/Leipzig (Duncker & Humblot) 1932
Nachruf
Thema: R
Publikation: Bw
Umfang: 10800 Anschläge
NACHWEISE:
Nachweis in Hamburg: 18; H76 (Ic9)
Sonstiger Nachweis: 1a; 188; 206

1001
*Datensatznummer: 850**
Zur Erkenntnis des genossenschaftlichen Geistes. In:
Konsumgenossenschaftliche Rundschau, 1932, 29. Jg., S. 148-149
Hamburg 1932
(Rezension: Henry Faucherre, Abriß der Erziehungslehre Pestalozzis in Beziehung zum genossenschaftswesen, und ders., Grundriß der Genossenschaftskunde, Basel 1931; vgl. 0994/859)
Rezension
Thema: A, N
Publikation: B
Umfang: 10900 Anschläge
NACHWEISE:
SHL: Kopie
Sonstiger Nachweis: 206; 1a; 21; 25; 8

1002
*Datensatznummer: 851**
Urteile und ihre Zuverlässigkeit. In:
Konsumgenossenschaftliche Rundschau, 1932, 29 Jg., S. 714
Hamburg 1932
Thema: N, I, Gerichtsurteile
Publikation: B
Umfang: 6600 Anschläge
NACHWEISE:
SHL: Kopie
Sonstiger Nachweis: 206; 1a; 21; 25; 8

1003
*Datensatznummer: 852**
"Fridericus". In:
Konsumgenossenschaftliche Rundschau, 1932, 29. Jg., S. 1036
Hamburg 1932
(Rezension des gleichnamigen Wochenblattes)
Thema: A, N
Publikation: B
Umfang: 3300 Anschläge
NACHWEISE:
SHL: Kopie
Sonstiger Nachweis: 206, 1a; 21; 25; 8

1014
*Datensatznummer: 853**
Der Justizmord von Versailles. Unser klares deutsches Recht aus dem Anklagefrieden. In:
Magdeburgische Zeitung vom 3. 1. 1932, Nr. 3, Sonntag, Beilage, S. 5
Magdeburg 1932
(Titel wohl von der Redaktion; Thema: Die Kriegsschuldfrage in neuester französischer Auffassung)
Thema: K, I
Publikation: A
Umfang: 7900 Anschläge
NACHWEISE:
SHL: (xt 178: Nr 9)
Sonstiger Nachweis: 29

0964
*Datensatznummer: 854**
Hegels natuurrecht. Ter herinnering aan Hegels dood (14 November 1831). In:
Mensch en Maatschappij. Tweemaandelijksch Tijdschrift, 1932, 8. Jg., 1. Januar, S. 276-290
Groningen (Noordhoff) 1932
holl.
(Siehe auch: 1004/857)
Thema: H
Publikation: Bw
Umfang: 46300 Anschläge
NACHWEISE:
SHL: Kopie
Sonstiger Nachweis: 206 (x517); 1a (Fc508/129); 38; 16

0998
*Datensatznummer: 855**
Sie wissen nicht, was sie tun. In:
Die Montags-Zeitung vom 21. 3. 1932, S. 6
Ort unbekannt 1932
(Stellungnahme zu den Hitler-Wählern anläßlich der Reichspräsidentenwahl)
Leserbrief
Thema: I, Hitler
Publikation: A
Umfang: 7300 Anschläge
NACHWEISE:

SHL: (Cb 54. 39.06) + Kopie
Sonstiger Nachweis: 68

<u>*1011*</u>
*Datensatznummer: 856**
Schleswig-Holsteiner, hört! Offener Brief an meine Landsleute in der Nordmark. In:
Schleswig-Holsteinische Volkszeitung. Organ für das arbeitende Volk vom 29. 7. 1932, Nr. 176, Freitag, S. 1
Kiel 1932
(Warnung vor der NSDAP und Wahlaufruf für die SPD)
Thema: P, I
Publikation: A
Umfang: 3200 Anschläge
NACHWEISE:
SHL: (Film) + Kopie
Nachweis in Hamburg: H3
Sonstiger Nachweis: 8 (Ztgi30)

<u>*1004*</u>
*Datensatznummer: 857**
Hegels Naturrecht. Zum Gedächtnis an Hegels Tod (14. November 1831). In:
Schmollers Jahrbuch für Gesetzgebung, Verwaltung und Volkswirtschaft (Spiethoff, A. [Hg.]) 1932, 56. Jg., S. 71-85
München/Leipzig (Duncker & Humblot) 1932
(In Holländisch: 0964/854)
Thema: H, R
Publikation: Bw
Umfang: 44200 Anschläge
NACHWEISE:
Nachweis in Hamburg: H3
Sonstiger Nachweis: 46; 206

<u>*1005*</u>
*Datensatznummer: 858*
Die wirtschaftliche und soziale Lage der Angestellten, Berlin 1931. In:
Schmollers Jahrbuch für Gesetzgebung, Verwaltung und Volkswirtschaft (Spiethoff, A. [Hg.]) 1932, 56. Jg., Heft 1, S. 133-135
München/Leipzig (Duncker & Humblot) 1932
(Rezension der Ergebnisse aus der großen sozialen Erhebung des Gewerkschaftsbundes)
Rezension
Thema: A, B, L
Publikation: Bw
Umfang: 6700 Anschläge
NACHWEISE:
SHL: (xt 197: Nr 6)
Nachweis in Hamburg: H3
Sonstiger Nachweis: 46; 206

<u>*0994*</u>
*Datensatznummer: 859**
Zur Erkenntnis des genossenschaftlichen Geistes. In:
Schweiz. Konsum-Verein. Organ des Verbandes schweiz. Konsumvereine, 1932, 32. Jg., Nr. 9, 27. Februar, S. 106-107
Basel 1932
(Rezension: H. Faucherre, H., Basel 1931 und 1932; vgl. 1001/850)
Rezension
Thema: A, N
Publikation: B
Umfang: 9400 Anschläge
NACHWEISE:
SHL: (xt 120: Nr 14)
Sonstiger Nachweis: 38

<u>*0999*</u>
*Datensatznummer: 860*
Das soziale Leben der Familie. In:
Soziale Praxis. Zentralblatt für Sozialpolitik und Wohlfahrtspflege (Wunderlich, F. + Polligkeit, W. [Hg.]) 1932, 41. Jg., Heft 27, 7. 7. 1932, Sp. 822-828
Jena (Fischer) 1932
Thema: B, Ehe
Publikation: B
Umfang: 18700 Anschläge
NACHWEISE:
SHL: (xt 109: Nr 10)
Nachweis in Hamburg: 18 (y1486)
Sonstiger Nachweis: 188; B232; 206

<u>*1006*</u>
*Datensatznummer: 861**
Mein Verhältnis zur Soziologie. In:
Soziologie von heute. Ein Symposium der Zeitschrift für Völkerpsychologie und Soziologie (Thurnwald, R. [Hg.]) 1932, S. 103-122
Leipzig (Hirschfeld) 1932
Thema: B
Publikation: Bw
Umfang: 55470 Anschläge
NACHWEISE:
SHL: Kopie
Nachweis in Hamburg: H3; H45
Sonstiger Nachweis:

*1007*
*Datensatznummer: 862**
Die Lebenssumme bedeutender Geister. Bekannte Persönlichkeiten über die Grundlehre ihres Lebens. Mitgeteilt von Eugen Gömöri, Wien. In:
Stuttgarter Neues Tageblatt vom 10. 1. 1932, Beilage: Die Sonntagsseite
(Titel von der Redaktion)
Stuttgart 1932
Umfrageantwort
Thema: U
Publikation: A
Umfang: 3500 Anschläge
NACHWEISE:
SHL: Kopie
Sonstiger Nachweis: 24

*1012*
*Datensatznummer: 863**
Takt in der Politik. Bemerkungen zu einer unerfreulichen Episode. In:
Vorwärts. Berliner Volksblatt vom 16. 7. 1932, 29. Jg., Sonnabend, Morgenausgabe, S. 1-2
Berlin (Vorwärts-Verlag) 1932
Thema: I, Innenpolitik
Publikation: A
Umfang: 6800 Anschläge
NACHWEISE:
SHL: Kopie
Sonstiger Nachweis: 206 (ZuVI2); 46

*1015*
*Datensatznummer: 864**
Das Breslauer Ereignis. In:
Vossische Zeitung vom 31. 12. 1932, Sonnabend, Morgen-Ausgabe, S. 1-2
Berlin 1932
Thema: I, Antisemitismus
Publikation: A
Umfang: 5000 Anschläge
NACHWEISE:
SHL: Kopie
Sonstiger Nachweis: 188/211 (Film); 25; B701; 46

*1013*
*Datensatznummer: 865*
Das statistische Jahrbuch für das deutsche Reich. In:
Zeitschrift für die gesamte Staatswissenschaft (Brodnitz, G. [Hg.]) 1932, Bd. 93, Heft 1, S. 24-34
Tübingen (Mohr) 1932
Rezension
Thema: A, B
Publikation: Bw
Umfang: 25600 Anschläge
NACHWEISE:
SHL: (xt 136: Nr 7)
Nachweis in Hamburg: 18; H76 (Ic63); H3
Sonstiger Nachweis: 1a; B701; 8; 46; B212; 4

## 1933

*1017*
*Datensatznummer: 866**
Sitte und Freiheit. In:
Archiv für angewandte Soziologie (Dunkmann, K. [Hg.]) 1932/33, 5. Jg., S. 143-153
Berlin (Junker + Dünnhaupt) 1933
(Gedächtnisgabe für Karl Dunkmann. Probleme deutschen Soziologie, hg. von Heinz Sauermann)
Buchbeitrag
Thema: B
Publikation: M
Umfang: 25400 Anschläge
NACHWEISE:
SHL: (xt 74: Nr 6)
Nachweis in Hamburg: 18 (A245850)
Sonstiger Nachweis:

*1019*
*Datensatznummer: 867*
Salmon, C. V.: The Central Problem of David Hume's Philosophy, Halle 1929. In:
Deutsche Literaturzeitung für Kritik der Internationalen Wissenschaft (Verband der deutschen Akademie der Wissenschaften [Hg.]) 1933, 54. Jg. vom 2. 7. 1933, S. 1253-1254
Leipzig (Quelle + Mayer) 1933
Rezension
Thema: A, F, Edmund Husserl, David Hume, Anton Thomsen
Publikation: Bw
Umfang: 7500 Anschläge
NACHWEISE:
Nachweis in Hamburg: 18 (y434)
Sonstiger Nachweis: 1a; 188; 8; 46; 206; B212

<u>1018</u>
*Datensatznummer: 868**
Die nationale Aufgabe?" Lösung der sozialen Frage! In:
Vom Frohen Leben. Monatsschrift zur deutschen Lebens- und Volksaufartung, 1933, 12. Jg., S. 328
Berlin 1933
Thema: I
Publikation: B
Umfang: 1400 Anschläge
NACHWEISE:
SHL: Kopie
Sonstiger Nachweis: 7

<u>1020</u>
*Datensatznummer: 869**
Der Selbstmord von Männern in Preußen 1884-1914. In:
Mensch en Maatschappij. Tweemaandelijksch Tijdschrift, 1933, 9. Jg., Nr. 1/2, 20. Januar, S. 234-254
Groningen (Noordhoff) 1933
(mehrere Tabellen; Mitarbeit v. H. Striefler, E. Jurkat, L. Lauritzen, H. Schulze-Boysen)
Thema: B, D, Soziographische Studie
Publikation: Bw
Umfang: 63300 Anschläge
NACHWEISE:
SHL: (xt 140)
Sonstiger Nachweis: 206 (x517); 1a; 38; 16

<u>1021</u>
*Datensatznummer: 870*
Wirkungen der Arbeitslosigkeit in England. In:
Soziale Praxis. Zentralblatt für Sozialpolitik und Wohlfahrtspflege (Büro für Sozialpolitik [Hg.]) 1933, 42. Jg., Heft 24, 15. 6. 1933, Sp. 736-737
Jena (Fischer) 1933
(Nach einem Bericht im Manchester Guardian Weekly vom 31. 3. 1933)
Thema: B, O, L
Publikation: B
Umfang: 3900 Anschläge
NACHWEISE:
SHL: (xt 117: Nr 3)
Nachweis in Hamburg: 18 (y1486)
Sonstiger Nachweis: 188; B232; 206

<u>1024</u>
*Datensatznummer: 871**
Shylock. In:
Vossische Zeitung vom 25. 1. 1933, Morgen-Ausgabe, S. 1-2
Berlin 1933
(Siehe dazu 1015/864)
Thema: I, Antisemitismus
Publikation: A
Umfang: 8500 Anschläge
NACHWEISE:
SHL: Kopie
Sonstiger Nachweis: 188/211 (Film); 25; B701; 46

<u>1023</u>
*Datensatznummer: 872*
Geiger, Theodor: Die soziale Schichtung des deutschen Volkes, Stuttgart 1932. In:
Zeitschrift für die gesamte Staatswissenschaft (Brodnitz, G. [Hg.]) 1933, Bd. 94, Heft 3, S. 527-530
Tübingen (Mohr) 1933
Rezension
Thema: A, B
Publikation: Bw
Umfang: 11900 Anschläge
NACHWEISE:
SHL: (xt 194: Nr 17)
Nachweis in Hamburg: 18; H76 (Ic63); H3
Sonstiger Nachweis: 1a; B701; 8; 46; 206; B212; 4

## 1934

<u>1022</u>
*Datensatznummer: 873*
David Koigen † (1879-1933). In:
Kölner Vierteljahrshefte für Sozialwissenschaften (ab 1922: für Soziologie) (Wiese, L. v. [Red.]) 1933/34, 12. Jg., S. 104-106
München/Leipzig (Duncker & Humblot) 1934
Nachruf
Thema: R, Nachruf
Publikation: Bw
Umfang: 9200 Anschläge
NACHWEISE:
SHL: (Cb 54. 39:44)
Nachweis in Hamburg: 18
Sonstiger Nachweis: 206 (x396); 1a (Fc487/10/1); 188

*1025*
*Datensatznummer: 874*
Gemeinwirtschaft und Gemeinschaft. In:
Schmollers Jahrbuch für Gesetzgebung, Verwaltung und Volkswirtschaft (Spiethoff, A. [Hg.]) 1934, 58. Jg., S. 317-326
München/Leipzig (Duncker & Humblot) 1934
Thema: B, N, Hans Ritschl
Publikation: Bw
Umfang: 27200 Anschläge
NACHWEISE:
SHL: (xt 95: Nr 3)
Nachweis in Hamburg: H76 (Ic64); H3
Sonstiger Nachweis: 46; 206

## 1935

*1030*
*Datensatznummer: 875**
Geist der Neuzeit, 214 Seiten
Leipzig (Buske) 1935
Monographie
Thema: B
Publikation: C
Umfang: 512600 Anschläge
NACHWEISE:
SHL: (xt 26)
Nachweis in Hamburg: H76
Sonstiger Nachweis:

*1028*
*Datensatznummer: 876**
G. v. Mutius og den danske kultur. In:
Dansk Udsyn. Tidsskrift udgivet af Foreningen 'Askov Laelinge' vom 15. aarg. 1935, S. 177-182
Kolding 1935
dän.
Thema: M
Publikation: B
Umfang: 12400 Anschläge
NACHWEISE:
SHL: Kopie
Sonstiger Nachweis: 8(?)

*1026*
Datensatznummer: 877*
Goethes Sprüche in Prosa. In:
Ethische Kultur. Monatsblatt für sozial-ethische Reformen (Gizycki, G. v. [Begründer]) 1935, 43. Jg., 15. 10. 1935, S. 137-143
Berlin (Bieber) 1935
(Rezension Löper [Hg.], J. W. v. Goethe, Sprüche in Prosa)
Rezension
Thema: A, U
Publikation: B
Umfang: 20700 Anschläge
NACHWEISE:
SHL: Kopie
Sonstiger Nachweis: 1a (8u4Np17400)

*1027*
*Datensatznummer: 878**
Het Gestelijk Karakter van de moderne Geschiedenis-Periode. In:
Mensch en Maatschappij. Tweemaandelijksch Tijdsschrift, 1935, 11. Jg., 1. Januar, S. 192-202
Groningen (Noordhoff) 1935
holl.
Thema: B
Publikation: Bw
Umfang: 32500 Anschläge
NACHWEISE:
SHL: Kopie
Sonstiger Nachweis: 206 (x517); 1a (Fc508/129); 38; 16

*1029*
*Datensatznummer: 879**
Das Recht auf Arbeit. In:
Zeitschrift für Sozialforschung (Horkheimer, M. [Hg.]) 1935, Bd. 4, S. 66-79
Paris (Alcan) 1935
(Auch Rezension: Ewald Bosse, Ar Arbeidslaeren: Retten til Arbeide, Oslo 1933)
Thema: H, B
Publikation: Bw
Umfang: 39200 Anschläge
NACHWEISE:
SHL: Kopie
Nachweis in Hamburg: 18; H76 (Ic173)
Sonstiger Nachweis: 1a; 83/1196; 188; 188/211; B701; 46; 206

## 1936

*1031*
*Datensatznummer: 880*
An den VIII. Internationalen Philosophen-Kongreß in Prag. In:
Actes du Huitième Congrès International de Philosophie à Prague (2.-7. 9. 1934, S. XLVI-LI

Prag 1936
(Lettre de M. le Professeur F. Tönnies, Kiel)
Thema: F, W
Publikation: Bw
Umfang: 13700 Anschläge
NACHWEISE:
Nachweis in Hamburg: 18 (x10801)
Sonstiger Nachweis:

1032
*Datensatznummer: 880a**
Contributions a L'Histoire de la Pensées de Hobbes. Lettres inédites. In:
Archives de Philosophie, 1936, vol. XII, Cahier II, S. 73-98
(Franz. Übersetzung von »Hobbes Analekten«, siehe Datensatznr. 0281/194. Darin die Briefe S. 81-98.)
Thema: F, T
Umfang: 18500 Anschläge (ohne Briefe)
NACHWEISE:
SHL: Kopie
Nachweis in Hamburg: 18
Sonstiger Nachweis:

## Posthume Veröffentlichungen

### 1948-1990

1036
*Datensatznummer: 881**
*OHNE VERFASSERANGABE*
Glaube und Wissen. In:
Kölner Zeitschrift für Soziologie und Sozialpsychologie (Wiese, L. v. [Begründer]) 1948/49, 1. Jg., S. 445-463
Köln/Opladen 1948/49
(Severus Clemens alias Wolgast (?): F. T. 1856-1936. Ein Briefwechsel und eine Abhandlung)
Briefwechsel
Thema: E, F
Publikation: Bw
Umfang: 31600 Anschläge
NACHWEISE:
Nachweis in Hamburg: 18; H76 (Ic10)
Sonstiger Nachweis: 1a; 46; 206

1038
*Datensatznummer: 882*
Die Entstehung meiner Begriffe Gemeinschaft und Gesellschaft. Für Earle Eubank. In:
Kölner Zeitschrift für Soziologie und Sozialpsychologie (Wiese, L. v. [Begründer]) 1955, 7. Jg., S. 463-467
Köln/Opladen (Westdeutscher Verlag) 1955
(Titel von der Redaktion)
Thema: B
Publikation: Bw
Umfang: 14800 Anschläge
NACHWEISE:
SHL: (Cb 54. 39:04 <Kopie>)
Nachweis in Hamburg: H76 (Ic10)
Sonstiger Nachweis: 1a; 46; 206

1039
*Datensatznummer: 883*
Über die Lehr- und Redefreiheit. In:
Kölner Zeitschrift für Soziologie und Sozialpsychologie (Wiese, L. v. [Begründer]) 1955, 7. Jg., S. 468-477
Köln/Opladen (Westdeutscher Verlag) 1955
(Titel von der Redaktion. Vortrag über Spinoza, wahrscheinlich von 1932)
Thema: F
Publikation: Bw
Umfang: 29000 Anschläge
NACHWEISE:
Nachweis in Hamburg: H76 (Ic10)
Sonstiger Nachweis: 1a; 46; 206

1042
*Datensatznummer: 884**
Ferdinand Tönnies - Friedrich Paulsen. Briefwechsel 1876-1908, hrsg. von Olaf Klose, E. G. Jacoby, Irma Fischer, 422 Seiten
Kiel (Hirt) 1961
Briefwechsel
Thema: U
Publikation: C
Umfang: 500000 Anschläge
NACHWEISE:
SHL: (SHW819 + LS)
Sonstiger Nachweis:

1052
*Datensatznummer: 885**
Lebenserinnerungen aus dem Jahre 1935 an Kindheit, Schulzeit, Studium und erste Dozententätigkeit, aus dem Nachlaß hrsg. von Rainer Polley. In:
Zeitschrift der Gesellschaft für Schleswig-Holsteinische Geschichte (Prange, W. [Hg.]) 1980, Bd. 105, S. 187-227
Neumünster (Wachholtz) 1980
Thema: U
Publikation: B
Umfang: 121300 Anschläge
NACHWEISE:
SHL:
Nachweis in Hamburg: H70; H60; H103
Sonstiger Nachweis:

1053
*Datensatznummer: 886*
Die Tatsache des Wollens. Aus dem Nachlaß hrsg. und eingeleitet von Jürgen Zander, 128 Seiten
Berlin (Duncker & Humblot) 1982
(Beiträge zur Sozialforschung, Band 1)
Monographie
Thema: F
Publikation: C
Umfang: 238690 Anschläge
NACHWEISE:
SHL: (83A61)
Nachweis in Hamburg: 18
Sonstiger Nachweis:

<u>*1054*</u>
*Datensatznummer: 887**
Ansicht der Neueren Geschichte. Hrsg. und kommentiert von Carsten Schlüter. In: Schlüter, Carsten (Hg.), Symbol, Bewegung, Rationalität. Zum 50. Todestag von Ferdinand Tönnies, Würzburg 1987, S. 217-230
Würzburg (Königshausen + Neumann) 1987
(Ca. um 1900 geschrieben)
Buchbeitrag
Thema: B, F, U
Publikation: M
Umfang: 25000 Anschläge
NACHWEISE:
SHL: (Cb 54.34:03)

<u>*1055*</u>
Datensatznummer: 888*
Tönnies - Höffding - Briefwechsel, herausgegeben und kommentiert von C. Bickel und R. Fechner, 339 Seiten
Berlin (Duncker & Humblot) 1989
Briefwechsel
Thema: B, F, U
Publikation: C
Umfang: 240000 Anschläge

<u>*1056*</u>
*Datensatznummer: 889**
Meine Beziehung zu Harald Höffding. Einleitung zu der 1935 geplanten Ausgabe des Briefwechsel zwischen Ferdinand Tönnies und Harald Höffding. In:
Tönnies - Höffding - Briefwechsel, herausgegeben und kommentiert von C. Bickel und R. FechnerBerlin (Duncker & Humblot) 1989
Vorwort
Thema: R
Publikation: M
Umfang: 6000 Anschläge

<u>*1057*</u>
*Datensatznummer: 890**
Zu Harald Höffdings Gedächtnis. In:
Tönnies - Höffding - Briefwechsel, herausgegeben und kommentiert von C. Bickel und R. Fechner
Berlin (Duncker & Humblot) 1989
(Werkmanuskript aus dem Nachlaß, vgl. 1008/847)
Briefwechsel
Thema: R
Publikation: M
Umfang: 12000 Anschläge

# Verzeichnis der Monographien

_0001_
*Datensatznummer: 1**
*JULIUS TÖNNIES*
Eine höchst nötige Antwort auf die höchst unnötige Frage: "Was ist studentische Reform?", Jena 1875

_0002_
*Datensatznummer: 2*
De Jove Ammone Quaestinonum Specimen scripsit Ferdinandus Julius Tönnies, Tübingen 1877

_0013_
*Datensatznummer: 7**
Gemeinschaft und Gesellschaft. Abhandlung des Communismus und des Sozialismus als empirischer Kulturformen, Leipzig 1888

_0023_
*Datensatznummer: 13*
Thomas Hobbes: Behemoth or the Long Parliament (Ed. for the first time from the original ms.), London 1889

_0022_
*Datensatznummer: 14*
Thomas Hobbes: The Elements of Law and Politic (Ed. with a preface and critical notes), 226 Seiten, London 1889

_0068_
*Datensatznummer: 34**
"Ethische Cultur" und ihr Geleite.
1. Nietzsche-Narren [in der "Zukunft" und in der "Gegenwart"]; 2. Wölfe in Fuchspelzen [2 Kirchenzeitungen], Berlin 1893

_0114_
*Datensatznummer: 70*
*NORMANNUS*
Im Namen der Gerechtigkeit. Kritik der Umsturzvorlage, Berlin 1895

_0141_
*Datensatznummer: 94*
L'évolution sociale en Allemagne (Annales des L'Institut International de Soc.), Paris 1896

_0144_
*Datensatznummer: 95**
Hobbes. Leben und Lehre, Stuttgart 1896, 232 S. (2. Aufl. 1912 mit dem Titel: Thomas Hobbes. Der Mann und der Denker, Osterwieck 1912

_0158_
*Datensatznummer: 103**
Der Nietzsche-Kultus. Eine Kritik, Leipzig 1897

_0156_
*Datensatznummer: 104**
Die Wahrheit über den Streik der Hafenarbeiter und Seeleute in Hamburg 1896/97, Hamburg 1897

_0157_
*Datensatznummer: 105*
Über die Grundtatsachen des socialen Lebens, Bern 1897

_0238_
*Datensatznummer: 142*
Politik und Moral. Eine Betrachtung (Flugschriften des Neuen Frankf. Verlages), Frankfurt/M. 1901

_0272_
*Datensatznummer: 159*
Vereins- und Versammlungsrecht wider die Koalitionsfreiheit, Jena 1902

_0279_
*Datensatznummer: 173*
L'évolution sociale en Allemagne (1890-1900), Paris 1903

_0313_
*Datensatznummer: 195**
Schiller als Zeitbürger und Politiker, Berlin-Schöneberg 1905

_0312_
*Datensatznummer: 196*
Strafrechtsreform (Separatdruck der: Modernen Zeitfragen), Berlin 1905

0338
*Datensatznummer: 214*
Philosophische Terminologie in psychologisch-soziologischer Ansicht, Leipzig 1906

0375
*Datensatznummer: 237**
Die Entwicklung der sozialen Frage (bis zum Weltkriege), Leipzig 1907

0421
*Datensatznummer: 285**
Die Sitte, Frankfurt/M. 1909

0444
*Datensatznummer: 304*
Charakterbild eines Königs. Vom Marquis von Halifax (Sir George Saville) nebst Aphorismen des Autors, Berlin 1910

0542
*Datensatznummer: 392*
Englische Weltpolitik in englischer Beleuchtung, Berlin 1915

0543
*Datensatznummer: 393*
Deutschlands Platz an der Sonne. Ein Briefwechsel englischer Politiker aus dem Jahre 1915 (Herausgabe), Berlin 1915

0573
*Datensatznummer: 418*
Die niederländische Übersee-Trust-Gesellschaft (Nederlandsche Overzee trust Maatschappij), Jena 1916

0629
*Datensatznummer: 447*
Der englische Staat und der deutsche Staat. Eine Studie, Berlin 1917

0630
*Datensatznummer: 448**
Theodor Storm. Zum 14. 9. 1917. Gedenkblätter, Berlin 1917

0632
*Datensatznummer: 449*
Weltkrieg und Völkerrecht (Sammlung von Schriften zur Zeitgeschichte, Bd. 27), Berlin 1917

0672
*Datensatznummer: 502*
Menschheit und Volk (Separatdruck: Zeitfragen aus dem Gebiet der Soziologie, 2), Graz/Leipzig 1918

0671
*Datensatznummer: 540**
*OHNE VERFASSERANGABE*
Der Gang der Revolution, Königsberg 1919

0691
*Datensatznummer: 541*
Die Schuldfrage. Rußlands Urheberschaft nach Zeugnissen aus dem Jahre 1914, Berlin 1919

0703
*Datensatznummer: 560*
Hochschulreform und Soziologie. Kritische Anmerkungen über Beckers Gedanken zur Hochschulreform und Below's "Soziologisches Lehrfach", Jena 1920

0722
*Datensatznummer: 571**
Marx. Leben und Lehre (Band 5 der Sozialistischen Bücherei), Jena 1921

0739
*Datensatznummer: 588*
Der Zarismus und seine Bundesgenossen 1914. Neue Beiträge zur Kriegsschuldfrage, Berlin 1922

0738
*Datensatznummer: 589**
Kritik der öffentlichen Meinung, Berlin 1922

0756
*Datensatznummer: 605*
Innere Kolonisation in Preußen insbesondere der ehemaligen Provinzen Posen und Westpreußen, Berlin 1923

0816
*Datensatznummer: 646*
Soziologische Studien und Kritiken, Sammlung I, Jena 1925

0846
*Datensatznummer: 675**
Das Eigentum, Wien/Leipzig 1926

0843
*Datensatznummer: 676*
Fortschritt und soziale Entwicklung. Geschichtsphilosophische Ansichten
Karlsruhe (Braun) 1926

*0845*
*Datensatznummer: 677*
Soziologische Studien und Kritiken, II. Sammlung, Jena 1926

0844
*Datensatznummer: 678*
Thomas Hobbes: Naturrecht und allgemeines Staatsrecht in den Anfangsgründen (Elements of Law). Mit einer Einführung von F. Tönnies, Berlin 1926

0841
*Datensatznummer: 679*
Wege zu dauerndem Frieden?, Leipzig 1926

0889
*Datensatznummer: 703*
Der Selbstmord in Schleswig-Holstein. Eine statistisch-soziologische Studie, Breslau 1927

0930
*Datensatznummer: 763**
Der Kampf um das Sozialistengesetz 1878, Berlin 1929

*Datensatznummer: 764*
Soziologische Studien und Kritiken, III. Sammlung, Jena 1929

0988
*Datensatznummer: 801**
Einführung in die Soziologie, Stuttgart 1931

1030
*Datensatznummer: 875**
Geist der Neuzeit, Leipzig 1935

# Anonyme und pseudonyme Publikationen

*x0197/125*
*ANONYM*
*Über die preußische Nordschleswig-Politik. In:*
*Kieler Zeitung, 1899*

*0563/444*
*ANONYM*
Feindliche Freidensgesinnungen. In:
Die neue Rundschau. Freie Bühne für modernes Leben

*0217/139*
*ANTISTHENES*
Biblia pauperum. In:
Der Lotse. Hamburgische Wochenschrift für Deutsche Kultur

*0263/166*
*ANTISTHENES*
Menschenkinder. In:
Der Lotse. Hamburgische Wochenschrift für Deutsche Kultur

*0014/10**
*F. T.*
Theodor Storm. Ein Gedenkblatt. In:
Nord und Süd. Eine deutsche Monatsschrift

*0027/20**
*F. T.*
Asmussen=Woldsen=Denkmal. In:
Husumer Königlich privilegiertes Wochenblatt

*0100/83**
*F. T.*
Noch einmal Herr Kautsky und die moderne Wissenschaft. In:
Ethische Kultur. Wochenschrift für sozial-ethische Reformen

*0138a/100a**
*F. T.*
Frühling. In:
Ethische Kultur. Wochenschrift für sozial-ethische Reformen

*0753a/613a**
*F. T.*
Harald Höffding. Zum 80. Geburtstage. (11. März). In:
Kieler Zeitung

*x0568/434**
*(FROM A CORRESPONDENT)*
*Changing Opinion in America. In:*
*The New Statesman. A weekly Review of Politics and Literature*

*0076/61**
*IGNOTUS*
Ausnahmegesetze! In:
Ethische Kultur. Wochenschrift zur Verbreitung ethischer Bestrebungen

*0297/200*
*JULIA V. EGGE-WEICHLING*
Die Sozialdemokratie in Küche und Keller. In:
Deutschland. Monatsschrift für die gesamte Kultur

*0001/1**
*JULIUS TÖNNIES*
Eine höchst nötige Antwort auf die höchst unnötige Frage: "Was ist studentische Reform?", 50 Seiten

*0101/86*
*JUSTUS*
Die Lehren von Mariaberg. In:
Neue Deutsche Rundschau

*0216/138**
*KRITIAS*
Sittliche Entrüstung? In:
Ethische Kultur. Wochenschrift für sozial-ethische Reformen

*0149/114**
*KRITO*
Hamburg. In:
Die Kritik. Wochenschau des öffentlichen Lebens

*0337/231*
*-LE-*
Eulenburg, Franz: Gesellschaft und Natur, Tübingen 1905. In:
Literarisches Zentralblatt. Kritisches Zentralblatt für die gesamte Wissenschaft

*0336/232*
*-LE-*
Wells, H. C.: Ausblicke auf die Folgen des Fortschritts für Leben und Denken der Menschen, Minden 1906. In:
Literarisches Zentralblatt. Kritisches Zentralblatt für die gesamte Wissenschaft

*0139/101**
*MAGUS*
Jago. In:
Ethische Kultur. Wochenschrift für sozial-ethische Reformen

*0114/70*
*NORMANNUS*
Im Namen der Gerechtigkeit. Kritik der Umsturzvorlage

*0099/82*
*NORMANNUS*
Der ideale und der wirkliche Bismarck. In:
Ethische Kultur. Wochenschrift für sozial-ethische Reformen

*0293/190**
*NORMANNUS*
Der Königsberger Prozeß. In:
Das Freie Wort. Frankfurter Halbmonatschrift für Fortschritt auf allen Gebieten des geistigen Lebens

*0308/204**
*NORMANNUS*
Glückauf! In:
Das Freie Wort. Frankfurter Halbmonatschrift für Fortschritt auf allen Gebieten des geistigen Lebens

*0309/205**
*NORMANNUS*
Die politische Wurmkrankheit. In:
Das Freie Wort. Frankfurter Halbmonatschrift für Fortschritt auf allen Gebieten des geistigen Lebens

*0331/221*
*NORMANNUS*
Revolution? In:
Das Freie Wort. Frankfurter Halbmonatschrift für Fortschritt auf allen Gebieten des geistigen Lebens

*0372/248**
*NORMANNUS*
Der neue Dänenkurs. In:
Das Freie Wort. Frankfurter Halbmonatschrift für Fortschritt auf allen Gebieten des geistigen Lebens

*0401/261**
*NORMANNUS*
Liberalismus und Demokratie. In:
Das Freie Wort. Frankfurter Halbmonatschrift für Fortschritt auf allen Gebieten des geistigen Lebens

*0394/264**
*NORMANNUS*
Reaktion. In:
Das Freie Wort. Frankfurter Halbmonatschrift für Fortschritt auf allen Gebieten des geistigen Lebens

*0395/265*
*NORMANNUS*
Unterschiede. In:
Das Freie Wort. Frankfurter Halbmonatschrift für Fortschritt auf allen Gebieten des geistigen Lebens

*0398/268**
*NORMANNUS*
Der Fall Schücking. In:
Das Freie Wort. Frankfurter Halbmonatschrift für Fortschritt auf allen Gebieten des geistigen Lebens

*0400/269*
*NORMANNUS*
Die preußischen Finanznöte. In:
Das Freie Wort. Frankfurter Halbmonatschrift für Fortschritt auf allen Gebieten des geistigen Lebens

*0419/293*
*NORMANNUS*
Bürgermeister a. D. Ein Epilog zum Falle Schücking. In:
Das Freie Wort. Frankfurter Halbmonatschrift für Fortschritt auf allen Gebieten des geistigen Lebens

*0437/314*
*NORMANNUS*
August Bebel. Zu seinem 70. Geburtstage. In:

Das Freie Wort. Frankfurter Halbmonatschrift für Fortschritt auf allen Gebieten des geistigen Lebens

*0496/361*
*NORMANNUS*
Ohne Titel. In:
Das Freie Wort. Frankfurter Halbmonatschrift für Fortschritt auf allen Gebieten des geistigen Lebens

*0039a/30a**
*OHNE VERFASSERANGABE*
Empfohlene Bücher und Zeitschriften. In:
Mitteilungen der Deutschen Gesellschaft für ethische Kultur

*0096/85**
*OHNE VERFASSERANGABE*
Über wahren und falschen Patriotismus. In:
Ethische Kultur. Wochenschrift für sozial-ethische Reformen

*0402/262**
*OHNE VERFASSERANGABE*
Der Kampf gegen das Christentum. In:
Das Freie Wort. Frankfurter Halbmonatschrift für Fortschritt auf allen Gebieten des geistigen Lebens

*0436/307**
*OHNE VERFASSERANGABE*
Erster Deutscher Soziologenkongreß (Bericht für das Berlinger Tageblatt) + Zweiter Verhandlungstag (Telegraphischer Bericht). In:
Berliner Tageblatt

*0442/322**
*OHNE VERFASSERANGABE*
Erster Deutscher Soziologenkongreß (Telegr. Bericht). In:
Vossische Zeitung

*0671/540**
*OHNE VERFASSERANGABE*
Der Gang der Revolution, Königsberg 1919

*0443/316*
*T.*
Muckle, Friedrich: Geschichte der sozialistischen Ideen im 19. Jahrhundert. Leipzig 1909. In:
Literarisches Zentralblatt. Kritisches Zentralblatt für die gesamte Wissenschaft

# Alphabetisches Titelverzeichnis

| | |
|---|---|
| 0279/173 | L'évolution sociale en Allemagne (1890-1900) |
| 0141/94 | L'évolution sociale en Allemagne (Annales des L'Institut International de Soc.) |
| 0366/254 | La scienza economica e la filosofia |
| 0213/140 | La synthèse créatrice. Résumé philosophique |
| 1009/849 | Ladislaus von Bortkiewicz (1868-1931) |
| 0570/439 | Lamprecht, Karl: Deutscher Aufstieg 1750-1914, 8. Aufl., Gotha 1914 |
| 0065/50 | Laurent, E.: L'anthropologie criminelle et les nouvelles theories du crime, Paris 1891 |
| 0115/97 | Le crime comme phénomène social |
| 1052/885 | Lebenserinnerungen aus dem Jahre 1935 an Kindheit, Schulzeit, Studium und erste Dozententätigkeit |
| 0146/108 | Legien, C.: Der Strike der Hafenarbeiter und Seeleute in Hamburg-Altona, Hamburg 1897 |
| 0918/770 | Lehmann, Gerhard: Das Kollektivbewußtsein, Berlin 1928 |
| *x0551/433* | *Lehrpflicht, Wehrpflicht, Nährpflicht* |
| 0012/9 | Leibniz und Hobbes. 1. Brief des Leibniz an Hobbes |
| 0464/323 | Leitfaden einer Vorlesung über theoretische Nationalökonomie (als Manuskript gedruckt) |
| 0828/685 | Leitsätze |
| 0941/789 | Leitsätze (zu der Untergruppe für Soziographie) |
| 0948/796 | Leonard Nelson und die Philosophie |
| *x0466/345* | *Les influences sociales dans l'evolution moderne du droit* |
| 0052/46 | Lesefrüchte |
| 0052a/46a | Lesefrüchte II |
| 0401/261 | Liberalismus und Demokratie |
| 0201/136 | Lietz, Hermann: Das erste Jahr des deutschen Landerziehungsheimes bei Ilsenburg im Harz, Berlin 1899; ders.: Das zweite Jahr ..., Berlin 1900 |
| 0106/92 | Literatur über Hobbes |
| 0623/497 | Lloyd George |
| 0651/523 | Lohnzahlung ohne Bargeld |
| 0661/532 | Lohnzahlung ohne Bargeld |
| 0066/49 | Lombroso, C.: Nouvelles recherches de psychatrie et d'anthropologie criminelle, Paris 1892 |
| 0264/167 | Lord Rosebems Halbheiten |
| 0221/133 | Loria, Achille: Die wirtschaftlichen Grundlagen der bestehenden Gesellschaftsordnungen, Tübingen 1895 |
| 0160/118 | Lotmar, Philipp: Die Freiheit der Berufswahl. Lektoratsrede, Leipzig 1898 |
| 0229/155 | Lubin, David: Let there be Light, New York/London 1900 |
| 0811/663 | Lüders, E. V.: Minna Cauer, Leben und Werk, Gotha 1925 |
| 0909/744 | Lujo Brentanos neuestes Werk |
| | |
| 0936/782 | MacDougall, William: Grundlagen einer Sozialpsychologie, Jena 1928 |
| 0561/442 | "Machtgedanken" |
| 0741/612 | Macht und Wert der öffentlichen Meinung |
| 0046/32 | Manacéine, M.: Les surmenage mental dans la civilisation moderne, Paris 1890, 3. Aufl. |
| 0511/385 | Mann und Weib |
| 0530/417 | Marokko und der Weltkrieg |
| 0722/571 | Marx. Leben und Lehre (Band 5 der Sozialistischen Bücherei) |
| *x0900/753* | *Marxismus* |
| *x0942/792* | *Marxismus* |
| 1006/861 | Mein Verhältnis zur Soziologie |
| 1056/889 | Meine Beziehung zu Harald Höffding. Einleitung zu der 1935 geplanten Ausgabe des Briefwechsel zwischen Ferdinand Tönnies und Harald Höffding |

# Verzeichnis der Publikationsorgane

## Beiträge in Büchern und Sammelbänden



## Sonstige Publikationen

# Namensregister

## Konkordanz: Laufende Nummer / Datensatznummer

| | | |
|---|---|---|
| 0001 | = | 1 |
| 0002 | = | 2 |
| 0003 | = | 3 |
| 0007 | = | 4 |
| 0008 | = | 5 |
| 0009 | = | 6 |
| 0011 | = | 8 |
| 0012 | = | 9 |
| 0013 | = | 7 |
| 0014 | = | 10 |
| 0015 | = | 12 |
| 0016 | = | 11 |
| 0017 | = | 15 |
| 0018 | = | 17 |
| 0019 | = | 18 |
| 0020 | = | 19 |
| 0021 | = | 16 |
| 0022 | = | 14 |
| 0023 | = | 13 |
| 0024 | = | 23 |
| 0025 | = | 24 |
| *x0026* | = | 22 |
| 0027 | = | 20 |
| 0027a | = | 21 |
| 0028 | = | 26 |
| 0029 | = | 29 |
| 0030 | = | 25 |
| 0031 | = | 27 |
| 0038 | = | 28 |
| 0039 | = | 30 |
| 0039a | = | 30a |
| 0045 | = | 31 |
| 0046 | = | 32 |
| 0047 | = | 33 |
| 0048 | = | 36 |
| 0049 | = | 45 |
| 0050 | = | 47 |
| 0051 | = | 48 |
| 0052a | = | 46 |
| 0053 | = | 38 |
| 0054 | = | 41 |
| 0056 | = | 37 |
| 0057 | = | 40 |
| 0058 | = | 39 |
| 0060 | = | 42 |
| 0061 | = | 43 |
| 0062 | = | 44 |
| 0063 | = | 53 |
| 0064 | = | 51 |
| 0065 | = | 50 |
| 0066 | = | 49 |
| 0067 | = | 54a |
| 0068 | = | 34 |
| 0069a | = | 55a |
| 0069 | = | 55 |
| 0070 | = | 56 |
| 0071 | = | 57 |
| 0072 | = | 64 |
| 0073 | = | 59 |
| 0074 | = | 60 |
| 0076 | = | 61 |
| 0077 | = | 62 |
| 0078 | = | 63 |
| 0079 | = | 58 |
| 0080 | = | 66 |
| 0081 | = | 67 |
| 0082 | = | 68 |
| 0083 | = | 52 |
| 0084 | = | 69 |
| 0085 | = | 65 |
| 0086 | = | 71 |
| 0087 | = | 76 |
| 0088 | = | 77 |
| 0090 | = | 74 |
| 0091 | = | 75 |
| 0092 | = | 73 |
| 0093 | = | 72 |
| 0094 | = | 35 |
| 0095 | = | 80 |
| 0096 | = | 85 |
| 0097 | = | 84 |
| 0099 | = | 82 |
| 0100 | = | 83 |
| 0101 | = | 86 |
| 0102 | = | 87 |
| 0103 | = | 88 |
| *x0104* | = | *91* |
| 0104a | = | 91a |
| *x0105* | = | *79* |
| 0106 | = | 92 |
| 0111 | = | 93 |
| 0112 | = | 90 |
| 0113 | = | 89 |
| 0114 | = | 70 |
| 0115 | = | 97 |
| 0116 | = | 98 |
| 0117 | = | 99 |
| *x0138* | = | *100* |
| 0138a | = | 100a |
| 0138 | = | 101 |
| 0140 | = | 102 |
| 0140a | = | 102a |
| 0141 | = | 94 |
| 0142 | = | 96 |
| 0144 | = | 95 |
| 0145 | = | 106 |
| 0146 | = | 108 |
| 0147 | = | 107 |
| 0148 | = | 109 |
| 0149 | = | 114 |
| 0150 | = | 110 |
| 0151 | = | 111 |
| 0152 | = | 112 |
| 0153 | = | 113 |
| 0154 | = | 116 |
| 0157 | = | 105 |
| 0158 | = | 103 |
| 0159 | = | 117 |
| 0160 | = | 118 |
| 0161 | = | 119 |
| *x0188* | = | *120* |
| *x0189* | = | *122* |
| 0190 | = | 121 |
| 0191 | = | 123 |
| 0193 | = | 127 |
| 0194 | = | 124 |
| 0195 | = | 128 |
| 0196 | = | 129 |
| *x0197* | = | *125* |
| 0198 | = | 132 |
| 0199 | = | 134 |
| 0200 | = | 135 |
| 0201 | = | 136 |
| 0203 | = | 163 |
| 0213 | = | 140 |
| 0214 | = | 141 |
| 0215 | = | 137 |
| 0216 | = | 138 |
| 0217 | = | 139 |
| 0219 | = | 130 |
| *x0220* | = | *131* |
| 0221 | = | 133 |
| 0222 | = | 143 |
| 0223 | = | 151 |
| 0224 | = | 148 |
| 0225 | = | 149 |
| 0226 | = | 150 |
| 0227 | = | 152 |
| 0228 | = | 153 |
| 0229 | = | 155 |

| | | |
|---|---|---|
| 0230 | = | 154 |
| 0231 | = | 156 |
| 0232 | = | 144 |
| 0233 | = | 145 |
| 0234 | = | 146 |
| 0235 | = | 147 |
| 0236 | = | 157 |
| 0237 | = | 158 |
| 0238 | = | 142 |
| 0239 | = | 160 |
| 0240 | = | 161 |
| 0248 | = | 310 |
| 0261 | = | 174 |
| 0262 | = | 164 |
| 0263 | = | 166 |
| 0264 | = | 167 |
| 0265 | = | 168 |
| 0266 | = | 169 |
| 0267 | = | 170 |
| 0268 | = | 171 |
| 0269 | = | 172 |
| 0270 | = | 165 |
| 0272 | = | 159 |
| 0273 | = | 186 |
| 0274 | = | 178 |
| 0275 | = | 175 |
| 0276 | = | 176 |
| 0277 | = | 177 |
| 0278 | = | 179 |
| 0279 | = | 173 |
| *x0280* | = | *180* |
| 0281 | = | 194 |
| 0282 | = | 181 |
| 0283 | = | 182 |
| 0284 | = | 183 |
| 0286 | = | 187 |
| 0287 | = | 184 |
| *x0288* | = | *185* |
| 0290 | = | 193 |
| 0291 | = | 188 |
| 0292 | = | 189 |
| 0293 | = | 190 |
| 0294 | = | 191 |
| 0295 | = | 198 |
| 0296 | = | 199 |
| 0297 | = | 200 |
| 0298 | = | 201 |
| 0299 | = | 202 |
| 0300 | = | 207 |
| 0301 | = | 211 |
| 0302 | = | 212 |
| 0303 | = | 235 |
| 0304 | = | 213 |
| 0306 | = | 210 |
| 0307 | = | 208 |
| 0308 | = | 204 |
| 0309 | = | 205 |
| 0310 | = | 206 |
| 0311 | = | 203 |
| 0312 | = | 196 |
| 0313 | = | 195 |
| 0314 | = | 225 |
| 0315 | = | 209 |
| 0316 | = | 226 |
| 0317 | = | 215 |
| 0318 | = | 216 |
| 0319 | = | 233 |
| 0320 | = | 218 |
| 0321 | = | 219 |
| 0322 | = | 229 |
| 0323 | = | 230 |
| 0324 | = | 227 |
| 0325 | = | 228 |
| 0326 | = | 217 |
| 0328 | = | 234 |
| 0329 | = | 236 |
| 0330 | = | 220 |
| 0331 | = | 221 |
| 0332 | = | 222 |
| 0333 | = | 223 |
| 0335 | = | 224 |
| 0336 | = | 232 |
| 0337 | = | 231 |
| 0338 | = | 214 |
| 0339 | = | 238 |
| 0340 | = | 239 |
| 0341 | = | 240 |
| 0357 | = | 241 |
| 0358 | = | 245 |
| 0359 | = | 258 |
| 0360 | = | 251 |
| 0361 | = | 242 |
| 0362 | = | 243 |
| 0363 | = | 244 |
| 0364 | = | 253 |
| 0365 | = | 256 |
| 0366 | = | 254 |
| 0368 | = | 255 |
| 0369 | = | 246 |
| 0370 | = | 249 |
| 0371 | = | 247 |
| 0372 | = | 248 |
| 0373 | = | 250 |
| 0374 | = | 252 |
| 0375 | = | 237 |
| 0377 | = | 259 |
| 0378 | = | 260 |
| 0379 | = | 272 |
| 0380 | = | 273 |
| 0381 | = | 271 |
| *x0382* | = | *277* |
| 0383 | = | 278 |
| 0384 | = | 279 |
| 0385 | = | 280 |
| 0386 | = | 281 |
| 0387 | = | 282 |
| 0388 | = | 284 |
| 0389 | = | 283 |
| 0390 | = | 274 |
| 0391 | = | 275 |
| 0392 | = | 257 |
| 0393 | = | 263 |
| 0394 | = | 264 |
| 0395 | = | 265 |
| 0396 | = | 266 |
| 0397 | = | 267 |
| 0398 | = | 268 |
| 0399 | = | 270 |
| 0400 | = | 269 |
| 0401 | = | 261 |
| 0402 | = | 262 |
| 0403 | = | 276 |
| 0404 | = | 286 |
| 0405b | = | 287 |
| 0405a | = | 288 |
| 0406 | = | 294 |
| 0407 | = | 289 |
| 0408 | = | 290 |
| 0409 | = | 291 |
| 0410 | = | 295 |
| 0411 | = | 296 |
| 0412 | = | 297 |
| 0413 | = | 302 |
| 0414 | = | 303 |
| 0416 | = | 298 |
| 0417 | = | 299 |
| 0418 | = | 300 |
| 0419a | = | 292 |
| 0419 | = | 293 |
| 0420 | = | 301 |
| 0421 | = | 285 |
| 0422 | = | 305 |
| 0423 | = | 306 |
| 0425 | = | 309 |
| 0426 | = | 312 |
| *x0427* | = | *315* |
| 0429 | = | 311 |
| 0430 | = | 308 |
| 0431 | = | 317 |
| *x0432* | = | *318* |
| 0433 | = | 319 |
| 0434 | = | 320 |

| | | |
|---|---|---|
| 0435 | = | 321 |
| 0436 | = | 307 |
| 0437 | = | 314 |
| 0438 | = | 313 |
| 0442 | = | 322 |
| 0443 | = | 316 |
| 0444 | = | 304 |
| 0445 | = | 325 |
| 0446 | = | 324 |
| 0447 | = | 329 |
| 0448 | = | 332 |
| 0449 | = | 330 |
| 0450 | = | 333 |
| 0452 | = | 334 |
| 0453 | = | 335 |
| 0454 | = | 340 |
| 0455 | = | 341 |
| 0457 | = | 336 |
| 0458 | = | 326 |
| 0459 | = | 327 |
| 0460 | = | 338 |
| 0461 | = | 337 |
| 0462 | = | 339 |
| 0463 | = | 331 |
| 0464 | = | 323 |
| *x0466* | = | *345* |
| 0467 | = | 349 |
| 0468 | = | 350 |
| 0469 | = | 351 |
| 0470 | = | 346 |
| 0471 | = | 347 |
| *x0472* | = | *343* |
| 0473 | = | 352 |
| 0474 | = | 342 |
| 0475 | = | 355 |
| 0476 | = | 356 |
| 0477 | = | 354 |
| 0478 | = | 353 |
| 0479 | = | 348 |
| *0480* | = | *344* |
| 0482 | = | 357 |
| 0483 | = | 365 |
| 0484 | = | 368 |
| 0486 | = | 364 |
| 0487 | = | 363 |
| 0488 | = | 367 |
| *x0489* | = | *366* |
| 0490 | = | 369 |
| 0491 | = | 371 |
| 0492 | = | 370 |
| 0493 | = | 372 |
| 0494 | = | 373 |
| 0495 | = | 360 |
| 0496 | = | 361 |
| 0497 | = | 362 |
| 0498 | = | 358 |
| 0499 | = | 359 |
| 0500 | = | 378 |
| 0501 | = | 375 |
| 0502 | = | 376 |
| 0503 | = | 377 |
| 0504 | = | 382 |
| 0505 | = | 379 |
| 0506 | = | 388 |
| 0507 | = | 389 |
| 0508 | = | 374 |
| 0509 | = | 383 |
| 0510 | = | 384 |
| 0511 | = | 385 |
| 0512 | = | 386 |
| 0513 | = | 387 |
| 0514 | = | 409 |
| 0515 | = | 391 |
| 0516 | = | 381 |
| 0517 | = | 380 |
| 0518 | = | 390 |
| 0519 | = | 397 |
| 0520 | = | 398 |
| 0521 | = | 396 |
| 0522 | = | 394 |
| 0523 | = | 395 |
| 0524 | = | 404 |
| 0525 | = | 401 |
| 0526 | = | 403 |
| 0527 | = | 402 |
| 0528a | = | 399 |
| *x0528* | = | *406* |
| 0529 | = | 400 |
| 0530 | = | 417 |
| 0531 | = | 408 |
| 0533 | = | 407 |
| 0534 | = | 412 |
| 0535 | = | 413 |
| 0536 | = | 414 |
| 0537 | = | 415 |
| 0538 | = | 416 |
| 0539 | = | 405 |
| 0540 | = | 410 |
| 0541 | = | 411 |
| 0542 | = | 392 |
| 0543 | = | 393 |
| 0544 | = | 419 |
| 0545 | = | 435 |
| *x0546* | = | *421* |
| *x0547* | = | *420* |
| 0549 | = | 428 |
| 0550 | = | 429 |
| *x0551* | = | *433* |
| 0552 | = | 422 |
| 0553 | = | 423 |
| 0553 | = | 423 |
| 0554 | = | 437 |
| 0555 | = | 427 |
| 0556 | = | 424 |
| 0557 | = | 425 |
| 0558 | = | 426 |
| 0559 | = | 431 |
| 0560 | = | 432 |
| 0561 | = | 422 |
| 0563 | = | 444 |
| 0564 | = | 445 |
| 0565 | = | 446 |
| 0566 | = | 436 |
| *x0568* | = | *434* |
| 0569 | = | 438 |
| 0570 | = | 439 |
| 0571 | = | 440 |
| 0573 | = | 418 |
| 0574 | = | 450 |
| 0575 | = | 451 |
| 0576 | = | 430 |
| *x0576* | = | *454* |
| *x0577* | = | *456* |
| *x0578* | = | *455* |
| *x0579* | = | *457* |
| *x0581* | = | *482* |
| 0582 | = | 467 |
| 0583 | = | 473 |
| *x0584* | = | *459* |
| *x0585* | = | *458* |
| *x0586* | = | *461* |
| *x0587* | = | *460* |
| 0588 | = | 462 |
| 0589 | = | 468 |
| *x0590* | = | *481* |
| 0592 | = | 472 |
| 0593 | = | 471 |
| 0594 | = | 463 |
| *x0595* | = | *453* |
| 0596 | = | 464 |
| 0597 | = | 465 |
| 0598 | = | 475 |
| 0599 | = | 476 |
| 0600 | = | 477 |
| 0601 | = | 478 |
| 0602 | = | 479 |
| 0603 | = | 480 |
| 0604 | = | 500 |
| 0605 | = | 501 |
| 0606 | = | 486 |
| 0607 | = | 485 |
| 0608 | = | 483 |
| 0609 | = | 484 |

| | | |
|---|---|---|
| 0610 | = | 469 |
| 0611 | = | 470 |
| 0612 | = | 452 |
| *0613* | = | *487* |
| *x0614* | = | *488* |
| 0615 | = | 489 |
| 0616 | = | 490 |
| 0617 | = | 491 |
| 0619 | = | 492 |
| 0620 | = | 494 |
| 0621 | = | 493 |
| 0622 | = | 466 |
| 0623 | = | 497 |
| 0624 | = | 498 |
| *x0625* | = | *499* |
| 0626 | = | 496 |
| 0627 | = | 495 |
| 0629 | = | 447 |
| 0630 | = | 448 |
| 0631 | = | 474 |
| 0632 | = | 449 |
| 0633 | = | 525 |
| *x0634* | = | *503* |
| 0635 | = | 504 |
| 0636 | = | 526 |
| 0637 | = | 518 |
| 0638 | = | 519 |
| 0639 | = | 507 |
| x0640 | = | 506 |
| 0641 | = | 509 |
| 0642 | = | 508 |
| 0643 | = | 510 |
| 0644 | = | 524 |
| 0645 | = | 515 |
| 0646 | = | 533 |
| 0647 | = | 511 |
| 0648 | = | 512 |
| 0649 | = | 517 |
| 0650 | = | 522 |
| 0651 | = | 523 |
| 0652 | = | 514 |
| *x0653* | = | *534* |
| *x0654* | = | *535* |
| 0655 | = | 536 |
| 0656 | = | 538 |
| 0657 | = | 539 |
| 0658 | = | 529 |
| 0659 | = | 528 |
| 0660 | = | 527 |
| 0661 | = | 532 |
| 0662 | = | 505 |
| 0663 | = | 516 |
| 0664 | = | 520 |
| 0665 | = | 521 |
| *x0667* | = | *530* |
| *x0668* | = | *531* |
| 0669 | = | 537 |
| 0670 | = | 513 |
| 0671 | = | 540 |
| 0672 | = | 502 |
| *x0673* | = | *542* |
| *x0674* | = | *543* |
| 0675 | = | 546 |
| 0676 | = | 549 |
| 0677 | = | 544 |
| 0678 | = | 554 |
| 0679 | = | 545 |
| 0680 | = | 552 |
| 0681 | = | 553 |
| 0682 | = | 548 |
| 0683 | = | 551 |
| 0684 | = | 555 |
| 0685 | = | 558 |
| 0686 | = | 556 |
| 0687 | = | 569 |
| 0688 | = | 557 |
| 0689 | = | 550 |
| 0690 | = | 559 |
| 0691 | = | 541 |
| 0692 | = | 547 |
| 0693 | = | 562 |
| 0694 | = | 561 |
| 0695 | = | 567 |
| 0696 | = | 568 |
| *x0697* | = | *570* |
| 0698 | = | 563 |
| 0699 | = | 564 |
| 0700 | = | 565 |
| 0701 | = | 566 |
| 0702 | = | 587 |
| 0703 | = | 560 |
| *x0704* | = | *572* |
| 0705 | = | 573 |
| 0708 | = | 581 |
| 0709 | = | 575 |
| 0710 | = | 583 |
| 0711 | = | 584 |
| 0712 | = | 576 |
| 0713 | = | 577 |
| *x0714* | = | *578* |
| 0715 | = | 586 |
| *x0716* | = | *585* |
| 0717 | = | 574 |
| 0718 | = | 597 |
| *x0719* | = | *582* |
| 0720 | = | 580 |
| 0721 | = | 579 |
| 0722 | = | 571 |
| 0723 | = | 591 |
| 0724 | = | 594 |
| 0725 | = | 592 |
| 0726 | = | 600 |
| 0727 | = | 598 |
| 0728 | = | 590 |
| 0729 | = | 601 |
| 0730 | = | 596 |
| 0731 | = | 602 |
| 0732 | = | 603 |
| 0733 | = | 604 |
| 0734 | = | 599 |
| 0735 | = | 593 |
| 0736 | = | 620 |
| *x0737* | = | *595* |
| 0738 | = | 589 |
| 0739 | = | 588 |
| *x0740* | = | *606* |
| 0741 | = | 612 |
| 0742 | = | 613 |
| 0743 | = | 615 |
| 0744 | = | 614 |
| 0745 | = | 616 |
| 0746 | = | 617 |
| 0747 | = | 618 |
| 0748 | = | 619 |
| 0749 | = | 621 |
| 0750 | = | 622 |
| 0751 | = | 607 |
| 0752 | = | 609 |
| 0753 | = | 608 |
| 0753a | = | 613a |
| *x0754* | = | *610* |
| 0755 | = | 611 |
| 0756 | = | 605 |
| 0757 | = | 623 |
| 0758 | = | 648 |
| 0759 | = | 624 |
| 0760 | = | 630 |
| 0761 | = | 632 |
| 0762 | = | 633 |
| 0763 | = | 634 |
| *x0764* | = | *635* |
| 0765 | = | 651 |
| 0766 | = | 652 |
| *x0767* | = | *641* |
| 0768 | = | 628 |
| *x0769* | = | *645* |
| 0770 | = | 643 |
| 0771 | = | 642 |
| 0772 | = | 638 |
| 0773 | = | 639 |
| 0774 | = | 659 |
| 0775 | = | 644 |
| 0784 | = | 644a |
| 0785 | = | 625 |
| *x0786* | = | *626* |

| | | |
|---|---|---|
| 0787 | = | 627 |
| 0788 | = | 631 |
| 0789 | = | 636 |
| 0790 | = | 637 |
| 0791 | = | 640 |
| 0792 | = | 629 |
| 0793 | = | 647 |
| 0794 | = | 649 |
| 0795 | = | 653 |
| 0796 | = | 654 |
| 0797 | = | 655 |
| 0798 | = | 657 |
| 0799 | = | 658 |
| 0800 | = | 667 |
| 0801 | = | 668 |
| 0802 | = | 669 |
| 0803 | = | 661 |
| 0804 | = | 665 |
| 0805 | = | 666 |
| 0806 | = | 670 |
| 0807 | = | 660 |
| *x0808* | = | *664* |
| *x0809* | = | *672* |
| 0810 | = | 673 |
| 0811 | = | 663 |
| 0812 | = | 674 |
| 0813 | = | 702 |
| *x0814* | = | *671* |
| 0815 | = | 650 |
| 0816 | = | 646 |
| 0817 | = | 656 |
| 0818 | = | 680 |
| 0819 | = | 681 |
| 0820 | = | 683 |
| 0821 | = | 682 |
| *x0822* | = | *687* |
| 0823 | = | 693 |
| 0824 | = | 696 |
| 0825 | = | 662 |
| 0826 | = | 684 |
| 0827 | = | 698 |
| 0828 | = | 685 |
| 0829 | = | 694 |
| 0830 | = | 697 |
| 0831 | = | 690 |
| *x0832* | = | *695* |
| 0833 | = | 699 |
| 0834 | = | 700 |
| 0835 | = | 691 |
| 0836 | = | 692 |
| 0837 | = | 701 |
| 0838 | = | 738 |
| *x0839* | = | *689* |
| 0840 | = | 686 |
| 0841 | = | 679 |
| 0842 | = | 688 |
| 0843 | = | 676 |
| 0844 | = | 678 |
| 0845 | = | 677 |
| 0846 | = | 675 |
| 0847 | = | 704 |
| 0848 | = | 705 |
| 0849 | = | 840a |
| 0850 | = | 706 |
| 0851 | = | 712 |
| 0852 | = | 726 |
| 0853 | = | 715 |
| 0854 | = | 716 |
| 0855 | = | 711 |
| 0856 | = | 717 |
| 0857 | = | 718 |
| *0858* | = | *719* |
| 0859 | = | 727 |
| 0860 | = | 728 |
| 0861 | = | 709 |
| *x0862* | = | *720* |
| 0863 | = | 714 |
| 0864 | = | 725 |
| *x0866* | = | *721* |
| 0867 | = | 729 |
| 0868 | = | 730 |
| 0869 | = | 731 |
| 0870 | = | 732 |
| 0871 | = | 733 |
| 0872 | = | 734 |
| 0873 | = | 710 |
| 0874 | = | 722 |
| 0875 | = | 723 |
| 0875a | = | 724 |
| 0877 | = | 735 |
| 0879 | = | 736 |
| 0880 | = | 760 |
| 0882 | = | 737 |
| 0883 | = | 707 |
| 0885 | = | 708 |
| 0888 | = | 713 |
| 0889 | = | 703 |
| 0890 | = | 740 |
| 0891 | = | 741 |
| 0891a | = | 768 |
| 0892 | = | 743 |
| 0893 | = | 746 |
| 0894 | = | 747 |
| 0895 | = | 745 |
| 0896 | = | 748 |
| 0897 | = | 751 |
| 0898 | = | 752 |
| 0899 | = | 750 |
| *x0900* | = | *753* |
| 0901 | = | 754 |
| 0902 | = | 755 |
| 0903 | = | 756 |
| 0904 | = | 757 |
| 0905 | = | 758 |
| 0906 | = | 759 |
| 0907 | = | 762 |
| 0908 | = | 761 |
| 0909 | = | 744 |
| *x0910* | = | *749* |
| 0911 | = | 742 |
| 0912 | = | 765 |
| 0914 | = | 767 |
| 0915 | = | 773 |
| 0916 | = | 772 |
| 0917 | = | 769 |
| 0918 | = | 770 |
| 0919 | = | 766 |
| *0920* | = | *776* |
| 0921 | = | 775 |
| *x0922* | = | *777* |
| 0923 | = | 790 |
| 0924 | = | 774 |
| 0925 | = | 779 |
| 0926 | = | 780 |
| 0927 | = | 778 |
| 0928 | = | 771 |
| 0929 | = | 764 |
| 0930 | = | 763 |
| 0931 | = | 781 |
| 0932 | = | 786 |
| 0933 | = | 783 |
| 0934 | = | 784 |
| 0935 | = | 787 |
| 0936 | = | 782 |
| 0937 | = | 819 |
| 0938 | = | 791 |
| 0939 | = | 795 |
| 0940 | = | 788 |
| 0941 | = | 789 |
| *x0942* | = | *792* |
| 0943 | = | 793 |
| 0944 | = | 794 |
| 0945 | = | 798 |
| 0946 | = | 799 |
| 0947 | = | 800 |
| 0948 | = | 796 |
| 0949 | = | 797 |
| 0951 | = | 785 |
| 0952 | = | 813 |
| 0953 | = | 802 |
| 0954 | = | 803 |
| 0956 | = | 806 |
| 0957 | = | 812 |

| | | |
|---|---|---|
| 0958 | = | 807 |
| 0959 | = | 808 |
| 0960 | = | 809 |
| 0961 | = | 810 |
| 0962 | = | 817 |
| 0963 | = | 804 |
| 0964 | = | 854 |
| 0965 | = | 818 |
| 0966 | = | 823 |
| 0967 | = | 814 |
| 0968 | = | 816 |
| 0969 | = | 815 |
| 0970 | = | 821 |
| 0971 | = | 822 |
| 0972 | = | 824 |
| 0973 | = | 826 |
| 0974 | = | 825 |
| 0975 | = | 827 |
| 0976 | = | 828 |
| 0977 | = | 820 |
| 0978 | = | 829 |
| 0979 | = | 830 |
| 0980 | = | 811 |
| 0981 | = | 833 |
| 0982 | = | 832 |
| 0983 | = | 831 |
| 0984 | = | 834 |
| 0985 | = | 835 |
| 0987 | = | 805 |
| 0988 | = | 801 |
| 0989 | = | 836 |
| 0989a | = | 836a |
| 0989 | = | 837 |
| 0990 | = | 838 |
| 0991 | = | 841 |
| 0992 | = | 843 |
| 0993 | = | 846 |
| 0994 | = | 859 |
| *0995* | = | *844* |
| 0996 | = | 842 |
| 0997 | = | 839 |
| 0998 | = | 855 |
| 0999 | = | 860 |
| 1000 | = | 840 |
| 1001 | = | 850 |
| 1002 | = | 851 |
| 1003 | = | 852 |
| 1004 | = | 857 |
| 1005 | = | 858 |
| 1006 | = | 861 |
| 1007 | = | 862 |
| 1008 | = | 847 |
| 1009 | = | 849 |
| 1010 | = | 848 |
| 1011 | = | 856 |
| 1012 | = | 863 |
| 1013 | = | 865 |
| 1014 | = | 853 |
| 1015 | = | 864 |
| *x1016* | = | *845* |
| 1017 | = | 866 |
| 1018 | = | 868 |
| 1019 | = | 867 |
| 1020 | = | 869 |
| 1021 | = | 870 |
| 1022 | = | 873 |
| 1024 | = | 871 |
| 1025 | = | 874 |
| 1026 | = | 877 |
| 1027 | = | 878 |
| 1028 | = | 876 |
| 1029 | = | 879 |
| 1030 | = | 875 |
| 1031 | = | 880 |
| 1032 | = | 880a |
| 1036 | = | 881 |
| 1038 | = | 882 |
| 1039 | = | 883 |
| 1042 | = | 884 |
| 1052 | = | 885 |
| 1053 | = | 886 |
| 1054 | = | 887 |
| 1055 | = | 888 |
| 1056 | = | 889 |
| 1057 | = | 890 |

# Konkordanz: Datensatznummer / Laufende Nummer

| | | |
|---|---|---|
| 0001 | = | 1 |
| 0002 | = | 2 |
| 0003 | = | 3 |
| 0007 | = | 4 |
| 0008 | = | 5 |
| 0009 | = | 6 |
| 0013 | = | 7 |
| 0011 | = | 8 |
| 0012 | = | 9 |
| 0014 | = | 10 |
| 0016 | = | 11 |
| 0015 | = | 12 |
| 0023 | = | 13 |
| 0022 | = | 14 |
| 0017 | = | 15 |
| 0021 | = | 16 |
| 0018 | = | 17 |
| 0019 | = | 18 |
| 0020 | = | 19 |
| 0027 | = | 20 |
| 0027a | = | 21 |
| *x0026* | = | *22* |
| 0024 | = | 23 |
| 0025 | = | 24 |
| 0030 | = | 25 |
| 0028 | = | 26 |
| 0031 | = | 27 |
| 0038 | = | 28 |
| 0029 | = | 29 |
| 0039 | = | 30 |
| 0039a | = | 30a |
| 0045 | = | 31 |
| 0046 | = | 32 |
| 0047 | = | 33 |
| 0068 | = | 34 |
| 0094 | = | 35 |
| 0048 | = | 36 |
| 0056 | = | 37 |
| 0053 | = | 38 |
| 0058 | = | 39 |
| 0057 | = | 40 |
| 0054 | = | 41 |
| 0060 | = | 42 |
| 0061 | = | 43 |
| 0062 | = | 44 |
| 0049 | = | 45 |
| 0052a | = | 46 |
| 0050 | = | 47 |
| 0051 | = | 48 |
| 0066 | = | 49 |
| 0065 | = | 50 |
| 0064 | = | 51 |
| 0083 | = | 52 |
| 0063 | = | 53 |
| 0067 | = | 54a |
| 0069a | = | 55a |
| 0069 | = | 55 |
| 0070 | = | 56 |
| 0071 | = | 57 |
| 0079 | = | 58 |
| 0073 | = | 59 |
| 0074 | = | 60 |
| 0076 | = | 61 |
| 0077 | = | 62 |
| 0078 | = | 63 |
| 0072 | = | 64 |
| 0085 | = | 65 |
| 0080 | = | 66 |
| 0081 | = | 67 |
| 0082 | = | 68 |
| 0084 | = | 69 |
| 0114 | = | 70 |
| 0086 | = | 71 |
| 0093 | = | 72 |
| 0092 | = | 73 |
| 0090 | = | 74 |
| 0091 | = | 75 |
| 0087 | = | 76 |
| 0088 | = | 77 |
| *x0105* | = | *79* |
| 0095 | = | 80 |
| 0099 | = | 82 |
| 0100 | = | 83 |
| 0097 | = | 84 |
| 0096 | = | 85 |
| 0101 | = | 86 |
| 0102 | = | 87 |
| 0103 | = | 88 |
| 0113 | = | 89 |
| 0112 | = | 90 |
| *x0104* | = | *91* |
| 0104a | = | 91a |
| 0106 | = | 92 |
| 0111 | = | 93 |
| 0141 | = | 94 |
| 0144 | = | 95 |
| 0142 | = | 96 |
| 0115 | = | 97 |
| 0116 | = | 98 |
| 0117 | = | 99 |
| *x0138* | = | *100* |
| 0138a | = | 100a |
| 0138 | = | 101 |
| 0140 | = | 102 |
| 0140a | = | 102a |
| 0158 | = | 103 |
| 0157 | = | 105 |
| 0145 | = | 106 |
| 0147 | = | 107 |
| 0146 | = | 108 |
| 0148 | = | 109 |
| 0150 | = | 110 |
| 0151 | = | 111 |
| 0152 | = | 112 |
| 0153 | = | 113 |
| 0149 | = | 114 |
| 0154 | = | 116 |
| 0159 | = | 117 |
| 0160 | = | 118 |
| 0161 | = | 119 |
| *x0188* | = | *120* |
| 0190 | = | 121 |
| *x0189* | = | *122* |
| 0191 | = | 123 |
| 0194 | = | 124 |
| *x0197* | = | *125* |
| 0193 | = | 127 |
| 0195 | = | 128 |
| 0196 | = | 129 |
| 0219 | = | 130 |
| *x0220* | = | *131* |
| 0198 | = | 132 |
| 0221 | = | 133 |
| 0199 | = | 134 |
| 0200 | = | 135 |
| 0201 | = | 136 |
| 0215 | = | 137 |
| 0216 | = | 138 |
| 0217 | = | 139 |
| 0213 | = | 140 |
| 0214 | = | 141 |
| 0238 | = | 142 |
| 0222 | = | 143 |
| 0232 | = | 144 |
| 0233 | = | 145 |
| 0234 | = | 146 |
| 0235 | = | 147 |
| 0224 | = | 148 |
| 0225 | = | 149 |
| 0226 | = | 150 |

| | | |
|---|---|---|
| 0223 | = | 151 |
| 0227 | = | 152 |
| 0228 | = | 153 |
| 0230 | = | 154 |
| 0229 | = | 155 |
| 0231 | = | 156 |
| 0236 | = | 157 |
| 0237 | = | 158 |
| 0272 | = | 159 |
| 0239 | = | 160 |
| 0240 | = | 161 |
| 0203 | = | 163 |
| 0262 | = | 164 |
| 0270 | = | 165 |
| 0263 | = | 166 |
| 0264 | = | 167 |
| 0265 | = | 168 |
| 0266 | = | 169 |
| 0267 | = | 170 |
| 0268 | = | 171 |
| 0269 | = | 172 |
| 0279 | = | 173 |
| 0261 | = | 174 |
| 0275 | = | 175 |
| 0276 | = | 176 |
| 0277 | = | 177 |
| 0274 | = | 178 |
| 0278 | = | 179 |
| *x0280* | = | *180* |
| 0282 | = | 181 |
| 0283 | = | 182 |
| 0284 | = | 183 |
| 0287 | = | 184 |
| *x0288* | = | *185* |
| 0273 | = | 186 |
| 0286 | = | 187 |
| 0291 | = | 188 |
| 0292 | = | 189 |
| 0293 | = | 190 |
| 0294 | = | 191 |
| 0290 | = | 193 |
| 0281 | = | 194 |
| 0313 | = | 195 |
| 0312 | = | 196 |
| 0295 | = | 198 |
| 0296 | = | 199 |
| 0297 | = | 200 |
| 0298 | = | 201 |
| 0299 | = | 202 |
| 0311 | = | 203 |
| 0308 | = | 204 |
| 0309 | = | 205 |
| 0310 | = | 206 |
| 0300 | = | 207 |
| 0307 | = | 208 |
| 0315 | = | 209 |
| 0306 | = | 210 |
| 0301 | = | 211 |
| 0302 | = | 212 |
| 0304 | = | 213 |
| 0338 | = | 214 |
| 0317 | = | 215 |
| 0318 | = | 216 |
| 0326 | = | 217 |
| 0320 | = | 218 |
| 0321 | = | 219 |
| 0330 | = | 220 |
| 0331 | = | 221 |
| 0332 | = | 222 |
| 0333 | = | 223 |
| 0335 | = | 224 |
| 0314 | = | 225 |
| 0316 | = | 226 |
| 0324 | = | 227 |
| 0325 | = | 228 |
| 0322 | = | 229 |
| 0323 | = | 230 |
| 0337 | = | 231 |
| 0336 | = | 232 |
| 0319 | = | 233 |
| 0328 | = | 234 |
| 0303 | = | 235 |
| 0329 | = | 236 |
| 0375 | = | 237 |
| 0339 | = | 238 |
| 0340 | = | 239 |
| 0341 | = | 240 |
| 0357 | = | 241 |
| 0361 | = | 242 |
| 0362 | = | 243 |
| 0363 | = | 244 |
| 0358 | = | 245 |
| 0369 | = | 246 |
| 0371 | = | 247 |
| 0372 | = | 248 |
| 0370 | = | 249 |
| 0373 | = | 250 |
| 0360 | = | 251 |
| 0374 | = | 252 |
| 0364 | = | 253 |
| 0366 | = | 254 |
| 0368 | = | 255 |
| 0365 | = | 256 |
| 0392 | = | 257 |
| 0359 | = | 258 |
| 0377 | = | 259 |
| 0378 | = | 260 |
| 0401 | = | 261 |
| 0402 | = | 262 |
| 0393 | = | 263 |
| 0394 | = | 264 |
| 0395 | = | 265 |
| 0396 | = | 266 |
| 0397 | = | 267 |
| 0398 | = | 268 |
| 0400 | = | 269 |
| 0399 | = | 270 |
| 0381 | = | 271 |
| 0379 | = | 272 |
| 0380 | = | 273 |
| 0390 | = | 274 |
| 0391 | = | 275 |
| 0403 | = | 276 |
| *x0382* | = | *277* |
| 0383 | = | 278 |
| 0384 | = | 279 |
| 0385 | = | 280 |
| 0386 | = | 281 |
| 0387 | = | 282 |
| 0389 | = | 283 |
| 0388 | = | 284 |
| 0421 | = | 285 |
| 0404 | = | 286 |
| 0405b | = | 287 |
| 0405a | = | 288 |
| 0407 | = | 289 |
| 0408 | = | 290 |
| 0409 | = | 291 |
| 0419a | = | 292 |
| 0419 | = | 293 |
| 0406 | = | 294 |
| 0410 | = | 295 |
| 0411 | = | 296 |
| 0412 | = | 297 |
| 0416 | = | 298 |
| 0417 | = | 299 |
| 0418 | = | 300 |
| 0420 | = | 301 |
| 0413 | = | 302 |
| 0414 | = | 303 |
| 0444 | = | 304 |
| 0422 | = | 305 |
| 0423 | = | 306 |
| 0436 | = | 307 |
| 0430 | = | 308 |
| 0425 | = | 309 |
| 0248 | = | 310 |
| 0429 | = | 311 |
| 0426 | = | 312 |
| 0438 | = | 313 |
| 0437 | = | 314 |
| *x0427* | = | *315* |

| | | |
|---|---|---|
| 0443 | = | 316 |
| 0431 | = | 317 |
| *x0432* | = | *318* |
| 0433 | = | 319 |
| 0434 | = | 320 |
| 0435 | = | 321 |
| 0442 | = | 322 |
| 0464 | = | 323 |
| 0446 | = | 324 |
| 0445 | = | 325 |
| 0458 | = | 326 |
| 0459 | = | 327 |
| 0447 | = | 329 |
| 0449 | = | 330 |
| 0463 | = | 331 |
| 0448 | = | 332 |
| 0450 | = | 333 |
| 0452 | = | 334 |
| 0453 | = | 335 |
| 0457 | = | 336 |
| 0461 | = | 337 |
| 0460 | = | 338 |
| 0462 | = | 339 |
| 0454 | = | 340 |
| 0455 | = | 341 |
| 0474 | = | 342 |
| *x0472* | = | *343* |
| *0480* | = | *344* |
| *x0466* | = | *345* |
| 0470 | = | 346 |
| 0471 | = | 347 |
| 0479 | = | 348 |
| 0467 | = | 349 |
| 0468 | = | 350 |
| 0469 | = | 351 |
| 0473 | = | 352 |
| 0478 | = | 353 |
| 0477 | = | 354 |
| 0475 | = | 355 |
| 0476 | = | 356 |
| 0482 | = | 357 |
| 0498 | = | 358 |
| 0499 | = | 359 |
| 0495 | = | 360 |
| 0496 | = | 361 |
| 0497 | = | 362 |
| 0487 | = | 363 |
| 0486 | = | 364 |
| 0483 | = | 365 |
| *x0489* | = | *366* |
| 0488 | = | 367 |
| 0484 | = | 368 |
| 0490 | = | 369 |
| 0492 | = | 370 |
| 0491 | = | 371 |
| 0493 | = | 372 |
| 0494 | = | 373 |
| 0508 | = | 374 |
| 0501 | = | 375 |
| 0502 | = | 376 |
| 0503 | = | 377 |
| 0500 | = | 378 |
| 0505 | = | 379 |
| 0517 | = | 380 |
| 0516 | = | 381 |
| 0504 | = | 382 |
| 0509 | = | 383 |
| 0510 | = | 384 |
| 0511 | = | 385 |
| 0512 | = | 386 |
| 0513 | = | 387 |
| 0506 | = | 388 |
| 0507 | = | 389 |
| 0518 | = | 390 |
| 0515 | = | 391 |
| 0542 | = | 392 |
| 0543 | = | 393 |
| 0522 | = | 394 |
| 0523 | = | 395 |
| 0521 | = | 396 |
| 0519 | = | 397 |
| 0520 | = | 398 |
| 0528a | = | 399 |
| 0529 | = | 400 |
| 0525 | = | 401 |
| 0527 | = | 402 |
| 0526 | = | 403 |
| 0524 | = | 404 |
| 0539 | = | 405 |
| *x0528* | = | *406* |
| 0533 | = | 407 |
| 0531 | = | 408 |
| 0514 | = | 409 |
| 0540 | = | 410 |
| 0541 | = | 411 |
| 0534 | = | 412 |
| 0535 | = | 413 |
| 0536 | = | 414 |
| 0537 | = | 415 |
| 0538 | = | 416 |
| 0530 | = | 417 |
| 0573 | = | 418 |
| 0544 | = | 419 |
| *x0547* | = | *420* |
| *x0546* | = | *421* |
| 0552 | = | 422 |
| 0553 | = | 423 |
| 0556 | = | 424 |
| 0557 | = | 425 |
| 0558 | = | 426 |
| 0555 | = | 427 |
| 0549 | = | 428 |
| 0550 | = | 429 |
| 0576 | = | 430 |
| 0559 | = | 431 |
| 0560 | = | 432 |
| *x0551* | = | *433* |
| *x0568* | = | *434* |
| 0545 | = | 435 |
| 0566 | = | 436 |
| 0554 | = | 437 |
| 0569 | = | 438 |
| 0570 | = | 439 |
| 0571 | = | 440 |
| 0561 | = | 422 |
| 0553 | = | 423 |
| 0553 | = | 444 |
| 0554 | = | 445 |
| 0565 | = | 446 |
| 0629 | = | 447 |
| 0630 | = | 448 |
| 0632 | = | 449 |
| 0574 | = | 450 |
| 0575 | = | 451 |
| 0612 | = | 452 |
| *x0595* | = | *453* |
| *x0576* | = | *454* |
| *x0578* | = | *455* |
| *x0577* | = | *456* |
| *x0579* | = | *457* |
| *x0585* | = | *458* |
| *x0584* | = | *459* |
| *x0587* | = | *460* |
| *x0586* | = | *461* |
| 0588 | = | 462 |
| 0594 | = | 463 |
| 0596 | = | 464 |
| 0597 | = | 465 |
| 0622 | = | 466 |
| 0582 | = | 467 |
| 0589 | = | 468 |
| 0610 | = | 469 |
| 0611 | = | 470 |
| 0593 | = | 471 |
| 0592 | = | 472 |
| 0583 | = | 473 |
| 0631 | = | 474 |
| 0598 | = | 475 |
| 0599 | = | 476 |
| 0600 | = | 477 |
| 0601 | = | 478 |
| 0602 | = | 479 |
| 0603 | = | 480 |
| *x0590* | = | *481* |

| | | |
|---|---|---|
| *x0581* | = | *482* |
| 0608 | = | 483 |
| 0609 | = | 484 |
| 0607 | = | 485 |
| 0606 | = | 486 |
| *0613* | = | *487* |
| *x0614* | = | *488* |
| 0615 | = | 489 |
| 0616 | = | 490 |
| 0617 | = | 491 |
| 0619 | = | 492 |
| 0621 | = | 493 |
| 0620 | = | 494 |
| 0627 | = | 495 |
| 0626 | = | 496 |
| 0623 | = | 497 |
| 0624 | = | 498 |
| *x0625* | = | *499* |
| 0604 | = | 500 |
| 0605 | = | 501 |
| 0672 | = | 502 |
| *x0634* | = | *503* |
| 0635 | = | 504 |
| 0662 | = | 505 |
| *x0640* | = | *506* |
| 0639 | = | 507 |
| 0642 | = | 508 |
| 0641 | = | 509 |
| 0643 | = | 510 |
| 0647 | = | 511 |
| 0648 | = | 512 |
| 0670 | = | 513 |
| 0652 | = | 514 |
| 0645 | = | 515 |
| 0663 | = | 516 |
| 0649 | = | 517 |
| 0637 | = | 518 |
| 0638 | = | 519 |
| 0664 | = | 520 |
| 0665 | = | 521 |
| 0650 | = | 522 |
| 0651 | = | 523 |
| 0644 | = | 524 |
| 0633 | = | 525 |
| 0636 | = | 526 |
| 0660 | = | 527 |
| 0659 | = | 528 |
| 0658 | = | 529 |
| *x0667* | = | *530* |
| *x0668* | = | *531* |
| 0661 | = | 532 |
| *0646* | = | *533* |
| *x0653* | = | *534* |
| *x0654* | = | *535* |
| 0655 | = | 536 |
| 0669 | = | 537 |
| 0656 | = | 538 |
| 0657 | = | 539 |
| 0671 | = | 540 |
| 0691 | = | 541 |
| *x0673* | = | *542* |
| *x0674* | = | *543* |
| 0677 | = | 544 |
| 0679 | = | 545 |
| 0675 | = | 546 |
| 0692 | = | 547 |
| 0682 | = | 548 |
| 0676 | = | 549 |
| 0689 | = | 550 |
| 0683 | = | 551 |
| 0680 | = | 552 |
| 0681 | = | 553 |
| 0678 | = | 554 |
| 0684 | = | 555 |
| 0686 | = | 556 |
| 0688 | = | 557 |
| 0685 | = | 558 |
| 0690 | = | 559 |
| 0703 | = | 560 |
| 0694 | = | 561 |
| 0693 | = | 562 |
| 0698 | = | 563 |
| 0699 | = | 564 |
| 0700 | = | 565 |
| 0701 | = | 566 |
| 0695 | = | 567 |
| 0696 | = | 568 |
| 0687 | = | 569 |
| *x0697* | = | *570* |
| 0722 | = | 571 |
| *x0704* | = | *572* |
| 0705 | = | 573 |
| 0717 | = | 574 |
| 0709 | = | 575 |
| 0712 | = | 576 |
| 0713 | = | 577 |
| *x0714* | = | *578* |
| 0721 | = | 579 |
| 0720 | = | 580 |
| 0708 | = | 581 |
| *x0719* | = | *582* |
| 0710 | = | 583 |
| 0711 | = | 584 |
| *x0716* | = | *585* |
| 0715 | = | 586 |
| 0702 | = | 587 |
| 0739 | = | 588 |
| 0738 | = | 589 |
| 0728 | = | 590 |
| 0723 | = | 591 |
| 0725 | = | 592 |
| 0735 | = | 593 |
| 0724 | = | 594 |
| *x0737* | = | *595* |
| 0730 | = | 596 |
| 0718 | = | 597 |
| 0727 | = | 598 |
| 0734 | = | 599 |
| 0726 | = | 600 |
| 0729 | = | 601 |
| 0731 | = | 602 |
| 0732 | = | 603 |
| 0733 | = | 604 |
| 0756 | = | 605 |
| *x0740* | = | *606* |
| 0751 | = | 607 |
| 0753 | = | 608 |
| 0752 | = | 609 |
| *x0754* | = | *610* |
| 0755 | = | 611 |
| 0741 | = | 612 |
| 0742 | = | 613 |
| 0753a | = | 613a |
| 0744 | = | 614 |
| 0743 | = | 615 |
| 0745 | = | 616 |
| 0746 | = | 617 |
| 0747 | = | 618 |
| 0748 | = | 619 |
| 0736 | = | 620 |
| 0749 | = | 621 |
| 0750 | = | 622 |
| 0757 | = | 623 |
| 0759 | = | 624 |
| 0785 | = | 625 |
| *x0786* | = | *626* |
| 0787 | = | 627 |
| 0768 | = | 628 |
| 0792 | = | 629 |
| 0760 | = | 630 |
| 0788 | = | 631 |
| 0761 | = | 632 |
| 0762 | = | 633 |
| 0763 | = | 634 |
| *x0764* | = | *635* |
| 0789 | = | 636 |
| 0790 | = | 637 |
| 0772 | = | 638 |
| 0773 | = | 639 |
| 0791 | = | 640 |
| *x0767* | = | *641* |
| 0771 | = | 642 |
| 0770 | = | 643 |
| 0775 | = | 644 |
| 0784 | = | 644a |

| | | |
|---|---|---|
| *x0769* | = | *645* |
| 0816 | = | 646 |
| 0793 | = | 647 |
| 0758 | = | 648 |
| 0794 | = | 649 |
| 0815 | = | 650 |
| 0765 | = | 651 |
| 0766 | = | 652 |
| 0795 | = | 653 |
| 0796 | = | 654 |
| 0797 | = | 655 |
| 0817 | = | 656 |
| 0798 | = | 657 |
| 0799 | = | 658 |
| 0774 | = | 659 |
| 0807 | = | 660 |
| 0803 | = | 661 |
| 0825 | = | 662 |
| 0811 | = | 663 |
| *x0808* | = | *664* |
| 0804 | = | 665 |
| 0805 | = | 666 |
| 0800 | = | 667 |
| 0801 | = | 668 |
| 0802 | = | 669 |
| 0806 | = | 670 |
| *x0814* | = | *671* |
| *x0809* | = | *672* |
| 0810 | = | 673 |
| 0812 | = | 674 |
| 0846 | = | 675 |
| 0843 | = | 676 |
| 0845 | = | 677 |
| 0844 | = | 678 |
| 0841 | = | 679 |
| 0818 | = | 680 |
| 0819 | = | 681 |
| 0821 | = | 682 |
| 0820 | = | 683 |
| 0826 | = | 684 |
| 0828 | = | 685 |
| 0840 | = | 686 |
| *x0822* | = | *687* |
| 0842 | = | 688 |
| *x0839* | = | *689* |
| 0831 | = | 690 |
| 0835 | = | 691 |
| 0836 | = | 692 |
| 0823 | = | 693 |
| 0829 | = | 694 |
| *x0832* | = | *695* |
| 0824 | = | 696 |
| 0830 | = | 697 |
| 0827 | = | 698 |
| 0833 | = | 699 |
| 0834 | = | 700 |
| 0837 | = | 701 |
| 0813 | = | 702 |
| 0889 | = | 703 |
| 0847 | = | 704 |
| 0848 | = | 705 |
| 0850 | = | 706 |
| 0883 | = | 707 |
| 0885 | = | 708 |
| 0861 | = | 709 |
| 0873 | = | 710 |
| 0855 | = | 711 |
| 0851 | = | 712 |
| 0888 | = | 713 |
| 0863 | = | 714 |
| 0853 | = | 715 |
| 0854 | = | 716 |
| 0856 | = | 717 |
| 0857 | = | 718 |
| *0858* | = | *719* |
| *x0862* | = | *720* |
| *x0866* | = | *721* |
| 0874 | = | 722 |
| 0875 | = | 723 |
| 0875a | = | 724 |
| 0864 | = | 725 |
| 0852 | = | 726 |
| 0859 | = | 727 |
| 0860 | = | 728 |
| 0867 | = | 729 |
| 0868 | = | 730 |
| 0869 | = | 731 |
| 0870 | = | 732 |
| 0871 | = | 733 |
| 0872 | = | 734 |
| 0877 | = | 735 |
| 0879 | = | 736 |
| 0882 | = | 737 |
| 0838 | = | 738 |
| 0890 | = | 740 |
| 0891 | = | 741 |
| 0911 | = | 742 |
| 0892 | = | 743 |
| 0909 | = | 744 |
| 0895 | = | 745 |
| 0893 | = | 746 |
| 0894 | = | 747 |
| 0896 | = | 748 |
| *x0910* | = | *749* |
| 0899 | = | 750 |
| 0897 | = | 751 |
| 0898 | = | 752 |
| *x0900* | = | *753* |
| 0901 | = | 754 |
| 0902 | = | 755 |
| 0903 | = | 756 |
| 0904 | = | 757 |
| 0905 | = | 758 |
| 0906 | = | 759 |
| 0880 | = | 760 |
| 0908 | = | 761 |
| 0907 | = | 762 |
| 0930 | = | 763 |
| 0929 | = | 764 |
| 0912 | = | 765 |
| 0919 | = | 766 |
| 0914 | = | 767 |
| 0891a | = | 768 |
| 0917 | = | 769 |
| 0918 | = | 770 |
| 0928 | = | 771 |
| 0916 | = | 772 |
| 0915 | = | 773 |
| 0924 | = | 774 |
| 0921 | = | 775 |
| 0920 | = | 776 |
| *x0922* | = | *777* |
| 0927 | = | 778 |
| 0925 | = | 779 |
| 0926 | = | 780 |
| 0931 | = | 781 |
| 0936 | = | 782 |
| 0933 | = | 783 |
| 0934 | = | 784 |
| 0951 | = | 785 |
| 0932 | = | 786 |
| 0935 | = | 787 |
| 0940 | = | 788 |
| 0941 | = | 789 |
| 0923 | = | 790 |
| 0938 | = | 791 |
| *x0942* | = | *792* |
| 0943 | = | 793 |
| 0944 | = | 794 |
| 0939 | = | 795 |
| 0948 | = | 796 |
| 0949 | = | 797 |
| 0945 | = | 798 |
| 0946 | = | 799 |
| 0947 | = | 800 |
| 0988 | = | 801 |
| 0953 | = | 802 |
| 0954 | = | 803 |
| 0963 | = | 804 |
| 0987 | = | 805 |
| 0956 | = | 806 |
| 0958 | = | 807 |
| 0959 | = | 808 |
| 0960 | = | 809 |

| | | |
|---|---|---|
| 0961 | = | 810 |
| 0980 | = | 811 |
| 0957 | = | 812 |
| 0952 | = | 813 |
| 0967 | = | 814 |
| 0969 | = | 815 |
| 0968 | = | 816 |
| 0962 | = | 817 |
| 0965 | = | 818 |
| 0937 | = | 819 |
| 0977 | = | 820 |
| 0970 | = | 821 |
| 0971 | = | 822 |
| 0966 | = | 823 |
| 0972 | = | 824 |
| 0974 | = | 825 |
| 0973 | = | 826 |
| 0975 | = | 827 |
| 0976 | = | 828 |
| 0978 | = | 829 |
| 0979 | = | 830 |
| 0983 | = | 831 |
| 0982 | = | 832 |
| 0981 | = | 833 |
| 0984 | = | 834 |
| 0985 | = | 835 |
| 0989 | = | 836 |
| 0989a | = | 836a |
| 0989 | = | 837 |
| 0990 | = | 838 |
| 0997 | = | 839 |
| 1000 | = | 840 |
| 0849 | = | 840a |
| 0991 | = | 841 |
| 0996 | = | 842 |
| 0992 | = | 843 |
| 0995 | = | 844 |
| *x1016* | = | *845* |
| 0993 | = | 846 |
| 1008 | = | 847 |
| 1010 | = | 848 |
| 1009 | = | 849 |
| 1001 | = | 850 |
| 1002 | = | 851 |
| 1003 | = | 852 |
| 1014 | = | 853 |
| 0964 | = | 854 |
| 0998 | = | 855 |
| 1011 | = | 856 |
| 1004 | = | 857 |
| 1005 | = | 858 |
| 0994 | = | 859 |
| 0999 | = | 860 |
| 1006 | = | 861 |
| 1007 | = | 862 |
| 1012 | = | 863 |
| 1015 | = | 864 |
| 1013 | = | 865 |
| 1017 | = | 866 |
| 1019 | = | 867 |
| 1018 | = | 868 |
| 1020 | = | 869 |
| 1021 | = | 870 |
| 1024 | = | 871 |
| 1022 | = | 873 |
| 1025 | = | 874 |
| 1030 | = | 875 |
| 1028 | = | 876 |
| 1026 | = | 877 |
| 1027 | = | 878 |
| 1029 | = | 879 |
| 1031 | = | 880 |
| 1032 | = | 880a |
| 1036 | = | 881 |
| 1038 | = | 882 |
| 1039 | = | 883 |
| 1042 | = | 884 |
| 1052 | = | 885 |
| 1053 | = | 886 |
| 1054 | = | 887 |
| 1055 | = | 888 |
| 1056 | = | 889 |
| 1057 | = | 890 |

Bei Fragen zur Produktsicherheit wenden Sie sich bitte an:
If you have any questions regarding product safety,
please contact:

Walter de Gruyter GmbH
Genthiner Straße 13
10785 Berlin
productsafety@degruyterbrill.com